A ESTRADA PARA O CARÁTER

BEST-SELLER DO *NEW YORK TIMES*

DAVID BROOKS

A ESTRADA PARA O CARÁTER

ALTA LIFE
EDITORA

Rio de Janeiro, 2019

A Estrada para o Caráter
Copyright © 2019 da Starlin Alta Editora e Consultoria Eireli. ISBN: 978-85-508-1064-5

Translated from original The Road to Character. Copyright © 2015 by David Brooks. ISBN 978-0-8129-9325-7. This translation is published and sold by permission of Random House, an imprint and division of Penguin Random House, the owner of all rights to publish and sell the same. PORTUGUESE language edition published by Starlin Alta Editora e Consultoria Eireli, Copyright © 2019 by Starlin Alta Editora e Consultoria Eireli.

Todos os direitos estão reservados e protegidos por Lei. Nenhuma parte deste livro, sem autorização prévia por escrito da editora, poderá ser reproduzida ou transmitida. A violação dos Direitos Autorais é crime estabelecido na Lei nº 9.610/98 e com punição de acordo com o artigo 184 do Código Penal.

A editora não se responsabiliza pelo conteúdo da obra, formulada exclusivamente pelo(s) autor(es).

Marcas Registradas: Todos os termos mencionados e reconhecidos como Marca Registrada e/ou Comercial são de responsabilidade de seus proprietários. A editora informa não estar associada a nenhum produto e/ou fornecedor apresentado no livro.

Impresso no Brasil — 1ª Edição, 2019 — Edição revisada conforme o Acordo Ortográfico da Língua Portuguesa de 2009.

Publique seu livro com a Alta Books. Para mais informações envie um e-mail para autoria@altabooks.com.br

Obra disponível para venda corporativa e/ou personalizada. Para mais informações, fale com projetos@altabooks.com.br

Produção Editorial Editora Alta Books **Gerência Editorial** Anderson Vieira	**Produtor Editorial** Thiê Alves **Editor de Aquisição** José Rugeri j.rugeri@altabooks.com.br	**Marketing Editorial** marketing@altabooks.com.br	**Vendas Atacado e Varejo** Daniele Fonseca Viviane Paiva comercial@altabooks.com.br	**Ouvidoria** ouvidoria@altabooks.com.br
Equipe Editorial	Adriano Barros Bianca Teodoro Ian Verçosa Illysabelle Trajano	Juliana de Oliveira Kelry Oliveira Keyciane Botelho Larissa Lima	Leandro Lacerda Lívia Carvalho Maria de Lourdes Borges Paulo Gomes	Thales Silva Thauan Gomes
Tradução Wendy Campos	**Copidesque** Samantha Batista	**Revisão Gramatical** Hellen Suzuki Thaís Pol	**Diagramação** Joyce Matos	**Capa** Bianca Teodoro

Erratas e arquivos de apoio: No site da editora relatamos, com a devida correção, qualquer erro encontrado em nossos livros, bem como disponibilizamos arquivos de apoio se aplicáveis à obra em questão.
Acesse o site www.altabooks.com.br e procure pelo título do livro desejado para ter acesso às erratas, aos arquivos de apoio e/ou a outros conteúdos aplicáveis à obra.

Suporte Técnico: A obra é comercializada na forma em que está, sem direito a suporte técnico ou orientação pessoal/exclusiva ao leitor.
A editora não se responsabiliza pela manutenção, atualização e idioma dos sites referidos pelos autores nesta obra.

Dados Internacionais de Catalogação na Publicação (CIP) de acordo com ISBD

B873e   Brooks, David

         A Estrada para o Caráter / David Brooks ; traduzido por Wendy Campos. - Rio de Janeiro : Alta Books, 2019.
         320 p. ; 16cm x 23cm.

         Tradução de: The Road To Character
         Inclui índice.
         ISBN: 978-85-508-1064-5

         1. Autoajuda. 2. Felicidade. 3. Carreira. I. Campos, Wendy. II. Título.

2019-1151   CDD 158.1
         CDU 159.947

Elaborado por Odilio Hilario Moreira Junior - CRB-8/9949

Rua Viúva Cláudio, 291 — Bairro Industrial do Jacaré
CEP: 20.970-031 — Rio de Janeiro (RJ)
Tels.: (21) 3278-8069 / 3278-8419
www.altabooks.com.br — altabooks@altabooks.com.br
www.facebook.com/altabooks — www.instagram.com/altabooks

Por DAVID BROOKS

A Segunda Montanha: A busca por uma vida moral

O Animal Social:
A história de como o sucesso acontece

Bubos no Paraíso:
A nova classe alta e
como chegou lá

On Paradise Drive: How we live now
(and always have) in the future tense

Para meus pais,
Lois e Michael Brooks

SOBRE O AUTOR

David Brooks escreve uma coluna no *New York Times*, leciona na Universidade Yale e aparece regularmente nos programas *PBS NewsHour, All Things Considered,* da NPR, e *Meet the Press,* da NBC. Anteriormente, foi editor sênior na revista *The Weekly Standard*, editor contribuinte na *Newsweek* e na *The Atlantic Monthly* e colunista no *Wall Street Journal*. É autor de *Bubos no Paraíso: A nova classe alta e como chegou lá*; *On Paradise Drive: How we live now (and always have) in the future tense*; e *O Animal Social: A história de como o sucesso acontece*. Seus artigos foram publicados no *New Yorker, The New York Times Magazine, Forbes, The Washington Post, The Times Literary Supplement, Commentary, The Public Interest* e muitas outras revistas. David Brooks mora em Maryland.

AGRADECIMENTOS

ANNE C. SNYDER ESTAVA LÁ QUANDO ESTE LIVRO NASCEU E CAMInhou comigo ao longo dos três primeiros anos de sua escrita. Este foi inicialmente concebido como um livro sobre cognição e tomada de decisão. Sob a influência de Anne, tornou-se um livro sobre moralidade e vida interior. Ela conduziu dezenas de discussões sobre o conteúdo, apresentou material de seu próprio banco de conhecimento, desafiou a superficialidade do meu pensamento memorando após memorando e transformou o projeto. Embora eu nunca tenha conseguido estar à altura do lirismo de sua prosa ou da sensibilidade de suas observações, certamente roubei muitas de suas ideias e adotei a maneira graciosa e moralmente rigorosa com que ela vive sua vida. Se há algum ponto importante neste livro, ele provavelmente vem de Anne.

April Lawson chegou nos últimos 18 meses dessa jornada. Ela é a editora da minha coluna de jornal e trouxe aquele mesmo julgamento surpreendente para este manuscrito. Posso chegar a compreender muitas coisas sobre a vida, mas nunca entenderei como uma pessoa tão jovem pode possuir tanta sabedoria madura e ponderada, conseguir entender tanto sobre a vida de outras pessoas e ser capaz de oferecer sugestões tão ousadas e úteis.

Campbell Schnebly-Swanson foi minha aluna em Yale e ajudou na pesquisa final, verificação de fatos e argumentação. Ela é um tornado de insights, julgamentos e entusiasmo. Suas reações aguçaram este texto e sua pesquisa infunde estas páginas. Espero com certa ansiedade para ver que tipo de marca ela deixará no mundo.

Durante três anos, lecionei um curso na Universidade Yale vagamente baseado em algumas destas ideias. Meus alunos debateram esse tópico ao meu lado e ofereceram percepções imensuráveis, tanto na sala de aula quanto no bar do Study Hotel. Eles tornaram os dois primeiros dias de cada semana inacreditavelmente divertidos. Gostaria de agradecer especialmente aos meus colegas de Yale, Jim Levinsohn, John Gaddis, Charles Hill e Paul Kennedy, por me acolherem em seu meio. Outro professor de Yale, Bryan Garsten, leu um grande pedaço do manuscrito e ajudou a esclarecer e aprofundar a argumentação. Grandes grupos de professores em Yale e na Wheaton College me ouviram e ofereceram feedback e conselhos.

Will Murphy e eu trabalhamos em dois livros para a Random House. Ele é um editor tão prestativo quanto é possível imaginar. Este é meu segundo livro com essa editora e sou um desses raros autores que não têm nada de mau a dizer sobre suas editoras. Tenho a sorte de escrever para uma equipe entusiástica, profissional e apoiadora, especialmente London King, a principal relações-públicas deste livro, que é tão boa em seu trabalho quanto qualquer outra pessoa com quem trabalhei. Cheryl Miller me ajudou desde cedo a conceber o projeto e selecionar os caráteres a serem demonstrados neste livro. Catherine Katz e Lauren Davis colaboraram com pesquisas e conselhos vitais.

Muitos amigos merecem minha gratidão, reconhecimento e devoção. Blair Miller leu tudo, procurou por um título menos horrível, encorajou-me quando necessário e ofereceu conselhos e sabedoria, grandes e pequenos. Blair é juíza e conectora de pessoas e ideias com uma habilidade impressionante. Ela fez o melhor que pôde para me ajudar a conectar as questões morais mais amplas aos problemas que as pessoas enfrentam no mundo real todos os dias. Em seu próprio trabalho, Blair serve ao mundo e às pessoas mais pobres de uma maneira prática e idealista, digna, mas também alegre. Ela me encorajou a tentar tornar este livro útil para as pessoas, não apenas um passeio filosófico ou sociológico, mas um serviço.

Meus pais, Michael e Lois Brooks, ainda são meus melhores e mais rigorosos editores. Pete Wehner ofereceu incansavelmente conselhos e opiniões. Yuval Levin é muito mais novo que eu, mas se tornou um mentor intelectual. Kirsten Powers leu partes cruciais e forneceu apoio moral e emocional ao longo do processo. Carol Quillen, presidente da Davidson College, ajudou-me a entender Agostinho e muito mais, muito melhor. Um grupo ecumênico de clérigos e leigos me ajudou a atravessar um momento crucial da minha vida, incluindo: Stuart e Celia McAlpine, David Wolpe, Meir Soloveichik, Tim Keller e Jerry Root. Meus agentes, Glen Hartley e Lynn Chu, são amigos desde a faculdade e continuarão assim por toda a vida.

A vida tem suas vicissitudes e reviravoltas inesperadas. Minha ex-esposa, Sarah, fez e continua fazendo um trabalho incrível ao criar nossos três filhos. Essas crianças, Joshua, Naomi e Aaron, estão agora espalhadas pelo mundo e exemplificam os traços de caráter que qualquer pai ou mãe sonha: coragem, criatividade, honestidade, determinação e bondade. Eles realmente não precisam deste livro, mas espero que o aproveitem.

SUMÁRIO

INTRODUÇÃO:
ADÃO II   XVII

AGRADECIMENTOS   XI

CAPÍTULO 1:   A MUDANÇA   3

CAPÍTULO 2:   A EVOCAÇÃO DO EU   17

CAPÍTULO 3:   AUTOCONTROLE   49

CAPÍTULO 4:   ESFORÇO   75

CAPÍTULO 5:   AUTODOMÍNIO   107

CAPÍTULO 6:   DIGNIDADE   133

CAPÍTULO 7:   AMOR   157

CAPÍTULO 8:   AMOR ORDENADO   191

CAPÍTULO 9:   EXAMINANDO A SI MESMO   219

CAPÍTULO 10:   O GRANDE EU   247

NOTAS   279

CRÉDITOS DE
AUTORIZAÇÃO   289

ÍNDICE   291

INTRODUÇÃO: ADÃO II

RECENTEMENTE, TENHO PENSADO SOBRE A DIFERENÇA ENTRE AS virtudes de currículo e as virtudes de obituário. As virtudes de currículo são aquelas listadas no seu currículo, as habilidades que você traz para o mercado de trabalho e que contribuem para o sucesso externo. As virtudes de obituário são mais profundas. São as virtudes comentadas no seu funeral, aquelas que existem no âmago do seu ser — se você é gentil, corajoso, honesto ou fiel; que tipo de relacionamentos conseguiu construir.

A maioria de nós diria que as virtudes de obituário são mais importantes do que as virtudes de currículo, mas confesso que, durante longos períodos da minha vida, passei mais tempo pensando nas últimas do que nas primeiras. Nosso sistema educacional é certamente mais voltado para as virtudes de currículo do que para as de obituário. A opinião pública também é — as dicas de autoajuda em revistas, os best-sellers de não ficção. A maioria de nós tem estratégias mais claras sobre como alcançar o sucesso na carreira do que sobre como desenvolver um caráter sólido.

Um livro que me ajudou a pensar sobre esses dois conjuntos de virtudes é *A Solidão do Homem de Fé*, escrito pelo rabino Joseph Soloveitchik em 1965. Soloveitchik observou que há dois relatos de criação em Gênesis e argumentou que eles representam os dois lados opostos de nossa natureza, que chamou de Adão I e Adão II.

Modernizando um pouco as categorias de Soloveitchik, poderíamos dizer que Adão I é o lado ambicioso de nossa natureza, voltado para a carreira. Adão I é o lado exterior, o do currículo. Ele quer construir, criar, produzir e descobrir coisas. Quer ter status elevado e conquistar vitórias.

Adão II é o lado interno. Ele quer incorporar certas qualidades morais. Quer ter um caráter interior sereno, um senso silencioso, mas sólido, de certo e errado — não apenas para fazer o bem, mas para ser bom. Adão II quer amar intimamente, sacrificar-se a serviço dos outros, viver em obediência a alguma verdade transcendente, ter uma alma interior coesa que honre a criação e as próprias possibilidades.

Enquanto Adão I quer conquistar o mundo, Adão II quer obedecer a um chamado para servir ao mundo. Enquanto Adão I é criativo e saboreia suas próprias realizações, Adão II às vezes renuncia ao sucesso e aos status mundanos em prol de algum propósito sagrado. Enquanto Adão I pergunta como as coisas funcionam, Adão II pergunta por que as coisas existem e para que essencialmente estamos aqui. Enquanto Adão I quer se aventurar, Adão II quer voltar às suas raízes e saborear o calor de uma refeição em família. Enquanto o lema de Adão I é "Sucesso", Adão II experimenta a vida como um drama moral. Seu lema é "Caridade, amor e redenção".

Soloveitchik argumentou que vivemos na contradição entre esses dois Adãos. O exterior e majestoso, e o interior e humilde não são totalmente reconciliáveis. Estamos sempre presos em autoconfrontação. Somos chamados a satisfazer ambas as personalidades e devemos dominar a arte de viver para sempre dentro da tensão entre essas duas naturezas.

A parte difícil desse confronto, eu acrescentaria, é que os Adãos I e II vivem por diferentes lógicas. O I — criador, construtor e descobridor — vive por uma lógica utilitária direta. É a lógica da economia. O insumo leva ao produto. O esforço leva à recompensa. A prática leva à perfeição. Persiga o interesse próprio. Maximize sua utilidade. Impressione o mundo.

O Adão II vive por uma lógica inversa. É uma lógica moral, não econômica. Você tem que dar para receber. Tem que se render a algo fora de si para ganhar força dentro de si mesmo. Tem que dominar seu desejo para conseguir o que almeja. O sucesso leva ao maior fracasso, que é o orgulho. O fracasso leva ao maior sucesso, que é a humildade e o aprendizado. Para se satisfazer, você precisa se esquecer de si mesmo. Para se encontrar, você tem que se perder.

Para nutrir sua carreira de Adão I, faz sentido cultivar seus pontos fortes. Para nutrir seu núcleo moral de Adão II, é necessário confrontar suas fraquezas.

O Animal Astuto

VIVEMOS EM UMA CULTURA QUE NUTRE O ADÃO I, O EXTERNO, E NEGLIgencia o Adão II. Nossa sociedade nos encoraja a pensar em como ter uma grande carreira, mas deixa muitos de nós incapazes de expressar como cultivar a vida interior. A competição para obter sucesso e conquistar a admiração é tão feroz que se torna exaustiva. O mercado de consumo nos encoraja a viver em um cálculo utilitário, a satisfazer nossos desejos e a perder de vista as apostas morais envolvidas nas decisões cotidianas. O ruído das comunicações rápidas e superficiais dificulta ouvir os sons mais serenos que emanam das profundezas. Vivemos em uma cultura que nos ensina a nos promover e divulgar, e a dominar as habilidades necessárias para o sucesso, mas que pouco incentiva a humildade, a empatia e a autoconfrontação honesta, necessárias para a construção do caráter.

Se você for apenas Adão I, acabará transformando-se em um animal astuto, uma criatura habilidosa que busca a autopreservação, concorda em entrar no jogo e transforma tudo em competição. Se isso é tudo o que você tem, gasta muito tempo cultivando habilidades profissionais, mas não tem uma ideia clara das fontes de significado na vida, então não sabe para que deve dedicar suas habilidades, qual plano de carreira será melhor e o levará mais alto. Os anos passam e as partes mais profundas de seu ser continuam inexploradas e desestruturadas. Você está ocupado, mas tem uma ansiedade indefinida de que sua vida não alcançou um sentido e um significado final. Vive com um tédio inconsciente, não é realmente amoroso, não é realmente apegado aos propósitos morais que dão valor à vida. Não tem os critérios internos para fazer compromissos inabaláveis. Nunca desenvolve uma coerência interna, a integridade capaz de resistir à desaprovação popular ou a um grave golpe. Você se vê fazendo coisas que outras pessoas aprovam, independentemente de serem as mais certas para você. Julga de maneira tola os outros pelas habilidades, não pelo valor. Você não tem uma estratégia para construir o caráter e, sem isso, não apenas a sua vida interior, mas também a sua vida exterior acabará desmoronando.

Este livro é sobre Adão II. É sobre como algumas pessoas cultivaram um caráter sólido. É sobre a mentalidade que as pessoas adotaram ao longo dos séculos para fortalecer sua essência e cultivar um coração sábio. Para ser honesto, escrevi para salvar minha própria alma.

Nasci com uma disposição natural para a superficialidade. Agora trabalho como comentarista e colunista. Sou pago para ser um fanfarrão narcisista, para alardear minhas opiniões, para parecer mais confiante sobre elas do que realmente sou, para parecer mais esperto do que realmente sou, para parecer melhor e mais autoritário do que realmente sou. Tenho que trabalhar mais do que a maioria das pessoas para evitar uma vida de superficialidade presunçosa. Também me tornei mais consciente de que, como muitas pessoas hoje em dia, tenho vivido uma vida de vaga aspiração moral — vagamente querendo ser bom, vagamente querendo servir a algum propósito maior, enquanto me falta um vocabulário moral concreto, uma compreensão clara de como viver uma vida interior rica, ou mesmo um conhecimento claro de como o caráter é desenvolvido e a profundidade é alcançada.

Descobri que, sem um foco rigoroso no lado de Adão II de nossa natureza, é fácil cair em uma mediocridade moral presunçosa. Você se classifica de acordo com sua capacidade de perdão. Segue seus desejos, aonde quer que eles o levem, e aprova a si mesmo, desde que não esteja obviamente prejudicando ninguém. Imagina que, se as pessoas ao seu redor parecem gostar de você, é porque deve ser bom o suficiente. No processo, acaba transformando-se em algo um pouco menos impressionante do que esperava originalmente. Uma lacuna humilhante se abre entre o seu eu atual e o seu eu desejado. Você percebe que a voz do seu Adão I é alta, mas a de seu Adão II está abafada; o plano de vida de Adão I é claro, mas o de Adão II é confuso; Adão I está alerta, Adão II está sonâmbulo.

Escrevi este livro sem ter certeza de que poderia seguir a estrada para o caráter, mas queria pelo menos saber como é o caminho e como outras pessoas o trilharam.

O Plano

O PLANO DESTE LIVRO É SIMPLES. O PRÓXIMO CAPÍTULO DESCREVE O antigo sistema moral. Era uma tradição cultural e intelectual, da "madeira torta", que enfatizava nossa própria fraqueza. Era uma tradição que exigia humildade diante de nossas próprias limitações. Mas também que afirmava que cada um de nós tem o poder de confrontar nossas próprias fraquezas, enfrentar nossos próprios pecados e que, no curso desse confronto com nós mesmos, construímos o caráter. Ao conseguir desafiar o pecado e a fraqueza, temos a chance de desempenhar nosso papel em um grande drama moral. Podemos almejar algo maior que a felicidade. Temos a chance de aproveitar as oportunidades do dia a dia para construir a virtude em nós mesmos e servir ao mundo.

Então descrevo como esse método de construção de caráter se parece na vida real. Faço isso por meio de ensaios biográficos, que são também ensaios morais. Desde Plutarco, os moralistas tentaram transmitir certos padrões, apresentando modelos. Você não pode construir uma vida rica para Adão II simplesmente lendo sermões ou seguindo regras abstratas. O exemplo é o melhor professor. O aperfeiçoamento moral ocorre de maneira mais confiável quando o coração é afetuoso, quando entramos em contato com pessoas que adoramos e amamos e, consciente e inconscientemente, moldamos nossas vidas para imitá-las.

Essa verdade martelou em minha cabeça depois que escrevi uma coluna expressando frustração com o quanto é difícil usar a experiência da sala de aula para aprender a ser bom. Um veterinário chamado Dave Jolly me enviou um e-mail bastante direto:

> O coração não pode ser ensinado intelectualmente em uma sala de aula, para estudantes que tomam notas mecanicamente... Corações bons e sábios são obtidos por meio de vidas de esforço diligente para cavar fundo dentro de nós e curar uma vida inteira de cicatrizes... Você não pode ensinar, enviar por e-mail ou tuitar. Tem que descobrir dentro das profundezas do próprio coração quando uma pessoa está finalmente pronta para procurá-lo, e não antes.
>
> O trabalho do sábio é engolir a frustração e simplesmente dar um exemplo de cuidado, busca e dedicação em suas pró-

prias vidas. O que uma pessoa sábia ensina é a menor parte do que ela doa. A totalidade de sua vida, da forma como ela se comporta nos mínimos detalhes, é o que é transmitido.

Nunca se esqueça disso. A mensagem é a pessoa, aperfeiçoada ao longo de vidas inteiras de esforço que foi posto em movimento por outra pessoa sábia agora escondida do receptor pelas névoas obscuras do tempo. A vida é muito maior do que pensamos, causa e efeito entrelaçados em uma vasta estrutura moral que nos leva a fazer melhor, a melhorar mesmo quando nos encontramos na mais confusa e dolorosa escuridão.

Essas palavras explicam a metodologia deste livro. As pessoas retratadas nos Capítulos 2 a 10 representam um conjunto diversificado, preto e branco, masculino e feminino, religioso e secular, literário e não literário. Nenhuma delas está nem perto da perfeição. Mas essas pessoas praticavam um modo de vida que é menos comum agora. Estavam plenamente conscientes de suas próprias fraquezas. Travaram uma luta interna contra seus pecados e emergiram com certa medida de respeito próprio. E, quando pensamos nelas, não é principalmente do que realizaram que nos lembramos — por mais incrível que tenha sido —; é de quem elas eram. Espero que seus exemplos despertem esse desejo receoso que todos nós temos de ser melhores, de seguir o caminho delas.

No capítulo final, conecto esses temas. Descrevo como nossa cultura dificultou ser bom e resumo essa abordagem da vida como "madeira torta" em uma série de pontos específicos. Se você está ansioso pela mensagem resumida deste livro, pule para o final.

Ocasionalmente, mesmo hoje, nos deparamos com certas pessoas que parecem possuir uma impressionante coesão interna. Elas não estão levando vidas fragmentadas e dispersas. Alcançaram a integração interna. São calmas, estabelecidas e enraizadas. Não são desviadas por tempestades. Não desmoronam na adversidade. Suas mentes são consistentes e seus corações são confiáveis. Suas virtudes não são as virtudes florescentes que você vê em estudantes universitários inteligentes; são as virtudes maduras que vê nas pessoas que viveram um pouco e aprenderam com a alegria e a dor.

Às vezes você nem percebe essas pessoas, porque, embora pareçam gentis e alegres, também são reservadas. Elas possuem as virtudes modestas de pessoas inclinadas a serem úteis, mas não precisam provar nada ao mundo: humildade, comedimento, silêncio, temperança, respeito e autodisciplina suave.

Elas irradiam uma espécie de alegria moral. Respondem com suavidade quando desafiadas duramente. Ficam em silêncio quando injustamente atacadas. São dignas quando os outros tentam humilhá-las, contidas quando os outros tentam provocá-las. Mas realizam coisas. Praticam o ato sacrificial de servir com o mesmo espírito cotidiano modesto que exibiriam se estivessem apenas fazendo compras. Não estão pensando no trabalho impressionante que estão fazendo. Não estão pensando em si mesmas. Apenas parecem encantadas com as pessoas imperfeitas ao seu redor. Apenas reconhecem o que precisam fazer e o fazem.

Elas fazem você se sentir mais engraçado e mais inteligente ao conversar com elas. Circulam em diferentes classes sociais sem nem se dar conta de que estão fazendo isso. Depois que você as conhece há algum tempo, percebe que nunca as ouviu se vangloriar, nunca as viu certas de si mesmas ou obstinadas. Não deixam pistas de suas distinções e realizações.

Não levaram vidas tranquilas e livre de conflitos, mas lutaram em direção à maturidade. Resolveram o problema essencial da vida, que é, como disse Alexander Soljenítsin: "A linha que separa o bem e o mal não passa entre estados, classes ou partidos políticos, mas bem no meio de todo coração humano."

Essas são as pessoas que construíram um sólido caráter interno, que alcançaram uma certa profundidade. Para elas, no final desta luta, a escalada ao sucesso deu lugar à luta para aprofundar a alma. Depois de uma vida em busca de equilíbrio, Adão I se rende diante de Adão II. Essas são as pessoas que procuramos.

A ESTRADA PARA O CARÁTER

CAPÍTULO 1

A MUDANÇA

NAS NOITES DE DOMINGO A ESTAÇÃO DE RÁDIO PÚBLICA LOCAL REprisa antigos programas. Alguns anos atrás eu estava dirigindo para casa e ouvi o *Command Performance*, um programa de variedades transmitido para as tropas durante a Segunda Guerra Mundial. O episódio que ouvi foi transmitido no dia seguinte ao Dia V-J, em 15 de agosto de 1945.

O episódio apresentava algumas das maiores celebridades da época: Frank Sinatra, Marlene Dietrich, Cary Grant, Bette Davis e muitos outros. Mas a característica mais marcante do programa foi seu tom de abnegação e humildade. Os Aliados haviam acabado de concluir uma das mais nobres vitórias militares da história da humanidade. E ainda assim não houve vanglória. Ninguém ergueu arcos de triunfo.

"Bem, parece que acabou", declarou o anfitrião, Bing Crosby, na abertura do programa. "O que podemos dizer em um momento como este? Não podemos comemorar. Isso é para as férias normais de fim de ano. Acho que tudo que se pode fazer é agradecer a Deus." Neste momento o mezzo-soprano Risë Stevens cantou uma versão solene de "Ave Maria", e então Crosby voltou para resumir o clima: "Hoje, porém, nosso sentimento profundo é de humildade."

Esse sentimento foi repetido durante toda a transmissão. O ator Burgess Meredith leu uma passagem escrita por Ernie Pyle, o correspondente de guerra. Pyle tinha sido morto apenas alguns meses antes, mas havia escrito um artigo antecipando o que a vitória significaria: "Nós ganhamos essa guerra porque nossos homens são corajosos e por causa de muitas outras coisas — por causa da Rússia, da Inglaterra e da China, e da passagem do tempo e das dádivas da natureza. Não vencemos porque o destino nos criou melhor do que todas as outras pessoas. Espero que, na vitória, sejamos mais gratos do que orgulhosos."

O programa espelhou a reação da nação em geral. Houve celebrações arrebatadoras, certamente. Marinheiros de São Francisco comandavam os bondes e saqueavam lojas de bebidas. As ruas do Garment District de Nova York estavam recobertas por 12 centímetros de confete.[1] Mas o clima estava dividido. A alegria deu lugar à solenidade e à insegurança.

Em parte porque a guerra tinha sido um acontecimento memorável e produziu tamanhos rios de sangue, à qual os indivíduos se sentiram pequenos em comparação. Havia também a maneira pela qual a guerra no Pacífico terminara — com a bomba atômica. As pessoas ao redor do mundo tinham acabado de ver a selvageria de que os seres humanos são capazes. Agora existia uma arma capaz de tornar essa selvageria apocalíptica. "A notícia da vitória foi tão carregada de tristeza e dúvida quanto de alegria e gratidão", escreveu James Agee em um editorial daquela semana para a revista *Time*.

No entanto, o tom contido do *Command Performance* não era apenas uma questão de clima ou estilo. As pessoas naquela transmissão fizeram parte de uma das vitórias mais históricas já conhecidas. Mas não saíram por aí dizendo a si mesmas como elas eram ótimas. Não imprimiam adesivos exaltando a própria grandiosidade. Seu primeiro instinto foi lembrar a si mesmas de que não eram moralmente superiores a ninguém. Seu impulso coletivo foi advertir contra o orgulho e a autoglorificação. Resistiram intuitivamente à tendência humana natural para o excesso de amor-próprio.

Cheguei em casa antes de o programa terminar e o ouvi na minha garagem por algum tempo. Então, entrei e liguei a TV em um jogo de futebol americano. Um quarterback lançou um passe curto para um receptor, que foi agarrado quase imediatamente na marca das duas jardas. O defensor fez o que todos os atletas profissionais fazem hoje em momentos de realização pessoal. Fez uma dança da vitória para se vangloriar, enquanto a câmera o focalizava.

Ocorreu-me que eu tinha acabado de assistir a mais autocelebração depois de um ganho de duas jardas do que ouvira depois de os Estados Unidos terem vencido a Segunda Guerra Mundial.

Esse pequeno contraste desencadeou uma corrente de pensamentos em minha mente. Ocorreu-me que essa mudança poderia simbolizar uma mudança na cultura, de uma mudança de uma cultura da modéstia que diz: "Ninguém é melhor do que eu, mas eu não sou melhor do que ninguém" para uma cultura de autopromoção que diz "Reconheça minhas realizações, sou muito especial". Esse contraste, embora não signifique muito isoladamente, foi como uma porta para as diferentes maneiras de viver neste mundo.

Pequeno Eu

NOS ANOS APÓS O EPISÓDIO DE *COMMAND PERFORMANCE*, PASSEI A ESTUdar aquele tempo e as pessoas proeminentes na época. A pesquisa me lembrou, em primeiro lugar, de que nenhum de nós deveria desejar voltar à cultura de meados do século XX. Era uma cultura mais racista, sexista e antissemita. A maioria de nós não teria tido as oportunidades que desfrutamos se tivéssemos vivido naquela época. Era também uma cultura mais entediante, com comida insípida e modos de vida homogêneos. Era uma cultura emocionalmente fria. Os pais, em particular, frequentemente eram incapazes de expressar seu amor por seus próprios filhos. Maridos eram incapazes de conhecer profundamente suas próprias esposas. De muitas maneiras, a vida é melhor agora.

Mas ocorreu-me que talvez houvesse um esforço de humildade mais comum do que agora, que havia um sistema moral que remonta a séculos, mas menos proeminente agora, encorajando as pessoas a serem mais céticas em relação aos seus desejos, mais conscientes de suas próprias fraquezas, mais empenhadas em combater as falhas em suas próprias naturezas e transformar a fraqueza em força. As pessoas nessa tradição, pensei, são menos propensas a sentir que todo pensamento, sentimento e realização devem ser imediatamente compartilhados com o mundo em geral.

A cultura popular parecia mais reticente na era do *Command Performance*. Não havia camisetas de mensagens na época, ponto de exclamação nos teclados de máquina de escrever, fitas da conscientização para várias doenças, adesivos de para-choque com declarações pessoais ou morais. As pessoas não se gabavam de suas afiliações na faculdade ou de suas viagens de férias com pequenos adesivos nas janelas traseiras de seus carros. Havia uma sanção social mais forte contra (como eles diriam) inflar o próprio ego, gabar-se demais e se achar o máximo.

O código social foi incorporado no estilo discreto de atores como Gregory Peck ou Gary Cooper, ou o personagem Joe Friday em *Dragnet*. Quando o assessor de Franklin Roosevelt, Harry Hopkins, perdeu um filho na Segunda Guerra Mundial, a alta patente militar quis afastar seus outros filhos de funções de risco. Hopkins rejeitou essa ideia, escrevendo, com a sutileza mais comum naquela época, que seus outros filhos não deveriam exercer funções mais seguras apenas porque seu irmão "teve azar no Pacífico".[2]

Dos 23 homens e mulheres que serviram nos gabinetes de Dwight Eisenhower, apenas um, o secretário da agricultura, publicou um livro de memórias depois, e foi tão discreto que beirou o tédio. Na administração Reagan, 12 de 30 membros de seu gabinete publicaram memórias, quase todas de autopromoção.[3]

Quando George Bush pai, criado naquela época, concorria à presidência, ele, tendo inculcado os valores de sua infância, resistia a falar de si mesmo. Se um redator colocasse a palavra "eu" em um de seus discursos, ele instintivamente a ignoraria. A equipe implorava: você está concorrendo à presidência. Você tem que falar sobre si mesmo. Em determinado ponto, eles o obrigaram a fazê-lo. Mas no dia seguinte ele recebeu um telefonema de sua mãe. "George, você está falando de si mesmo de novo", disse ela. E Bush voltava aos velhos princípios. Não haveria mais "eu" em seus discursos. Não haveria mais autopromoção.

Grande Eu

AO LONGO DOS ANOS SEGUINTES, COLETEI DADOS PARA DEMONSTRAR que passamos por uma ampla mudança de uma cultura de humildade para a cultura do que podemos chamar de Grande Eu; de uma cultura que encorajava as pessoas a pensar em si mesmas com humildade para uma cultura que as encorajava a se ver como o centro do Universo.

Não foi difícil encontrar esses dados. Por exemplo, em 1950, a Organização Gallup perguntou a veteranos do ensino médio se eles se consideravam pessoas muito importantes. Nesse quesito, 12% disseram que sim. A mesma pergunta foi feita em 2005, e desta vez não foram 12% que se consideravam muito importantes, foram 80%.

Os psicólogos têm uma coisa chamada teste do narcisismo. Eles leem declarações de pessoas e perguntam se essas declarações se aplicam a elas. Declarações como "Eu gosto de ser o centro das atenções... Gosto de me mostrar se tiver oportunidade porque sou extraordinário... Alguém deveria escrever uma biografia sobre mim". A pontuação mediana do narcisismo aumentou 30% nas últimas duas décadas. Noventa e três por cento dos jovens pontuam mais do que a média há apenas 20 anos.[4] Os maiores aumentos foram no número de pessoas que concordam com as afirmações: "Eu sou uma pessoa extraordinária" e "Gosto de olhar para o meu corpo".

Juntamente com esse aparente aumento da autoestima, tem havido um enorme aumento no desejo pela fama, que costumava ter uma baixa classificação como ambição de vida para a maioria das pessoas. Em uma pesquisa de 1976, que pediu às pessoas que listassem suas metas de vida, a fama se classificou em 15º dentre 16 itens. Em 2007, 51% dos jovens relataram que ser famoso era um dos seus principais objetivos pessoais.[5] Em um estudo, perguntaram às meninas do ensino fundamental com quem elas mais gostariam de jantar. Jennifer Lopez veio em primeiro lugar, Jesus Cristo ficou em segundo e Paris Hilton em terceiro. As meninas foram então questionadas sobre quais dos seguintes trabalhos gostariam de ter. Quase o dobro disse que preferiria ser assistente pessoal de uma celebridade — por exemplo, Justin Bieber — do que reitora de Harvard. (Embora, para ser justo, eu tenho certeza de que o reitor de Harvard também preferiria ser assistente pessoal de Justin Bieber.)

Ao observar a cultura popular, sempre encontrei as mesmas mensagens em todos os lugares: você é especial. Confie em si mesmo. Seja verdadeiro consigo mesmo. Filmes da Pixar e da Disney estão constantemente dizendo às crianças como elas são maravilhosas. Discursos de formatura em universidades estão repletos dos mesmos clichês: siga sua paixão. Não aceite limites. Trace seu próprio caminho. Você tem a responsabilidade de fazer grandes coisas porque é muito bom. Esse é o evangelho da autoconfiança.

Como declarou Ellen DeGeneres em um discurso de formatura de 2009: "Meu conselho para você é ser fiel a si mesmo e tudo ficará bem." O chef celebridade Mario Batali aconselhou os formandos a seguirem "sua própria verdade, expressa consistentemente por você". Anna

Quindlen incitou outra plateia a ter a coragem de "honrar seu caráter, seu intelecto, suas inclinações e, sim, sua alma, ouvindo sua voz clara e nítida em vez de seguir as mensagens turvas de um mundo tímido".

Em seu livro de estrondoso sucesso *Comer, Rezar, Amar* (sou o único homem a terminar esse livro), Elizabeth Gilbert escreveu que Deus se manifesta por meio de "minha própria voz de dentro de mim mesma... Deus habita dentro de você mesmo, exatamente como você é".[6]

Comecei a olhar para a maneira como criamos nossos filhos e encontrei sinais dessa mudança moral. Por exemplo, os primeiros manuais das escoteiras pregavam uma ética de autossacrifício e autoanulação. O principal obstáculo à felicidade, sugeria o material, vem do desejo excessivo de que as pessoas pensem em você.

Em 1980, como apontou James Davison Hunter, o tom era bem diferente. *You Make the Difference: The Handbook for Cadette and Senior Girl Scouts* ["Você Faz a Diferença: O manual para cadetes e jovens escoteiras", em tradução livre] dizia às meninas para prestar *mais* atenção em si mesmas: "Como você pode entrar em contato com *você* mesma? O que *você* está sentindo?... Todas as opções disponíveis por meio do escotismo sênior podem, de alguma forma, ajudá-la a entender melhor a si mesma. Coloque-se no 'centro do palco' de seus pensamentos para obter uma perspectiva sobre suas próprias maneiras de sentir, pensar e agir."[7]

A mudança pode até ser vista nas palavras que fluem do púlpito. Joel Osteen, um dos líderes de megaigreja mais populares da atualidade, escreve em Houston, no Texas. "Deus não o criou para ficar na média", diz Osteen em seu livro *O que Há de Melhor em Você*. "Você foi feito para se destacar. Você foi feito para deixar uma marca nesta geração... Comece [a acreditar] 'Eu fui escolhido, reservado, destinado a viver em vitória.'"[8]

O Caminho Humilde

CONFORME OS ANOS PASSAVAM E O TRABALHO NESTE LIVRO CONTINUAVA, meus pensamentos retornaram ao episódio de *Command Performance*. Fui assombrado pela essência de humildade que ouvi nessas vozes.

Havia algo esteticamente belo na modéstia que as pessoas daquele programa demonstraram. A pessoa modesta é apaziguadora e graciosa, enquanto a pessoa que se autopromove é frágil e dissonante. Humildade é a liberdade da necessidade de provar que você é superior o tempo todo, mas o egoísmo é uma sede voraz contida em um pequeno espaço — uma preocupação consigo mesmo, competitividade e ânsia por distinção. A humildade é infundida com emoções afetuosas como admiração, companheirismo e gratidão. "A gratidão", disse o arcebispo de Canterbury, Michael Ramsey, "é um solo no qual o orgulho não cresce facilmente".[9]

Há algo intelectualmente impressionante nesse tipo de humildade também. Temos, escreve o psicólogo Daniel Kahneman, uma "capacidade quase ilimitada de ignorar nossa ignorância".[10] Humildade é a consciência de que há muito que você não conhece e que muito do que você acha que sabe está distorcido ou errado.

É assim que a humildade leva à sabedoria. Montaigne escreveu certa vez: "Podemos ser conhecedores do conhecimento de outros homens, mas não podemos ser sábios com a sabedoria de outros homens." Isso porque a sabedoria não é um corpo de informação. É a qualidade moral de conhecer o que você não conhece e descobrir uma maneira de lidar com sua ignorância, incerteza e limitação.

As pessoas que pensamos ser sábias, até certo ponto, superam os preconceitos e tendências de excesso de confiança que são infundidos em nossa natureza. Em seu sentido mais completo, a humildade intelectual é uma autoconsciência precisa à distância. Ela está se movendo ao longo da vida da visão em close de si mesmo típica de um adolescente, em que você preenche toda a tela, para uma visão da paisagem em que você vê de uma perspectiva mais ampla suas forças e fraquezas, suas conexões, relações de dependência e o papel que desempenha em uma história maior.

Finalmente, há algo moralmente impressionante sobre a humildade. Cada época tem seus próprios métodos preferidos de autoaperfeiçoamento, seus próprios modos de construir caráter e profundidade. As pessoas no episódio de *Command Performance* estavam protegendo-se contra algumas de suas tendências menos atraentes: a ser orgulhosas, soberbas, arrogantes.

Hoje, muitos de nós vemos nossa vida por meio da metáfora de uma jornada — uma jornada pelo mundo externo e subindo a escada do sucesso. Quando pensamos em fazer a diferença ou levar uma vida com propósito, muitas vezes pensamos em conseguir algo externo —

executar algum serviço que terá impacto no mundo, criando uma empresa bem-sucedida ou fazendo algo pela comunidade.

Pessoas verdadeiramente humildes também usam essa metáfora da jornada para descrever suas próprias vidas. Mas elas também usam uma metáfora diferente, que tem mais a ver com a vida interior. Esta é a metáfora da autoconfrontação. É mais provável que assumam que somos todos seres profundamente divididos, esplendidamente dotados e profundamente falhos — que cada um de nós tem certos talentos, mas também certas fraquezas. E se habitualmente caímos nessas tentações e não lutamos contra as fraquezas em nós mesmos, então, gradualmente estragaremos alguma parte essencial de nós mesmos. Não seremos tão bons internamente quanto queremos ser. Falharemos de alguma forma profunda.

Para pessoas desse tipo, o drama externo na hierarquia do sucesso é importante, mas a batalha interna contra as próprias fraquezas é o drama central da vida. Como o ministro popular Harry Emerson Fosick colocou em seu livro de 1943, *On Being a Real Person* ["Sendo uma Pessoa Real", em tradução livre]: "O início da vida útil é, portanto, o confronto com nós mesmos."[11]

Pessoas verdadeiramente humildes estão engajadas em um grande esforço para expandir o que há de melhor em si mesmas e eliminar o pior, para tornarem fortes seus pontos fracos. Elas começam com uma consciência aguçada das falhas em sua própria natureza. Nosso problema básico é que somos egocêntricos, um problema maravilhosamente capturado no famoso discurso de formatura proferido por David Foster Wallace no Kenyon College em 2005:

> Tudo em minha experiência imediata sustenta minha crença profunda de que sou o centro absoluto do Universo; a pessoa mais real, viva e importante que existe. Raramente pensamos sobre esse tipo de egocentrismo natural e básico porque é tão repulsivo socialmente. Mas é praticamente igual para todos nós. É a nossa configuração-padrão, gravada em nossos "circuitos" no nascimento. Pense nisto: não há experiência vivida na qual você não foi centro absoluto. O mundo que você experimenta está à SUA frente ou atrás de VOCÊ, à SUA esquerda ou direita, na SUA TV ou no SEU monitor. E assim por diante. Os pensamentos e sentimentos de outras pessoas têm que ser

comunicados a você de alguma forma, mas os seus são imediatos, urgentes, reais.

Esse egocentrismo leva a várias direções infelizes. Leva ao egoísmo, ao desejo de usar outras pessoas como meios para obter as coisas para si mesmo. Também leva ao orgulho, o desejo de se ver como superior a todos os outros. Leva a uma capacidade de ignorar e racionalizar suas próprias imperfeições e inflar suas virtudes. À medida que passamos pela vida, a maioria de nós está constantemente se comparando e se achando um pouco melhor do que as outras pessoas — com mais virtude, melhor julgamento, melhor gosto. Estamos constantemente buscando reconhecimento e dolorosamente sensíveis a qualquer desprezo ou insulto ao status que acreditamos ter conquistado para nós mesmos.

Uma certa perversidade em nossa natureza nos leva a colocar amores inferiores acima dos mais elevados. Todos nós amamos e desejamos uma infinidade de coisas: amizade, família, popularidade, pátria, dinheiro e assim por diante. E todos nós temos a percepção de que alguns amores são superiores ou mais importantes do que outros. Eu suspeito que todos nós classificamos esses amores da mesma maneira. Nós todos sabemos que o amor que você sente por seus filhos ou pais deve ser maior do que seu amor pelo dinheiro. Todos sabemos que o amor que você tem pela verdade deve ser maior do que o amor pela popularidade. Mesmo nesta era de relativismo e pluralismo, a hierarquia moral do coração é uma coisa que geralmente compartilhamos, pelo menos na maior parte do tempo.

Mas muitas vezes trocamos a ordem dos nossos amores. Se alguém lhe diz alguma coisa em sigilo e, em seguida, você conta a história como uma boa fofoca em um jantar, está colocando seu amor pela popularidade acima de seu amor pela amizade. Se fala mais do que escuta em uma reunião, pode estar colocando sua ânsia por destaque acima do aprendizado e do companheirismo. Fazemos isso o tempo todo.

Pessoas humildes sobre sua própria natureza são realistas morais. Os realistas morais estão cientes de que todos nós somos feitos a partir de "madeira torta" — da famosa frase de Immanuel Kant: "Da madeira torta da humanidade, nada direito jamais foi feito." As pessoas nesta escola de "madeira torta" da humanidade têm uma consciência apurada de suas próprias falhas e acreditam que o caráter é construído na luta contra suas próprias fraquezas. Como Thomas Merton escreveu: "As almas são como atletas que precisam de oponentes dignos, se quiserem ser postas à prova, expandidas e impelidas ao pleno uso de seus poderes."[12]

Você pode perceber as evidências da luta interna nos diários dessas pessoas. Elas ficam exultantes nos dias em que conquistam uma pequena vitória sobre o egoísmo e a insensibilidade. Ficam desanimadas nos dias em que se decepcionam, quando evitam alguma tarefa caridosa por preguiça ou cansaço, ou deixam de atender a uma pessoa que queria ser ouvida. São mais propensas a ver sua vida como uma história de aventura moral. Como disse o escritor britânico Henry Fairlie: "Se reconhecermos que nossa inclinação para o pecado faz parte de nossas naturezas e que nunca a erradicaremos totalmente, haverá pelo menos algo para fazermos em nossas vidas que no fim não parecerá apenas fútil e absurdo."

Tenho um amigo que passa alguns momentos na cama à noite revisando os erros do dia. Seu pecado central, do qual muitos de seus outros pecados se ramificam, é uma certa insensibilidade. Ele é um cara ocupado com muitas pessoas exigindo seu tempo. Às vezes ele não está totalmente presente para as pessoas que pedem conselhos ou revelam alguma vulnerabilidade. Às vezes ele está mais interessado em causar uma boa impressão do que em ouvir profundamente as outras pessoas. Às vezes passa mais tempo em uma reunião pensando em como poderia impressionar do que sobre o que os outros estão realmente dizendo. Às vezes bajula demais as pessoas.

Toda noite, ele cataloga os erros. Registra seus principais pecados recorrentes e os outros erros que possam ter decorrido deles. Então ele desenvolve estratégias de como pode melhorar amanhã. Ele tentará olhar de maneira diferente para as pessoas, doar mais tempo para as pessoas. Colocará o cuidado acima do prestígio, a coisa mais importante acima da menos importante. Todos temos a responsabilidade moral de sermos mais morais a cada dia, e ele lutará para progredir a cada dia nessa esfera relevante.

As pessoas que vivem desse modo acreditam que o caráter não é inato ou automático. Você tem que construí-lo com esforço e arte. Não é possível ser a pessoa boa que deseja ser a menos que faça esse esforço. Você nem sequer alcançará sucesso externo duradouro, a menos que construa um núcleo moral sólido. Se não tem alguma integridade interior, em algum momento seu Watergate, seu escândalo, sua traição, acontecerá. Adão I, em última análise, depende de Adão II.

Usei as palavras "luta" e "batalha" nas passagens anteriores. Mas é um erro pensar que a batalha moral contra a fraqueza interna é uma luta como uma guerra ou uma luta de boxe — com choque de armas, violência e agressão. Os realistas morais, às vezes, fazem coisas difíceis, como manter-se firmes contra o mal e impor uma autodisciplina intensa sobre seus desejos. Mas o caráter é construído não apenas por meio de austeridade e dificuldades. Também é construído docemente por meio do amor e do prazer. Quando você tem amizades profundas com pessoas boas, reproduz e absorve algumas de suas melhores características. Quando ama uma pessoa profundamente, você quer servi-la e conquistar seu respeito. Quando experiencia uma grande arte, amplia seu repertório de emoções. Pela devoção a alguma causa, você eleva seus desejos e organiza suas energias.

Além disso, a luta contra as próprias fraquezas nunca é solitária. Ninguém pode conquistar autodomínio por conta própria. A vontade individual, a razão, a compaixão e o caráter não são fortes o suficiente para derrotar consistentemente o egoísmo, o orgulho, a ganância e o autoengano. Todos precisam de uma assistência redentora externa — da família, dos amigos, dos ancestrais, das leis, tradições, instituições, de exemplos e, para os crentes, de Deus. Todos nós precisamos que as pessoas nos digam quando estamos errados, que nos aconselhem sobre como fazer o certo, e que nos encorajem, apoiem, despertem, inspirem e cooperem ao longo do caminho.

Há algo de democrático na vida vista dessa maneira. Não importa se você trabalha em Wall Street ou em uma instituição de caridade que distribui remédios para os pobres. Não importa se você está no topo ou no final da escala de renda. Há heróis e idiotas em todos os mundos. O mais importante é se você está disposto a lutar moralmente contra si mesmo. A coisa mais importante é se está disposto a se engajar nessa luta — com alegria e compaixão. Fairlie escreve: "Se pelo menos reconhecermos que pecamos, soubermos que travamos uma batalha individual, poderemos ir para a guerra como fazem os guerreiros, com um certo valor, entusiasmo e até alegria."[13] Adão I alcança o sucesso vencendo os outros. Mas Adão II constrói o caráter vencendo as fraquezas em si mesmo.

A Curva em U

AS PESSOAS DESTE LIVRO LEVARAM VIDAS DIVERSAS. CADA UMA DELAS exemplifica uma das atividades que levam ao caráter. Mas há um padrão recorrente: elas tiveram que descer para subir. Tiveram que descer ao vale da humildade para subir ao topo da montanha do caráter.

A estrada para o caráter frequentemente envolve momentos de crise moral, confronto e recuperação. Quando estavam em um momento crucial, de repente tiveram uma maior capacidade de ver sua própria natureza. Os autoenganos e as ilusões cotidianas de autodomínio foram destruídos. Era preciso enfrentar a humilhação da autoconsciência caso tivessem alguma esperança de se transformar. Alice teve que ficar pequena para entrar no País das Maravilhas. Ou, como disse Kierkegaard: "Somente aquele que desce ao submundo resgata o amado."

Mas então surgiu a beleza. No vale da humildade, essas pessoas aprenderam a acalmar o eu. Apenas aquietando o eu, elas poderiam ver o mundo claramente. Somente aquietando o eu, poderiam entender as outras pessoas e aceitar o que estão oferecendo.

Quando se acalmaram, abriram espaço para que a graça as inundasse. Elas se viram ajudadas por pessoas que não esperavam que as ajudassem. Elas se viram entendidas e cuidadas pelos outros de maneiras que não imaginavam. Elas se viram amadas de maneiras que não mereciam. Não precisaram se debater, porque havia mãos para ampará-las.

Em pouco tempo, as pessoas que entram no vale da humildade sentem-se de volta aos planaltos da alegria e do compromisso. Elas se jogaram no trabalho, fizeram novos amigos e cultivaram novos amores. Percebem, em choque, que viajaram muito desde os primeiros dias de sua provação. Elas se viram e veem quanto chão deixaram para trás. Essas pessoas não saem curadas; saem diferentes. Encontram uma vocação ou um chamado. Elas se comprometem com certa obediência persistente e se dedicam a um prazer que dá propósito à vida.

Cada fase dessa experiência deixou um resíduo na alma dessas pessoas. A experiência reformulou seu núcleo interno e lhes deu grande coerência, solidez e peso. As pessoas com caráter podem ser barulhentas ou quietas, mas tendem a ter um certo nível de respeito próprio. O respeito próprio não é o mesmo que a autoconfiança ou a autoestima. Ele não é baseado no QI ou em qualquer um dos dons físicos ou mentais que o ajudam a entrar em uma faculdade competitiva. Não se compara. Não é um ganho por ser melhor que outras pessoas em alguma coisa. É obtido por ser melhor do que costumava ser, sendo confiável em tempos de provação, direto em tempos de tentação. Ele surge em pessoas moralmente dependentes. O respeito próprio é produzido por triunfos internos, e não pelos externos. Só pode ser obtido por uma pessoa que tenha sofrido alguma tentação interna, que tenha enfrentado suas próprias fraquezas e que saiba: "Bem, se o pior acontecer, eu sou capaz de suportar. Posso superar isso."

O tipo de processo que acabei de descrever pode acontecer de grandes maneiras. Em toda a vida há enormes momentos de provação, experiências transformadoras, que o constroem ou destroem. Mas esse processo também pode acontecer de maneira gradual e diária. Todos os dias é possível reconhecer pequenas falhas, dedicar-se aos outros, para tentar corrigir erros. O caráter é construído por meio do drama e do cotidiano.

O que ouvi em *Command Performance* foi mais do que apenas uma estética ou um estilo. Quanto mais pesquisava sobre esse período, mais percebia que estava olhando para um país moralmente diferente. Comecei a ter uma visão diferente da natureza humana, uma atitude diferente sobre o que é importante na vida, uma fórmula diferente de como viver uma vida de caráter e profundidade. Não sei quantas pessoas naquela época seguiram esse sistema moral diferente, mas algumas o fizeram, e descobri que as admiro imensamente.

Minha crença geral é que nós acidentalmente deixamos essa tradição moral para trás. Nas últimas décadas, perdemos essa linguagem, essa maneira de organizar a vida. Não somos ruins, mas somos moralmente inarticulados. Não somos mais egoístas ou venais do que as pessoas em outros tempos, mas perdemos a compreensão de como o caráter é construído. A tradição moral da "madeira torta" — baseada na consciência e na confrontação com o pecado — era uma herança transmitida de geração em geração. Dava às pessoas uma noção mais clara de como cultivar as virtudes de obituário, como desenvolver o lado Adão II de sua natureza. Sem ela, há uma certa superficialidade na cultura moderna, especialmente na esfera moral.

A falácia central da vida moderna é a crença de que as realizações do lado Adão I podem produzir profunda satisfação. Isso é falso. Os desejos de Adão I são infinitos e sempre saltam à frente do que acaba de ser alcançado. Somente Adão II pode experimentar uma profunda satisfação. Adão I aponta para a felicidade, mas Adão II sabe que a felicidade é insuficiente. As alegrias definitivas são alegrias morais. Nas próximas páginas, tentarei oferecer alguns exemplos reais de como esse tipo de vida foi vivida. Não podemos e não devemos desejar voltar ao passado. Mas podemos redescobrir essa tradição moral, reaprender esse vocabulário de caráter e incorporá-lo em nossas próprias vidas.

Não se pode criar Adão II a partir de um livro de receitas. Não há um programa de sete passos. Mas podemos imergir na vida de pessoas de destaque e tentar entender a sabedoria do modo como elas viviam. Espero que você possa colher algumas lições importantes nas próximas páginas, mesmo que não sejam as mesmas que parecem importantes para mim. Espero que você e eu possamos emergir dos próximos nove capítulos um pouco diferentes e um pouco melhores.

CAPÍTULO 2

A EVOCAÇÃO DO EU

HOJE, A ÁREA AO REDOR DO WASHINGTON SQUARE PARK NA BAIXA Manhattan é rodeada pela Universidade de Nova York, apartamentos caros e lojas de luxo. Mas em 1911 havia as típicas e belas construções de pedra marrom ao lado norte do parque e fábricas em seus lados leste e sul, atraindo jovens e principalmente imigrantes judeus e italianos. Uma dessas belas casas era propriedade da Sra. Gordon Norrie, uma socialite descendente de dois dos homens que assinaram a Declaração de Independência.

Em 25 de março, a Sra. Norrie acabara de se sentar para tomar chá com um grupo de amigas quando ouviram uma comoção do lado de fora. Uma de suas convidadas, Frances Perkins, então com 31 anos, era de uma família tradicional, mas de classe média, do Maine, cuja linhagem remonta à época da Revolução. Ela frequentou a Mount Holyoke College e trabalhava na Liga dos Consumidores de Nova York, fazendo lobby para erradicar o trabalho infantil. Perkins falava de uma maneira que refletia sua criação de classe alta — como Margaret Dumont nos velhos filmes dos Irmãos Marx ou a Sra. Thurston Howell III, do antigo seriado norte-americano *Ilha dos Birutas* — um sotaque afetado que acentuava o "a" e atenuava o "r".

Um mordomo entrou correndo e anunciou que havia um incêndio perto da praça. As senhoras saíram apressadas. Perkins segurou as saias e correu em direção a ele. Elas testemunhavam um dos incêndios mais famosos da história norte-americana, na fábrica de roupas Triangle Shirtwaist. Perkins podia ver o oitavo, nono e décimo andares do prédio em chamas e dezenas de trabalhadores aglomerados em torno das janelas abertas. Ela se juntou à multidão de espectadores horrorizados na calçada abaixo.

Alguns viram o que pensavam ser fardos de tecido caindo das janelas. Achavam que eram os donos da fábrica tentando salvar sua melhor matéria-prima. Enquanto os pacotes continuavam a cair, os espectadores perceberam que não eram fardos. Eram pessoas atirando-se para a morte. "As pessoas começaram a pular quando chegamos lá", lembrou Perkins mais tarde. "Elas estavam esperando até aquele momento, de pé nos peitoris das janelas, comprimidas por outras, o fogo cada vez mais perto, a fumaça cada vez mais perto."[1]

"Elas começaram a pular. As janelas estavam lotadas e as pessoas pulavam e batiam na calçada", lembra ela. "Todos que pularam morreram. Foi uma cena horripilante."[2]

Os bombeiros estenderam as redes, mas o peso dos corpos saltando da imensa altura arrancava as redes das mãos dos bombeiros, ou os corpos as atravessavam. Uma mulher, em um ato de generosidade, esvaziou sua bolsa sobre os espectadores abaixo e, em seguida, atirou-se.

Perkins e os outros gritavam para eles: "Não pule! A ajuda está chegando." Não estava. As chamas abrasavam as pessoas encurraladas. Quarenta e sete pessoas acabaram pulando. Uma jovem fez um discurso antes de mergulhar, gesticulando com paixão, mas ninguém conseguiu escutar. Um jovem ajudou gentilmente uma garota a subir no peitoril da janela. Então ele a segurou, longe do prédio, como uma bailarina, e a deixou cair. Ele fez o mesmo com uma segunda e uma terceira pessoa. Finalmente, uma quarta garota estava no peitoril da janela; ela o abraçou e eles compartilharam um longo beijo. Então ele a segurou e a soltou também. Em seguida, foi a vez de ele se lançar no ar. Enquanto caía, as pessoas notaram, quando suas calças se inflaram, que ele usava sapatos sociais marrons. Um repórter escreveu: "Eu vi o rosto dele antes de o cobrirem. Dava para ver que era um homem de verdade. Ele fez o melhor que pôde."[3]

O incêndio começara por volta das 16h40 daquela tarde, quando alguém no oitavo andar jogou um cigarro ou um fósforo em uma das grandes pilhas de descartes de tecido que sobravam do processo de alfaiataria. A pilha rapidamente acendeu em chamas.

Alguém alertou o gerente da fábrica, Samuel Bernstein, que encheu alguns baldes próximos com água e jogou no fogo. Pouco adiantou. Os pedaços de tecido eram explosivamente inflamáveis, mais que papel, e havia aproximadamente uma tonelada do material empilhado somente no oitavo andar.[4]

Bernstein despejou mais baldes de água no fogo crescente, mas a essa altura eles já não tinham efeito algum, e as chamas se espalhavam pelos moldes de papel de seda pendurados acima das mesas de trabalho de madeira. Ele ordenou que os trabalhadores trouxessem uma mangueira de incêndio de uma escada próxima. Eles abriram a válvula, mas não havia pressão. Como David Von Drehle, o historiador do incêndio, argumentou, Bernstein tomou uma decisão fatal nos primeiros três minutos. Ele poderia ter gastado esse tempo lutando contra o incêndio ou evacuando os quase 500 trabalhadores. Em vez disso, lutou contra as labaredas sem qualquer efeito. Se tivesse evacuado o local, é possível que ninguém tivesse morrido naquele dia.[5]

Quando Bernstein finalmente tirou os olhos da parede de fogo, ficou surpreso com o que viu. Muitas das mulheres no oitavo andar estavam indo ao vestiário para pegar seus casacos e pertences. Algumas procuravam seus cartões para bater ponto antes de sair.

Por fim, os dois donos da fábrica no décimo andar foram alertados sobre o incêndio, que já consumia o oitavo andar e se espalhava rapidamente para o deles. Um deles, Isaac Harris, reuniu um grupo de trabalhadores e imaginou que provavelmente seria suicídio tentar descer e atravessar o fogo. "Meninas, vamos subir para o telhado! Subam no telhado!", berrou. O outro dono, Max Blanck, travou de medo. Ele ficou paralisado com um olhar de terror em seu rosto, segurando sua filha mais nova em um braço e a mão da filha mais velha com o outro.[6] Um funcionário, que estava fugindo agarrado ao livro de pedidos da empresa, decidiu jogá-lo no chão e salvar a vida do chefe.

A maioria dos trabalhadores no oitavo andar conseguiu sair, mas os trabalhadores do nono andar só foram avisados pouco antes de o fogo chegar até eles. Correram como um cardume de peixes aterrorizados, de um lado para outro, em busca de uma possível saída. Havia dois elevadores, mas eles eram lentos e estavam sobrecarregados. Não havia sistema de sprinklers. Havia uma escada de incêndio, mas era frágil e estava bloqueada. Em dias normais, os trabalhadores eram revistados ao saírem para suas casas, para evitar roubos. A fábrica foi projetada para forçá-los a sair por meio de um único ponto de estrangulamento. Algumas das portas estavam trancadas. Quando o fogo os cercou, os trabalhadores foram deixados à própria sorte para tomar decisões desesperadas de vida e morte com informações limitadas em uma atmosfera crescente de fogo, fumaça e terror.

Três amigas, Ida Nelson, Katie Weiner e Fanny Lansner, estavam no vestiário quando os gritos de "Fogo!" chegaram até elas. Nelson decidiu correr até uma das escadas. Weiner foi até os elevadores e os viu descendo dentro do poço. Ela se atirou no vão, mergulhando no teto do elevador. Lansner não escolheu esses caminhos e não conseguiu sair.[7]

Mary Bucelli mais tarde descreveu sua parte na luta brutal para sair primeiro: "Não consigo nem descrever, dei muitos empurrões e chutes. Dei e recebi. Eu empurrava qualquer um que encontrasse", disse ela sobre seus colegas de trabalho. "Eu estava apenas tentando salvar minha própria vida... Em um momento como esse, há uma grande confusão e você precisa entender que não dá para ver nada...Você vê uma infinidade de coisas, mas não consegue distinguir nada. Com a confusão e a luta para sobreviver, você não consegue distinguir nada."[8]

Joseph Brenman era um dos relativamente poucos homens na fábrica. Uma multidão de mulheres se acotovelava entre ele e os elevadores. Mas elas eram pequenas, e muitas eram frágeis. Ele as empurrou para o lado, entrou no elevador e se salvou.

Os bombeiros chegaram rapidamente, mas suas escadas não alcançavam o oitavo andar. A água das mangueiras mal podia chegar tão alto, era apenas o suficiente para banhar de leve o exterior do prédio.

Vergonha

O TERROR DO INCÊNDIO NA TRIANGLE SHIRTWAIST TRAUMATIZOU A CIDAde. As pessoas não estavam apenas furiosas com os donos da fábrica, mas também se sentiam profundamente responsáveis. Em 1909, uma jovem imigrante russa chamada Rose Schneiderman liderou as mulheres que trabalhavam na Triangle e em outras fábricas em uma greve para denunciar os problemas exatos que levaram ao desastre do incêndio. As piqueteiras foram assediadas pelos seguranças da empresa. A cidade olhava com indiferença, como acontecia com as vidas dos pobres em geral. Depois do incêndio, houve uma propagação coletiva de raiva, alimentada pela culpa coletiva pela forma como as pessoas seguiram suas próprias vidas, insensivelmente indiferentes às condições e ao sofrimento dos outros ao seu redor. "Não dá nem para descrever como as pessoas por toda a cidade estavam perturbadas", lembra Frances Perkins. "Era como se todos tivéssemos feito algo errado. Não deveria ter acontecido. Nós sentimos muito. Mea culpa! Mea culpa!"[9]

Uma grande marcha memorial foi realizada e depois uma grande reunião com todos os principais cidadãos da cidade. Perkins estava no palco como representante da Liga dos Consumidores quando Rose Schneiderman inflamou a multidão: "Eu seria uma traidora desses pobres corpos queimados se viesse aqui para falar de solidariedade. Nós julgamos vocês, bons cidadãos do público — e os consideramos negligentes!

"A velha Inquisição tinha sua roda e seus parafusos de dedo, e seus instrumentos de tortura com dentes de ferro. Sabemos o que essas coisas são hoje: os dentes de ferro são as nossas necessidades, os parafusos de dedo são as rápidas máquinas de alta potência próximas às quais devemos trabalhar, e a roda são essas armadilhas disfarçadas de prédios que nos queimarão vivos no minuto em que pegarem fogo...

"Nós julgamos vocês, cidadãos! Estamos julgando vocês agora e tudo que vocês têm a oferecer é um punhado de dólares às tristes mães, e irmãos e irmãs, como doação de caridade. Mas, toda vez que os trabalhadores saem da única maneira que sabem para protestar contra as condições de trabalho insuportáveis, a mão forte da lei nos oprime com força... Eu não posso falar de solidariedade com vocês, reunidos aqui. Muito sangue foi derramado!"[10]

O fogo e seus tremores secundários deixaram uma marca profunda em Frances Perkins. Até aquele momento, ela havia pressionado pelos direitos dos trabalhadores e pelos pobres, mas sua jornada de vida era convencional, em direção a um casamento convencional, talvez, e obras de caridade refinadas. Depois do incêndio, o que foi um trabalho se transformou em vocação. A indignação moral a colocou em um curso diferente. Seus próprios desejos e seu próprio ego deixaram de ser o centro, e a causa em si se tornou a essência de sua estrutura de vida. As delicadezas de sua classe desapareceram. Ela ficou impaciente com a forma como progressistas da alta sociedade alegavam servir aos pobres. Ficou impaciente com a mesquinhez deles, com o desejo de permanecer imaculados e distantes da confusão. Perkins ficou mais calejada. Ela se jogou na brutalidade da política. Estava disposta a tomar medidas moralmente perigosas se isso evitasse outra catástrofe como a que aconteceu com as mulheres na fábrica da Triangle. Estava disposta a fazer concessões e a trabalhar com funcionários corruptos se isso produzisse resultados. Ela se concentrou nessa causa pelo resto da vida.

Chamado

HOJE, OS ORADORES DIZEM AOS GRADUANDOS NO DISCURSO DE FORMATura para seguir sua paixão, confiar em seus sentimentos, refletir e encontrar seu propósito na vida. A suposição por trás desses clichês é que, quando você está descobrindo como conduzir sua vida, as respostas mais importantes são encontradas no íntimo de cada um. Quando você é jovem e está começando a adentrar na idade adulta, deve, por meio desse raciocínio, sentar-se e dedicar um tempo para descobrir a si mesmo, definir o que é realmente importante para você, quais são suas prioridades, o que desperta suas paixões mais profundas. Você deve fazer algumas perguntas: qual é o propósito da minha vida? O que eu quero da vida? Quais são as coisas que realmente valorizo, que não são feitas apenas para agradar ou impressionar as pessoas ao meu redor?

Por esse modo de pensar, a vida pode ser organizada como um plano de negócios. Primeiro você faz um inventário de seus dons e paixões. Em seguida, define metas e apresenta algumas métricas para organizar seu progresso em direção a essas metas. Então, traça uma estratégia para alcançar o seu propósito, o que o ajudará a distinguir as coisas que o levam em direção aos seus objetivos das que parecem urgentes, mas que na realidade são apenas distrações. Se você definir um propósito realista logo no início e executar sua estratégia de maneira flexível, acabará levando uma vida com propósito. Você terá alcançado a autodeterminação, do tipo capturado nas citadas linhas do poema "Invictus" de William Ernest Henley: "Eu sou o senhor do meu destino / eu sou o capitão da minha alma."

É assim que as pessoas tendem a organizar suas vidas em nossa era de autonomia individual. É um método que começa com o eu e termina com o eu, que começa com a autoinvestigação e termina em autorrealização. Essa é uma vida determinada por uma série de escolhas individuais. Mas Frances Perkins encontrou seu propósito na vida usando um método diferente, que era mais comum em eras passadas. Nesse método, você não pergunta: o que eu quero da vida? Você faz um conjunto diferente de perguntas: o que a vida quer de mim? O que minhas circunstâncias me impelem a fazer?

Nesse esquema das coisas, não somos nós que criamos nossas vidas; somos convocados pela vida. As respostas importantes não são encontradas dentro, mas sim do lado de fora. Essa perspectiva não começa dentro do eu autônomo, mas nas circunstâncias concretas em que você está inserido. Essa perspectiva começa com a consciência de que o mundo existiu muito antes de você e perdurará muito tempo depois, e que no breve período da sua vida você foi lançado pelo destino, pela história, pelo acaso, pela evolução ou por Deus a um lugar específico com problemas e necessidades específicas. Seu trabalho é descobrir certas coisas: o que esse ambiente precisa para ficar completo? O que precisa ser reparado? Que tarefas estão por aí esperando para serem executadas? Como disse o romancista Frederick Buechner: "Em que ponto meus talentos e profunda satisfação atendem à profunda necessidade do mundo?"

Viktor Frankl descreveu esse tipo de chamado em seu famoso livro de 1946, *O Homem em Busca de um Sentido*. Frankl era um psiquiatra judeu em Viena, foi preso em 1942 pelos nazistas, e enviado para um gueto e depois para uma série de campos de concentração. Sua esposa, mãe e irmão morreram nos campos. Frankl passou a maior parte do tempo de cárcere preparando trilhos para linhas ferroviárias. Essa não era a vida que planejara para si mesmo. Não era sua paixão ou seu sonho. Não era o que ele faria se estivesse seguindo seus desejos. Mas essa foi a trajetória de vida atribuída a ele. E ficou claro para ele que o tipo de pessoa que acabaria se tornando dependeria do tipo de decisão interna que tomaria em resposta a suas circunstâncias.

"Realmente não importava o que esperávamos da vida", ele escreveu, "mas sim o que a vida esperava de nós. Precisávamos parar de perguntar o sentido da vida e, em vez disso, pensar em nós mesmos como aqueles que estavam sendo questionados pela vida — diariamente e a cada hora".[11] Frankl concluiu que o destino havia imposto uma tarefa moral e intelectual diante dele. O destino lhe dera uma missão.

Sua tarefa moral era sofrer bem, ser digno de seus sofrimentos. Ele não podia controlar o quanto sofria — se ou quando acabaria na câmara de gás ou como um cadáver jogado ao lado da estrada —, mas ele era capaz de controlar sua resposta interna aos seus sofrimentos. Os nazistas tentaram desumanizar e ultrajar suas vítimas, e alguns prisioneiros aceitaram essa degradação ou se abrigaram em suas memórias de um passado feliz. Mas outros lutaram contra a humilhação e fortaleceram sua própria integridade. "Poderíamos sair vitoriosos dessas experiências, transformando a vida em um triunfo interior", percebeu Frankl. Pode-se lutar contra a humilhação afirmando pequenos atos de dignidade, não necessariamente para mudar sua vida exterior ou mesmo seu destino final, mas para fortalecer as vigas e pilares de sua estrutura interna. Ele poderia exercitar o que chamou de "controle interno", um controle rigoroso de seu próprio estado interior, uma defesa disciplinada de sua própria integridade.

"O sofrimento se tornou uma tarefa que não queríamos ignorar", escreveu Frankl.[12] Uma vez que ele tomou conhecimento da tarefa que a vida designara a ele, entendeu o significado e o propósito final de sua vida e a oportunidade que a guerra lhe dera para realizar esse propósito. E uma vez que ele entendeu o significado desses eventos, a própria sobrevivência se tornou mais fácil. Como Nietzsche observou: "Aquele que tem um porquê para viver pode suportar quase qualquer como."

A outra tarefa de Frankl era tomar as circunstâncias em que a vida o colocara e transformá-las em sabedoria que pudesse levar ao mundo. Frankl recebeu uma grande oportunidade intelectual de estudar seres humanos sob as condições mais terríveis. Ele teve a chance de compartilhar suas observações com seus companheiros de prisão e, se sobrevivesse, imaginou que poderia passar o resto de sua vida compartilhando esse conhecimento com o mundo.

Quando tinha energia mental, falava com grupos de prisioneiros, dizendo-lhes para levar suas vidas a sério e lutar para preservar seu controle interno. Ele lhes disse que focalizassem suas mentes na imagem de um ente querido, para preservar, compartilhar e fortalecer o amor por sua esposa, filho, pai ou amigo ausente, mesmo em meio a circunstâncias que conspiram para destruir o amor, mesmo que o ente querido, tendo sido enviado para um campo diferente, já estivesse morto. Em meio à poeira, à sujeira e aos cadáveres, ainda era possível alcançar os céus: "Eu chamei ao Senhor da minha estreita prisão e ele me respondeu na liberdade do espaço." Pode-se, escreveu Frankl, envolver-se na paixão arrebatadora pelo ser amado e, ainda assim, compreender o pleno significado das palavras "Os anjos estão perdidos na contemplação perpétua de uma glória infinita".

Dizia a potenciais suicidas que a vida não havia parado de esperar coisas deles, e que algo no futuro ainda era esperado deles. Na escuridão após as luzes serem apagadas, dizia aos colegas prisioneiros que alguém os observava — um amigo, uma esposa, alguém vivo ou morto, ou Deus — e que não queria ficar desapontado.[13] A vida, conclui ele, "significa, em última instância, assumir a responsabilidade de encontrar a resposta certa para seus problemas e cumprir as tarefas que a vida constantemente coloca diante do indivíduo".[14]

Poucas pessoas são colocadas em circunstâncias tão terríveis e extremas, mas todos nós recebemos dons, aptidões, capacidades, talentos e características que não foram conquistados. E todos nós somos colocados em circunstâncias que exigem ação, quer envolvam pobreza, sofrimento, as necessidades de uma família ou a oportunidade de transmitir uma mensagem. Essas circunstâncias nos dão a grande chance de justificar nossos dons.

Sua capacidade de discernir sua vocação depende da condição de seus olhos e ouvidos, se são suficientemente sensíveis para compreender a tarefa que seu contexto está dando-lhe. Como diz a Mishná judaica: "Não é sua obrigação concluir o trabalho, mas você também não está livre para desistir de iniciá-lo."

Vocação

FRANKL, ASSIM COMO PERKINS, TINHA UMA VOCAÇÃO. UMA VOCAÇÃO não é uma carreira. Uma pessoa que escolhe uma carreira procura oportunidades de emprego e espaço para progresso profissional. Uma pessoa que escolhe uma carreira busca algo que proporcione benefícios financeiros e psicológicos. Se o seu trabalho ou carreira não estiver funcionando para você, escolha outro.

Uma pessoa não escolhe uma vocação. Ela é um chamado. As pessoas geralmente sentem que não têm escolha. Sua vida seria irreconhecível, a menos que seguissem essa linha de atividade.

Às vezes elas são chamadas pela indignação. Frances Perkins testemunhou o incêndio da Triangle e ficou indignada com a possibilidade de que essa laceração no tecido moral do mundo perdurasse. Outras pessoas são chamadas por um ato. Uma mulher pega um violão e a partir daquele momento sabe que é violonista. Tocar não é algo que ela faz; violonista é quem ela é. Outras pessoas ainda recebem o chamado por meio de um verso da Bíblia ou uma passagem literária. Certa manhã de verão de 1896, Albert Schweitzer chegou à passagem bíblica: "Pois quem quiser salvar a sua vida a perderá, mas quem perder a sua vida por minha causa a encontrará." Naquele momento soube que fora chamado a desistir de sua carreira muito bem-sucedida como um estudioso musical e organista para cursar medicina e se tornar um médico na selva.

Uma pessoa com vocação não é devotada aos direitos civis, a curar uma doença, a escrever um grande romance ou a administrar uma empresa mais humana porque isso atende a alguma análise de custo-benefício. Tais pessoas se dedicam às suas vocações por razões mais profundas e superiores à utilidade e se apegam a elas ainda mais ferozmente quanto mais dificuldades surgem. Schweitzer escreveu: "Qualquer um que se proponha a fazer o bem não deve esperar que as pessoas tirem as pedras do caminho, e deve aceitar com calma a sua sorte mesmo que as pessoas joguem mais algumas pedras em seu caminho. Só a força que em face dos obstáculos se torna mais forte é capaz de vencer."[15]

É importante salientar quanto o sentido da vocação está em desacordo com a lógica contemporânea vigente. Uma vocação não é satisfazer seus desejos ou vontades, como os economistas modernos esperam que façamos. Uma vocação não é uma questão de busca da felicidade, se por "felicidade" você quer dizer estar de bom humor, ter experiências agradáveis ou evitar a luta e a dor. Essa pessoa se torna um instrumento para o desempenho do trabalho que foi colocado diante dela. Ela se molda à tarefa em mãos. Enquanto servia como um instrumento na luta contra a tirania soviética, Alexander Soljenítsin disse o seguinte: "Sinto-me mais feliz, mais seguro, em pensar que não tenho que planejar e administrar tudo sozinho, que sou apenas uma espada que foi afiada para ferir as forças impuras, uma espada encantada para destruí-las e dispersá-las. Conceda, ó Senhor, que eu não quebre quando proferir o golpe! Não me deixe cair da Tua mão!"

E ainda assim as pessoas vocacionadas geralmente não são mal-humoradas. Em primeiro lugar, há a alegria que costumam obter das próprias atividades. Dorothy L. Sayers, mais conhecida hoje como escritora de mistérios, mas também estudiosa e teóloga respeitada em seu tempo, costumava fazer uma distinção entre servir à comunidade e servir ao trabalho. As que procuram servir à comunidade acabam deturpando seu trabalho, escreveu ela, quer o trabalho seja escrever um romance ou assar pão, porque não estão focadas unicamente na tarefa em mãos. Mas se você servir ao trabalho — se executar cada tarefa com a maior perfeição —, então, experimentará a profunda satisfação da habilidade e acabará servindo à comunidade de forma mais rica do que planejaria conscientemente. E vê-se isso em pessoas com uma vocação — uma certa expressão arrebatadora, um desejo apaixonado de apresentar uma dança ou administrar uma organização à sua máxima perfeição. Elas sentem a alegria de ter seus valores em profunda harmonia com seu comportamento. Experimentam uma certeza maravilhosa de ação que elimina o cansaço mesmo dos dias mais difíceis.

O incêndio da Triangle Shirtwaist Factory não foi o único evento que definiu o propósito de Frances Perkins na vida, mas foi um dos principais. Esse horror se apresentou diante dela. E, como muitas pessoas, ela encontrou uma determinação mais feroz em meio a uma onda de justificada revolta. Não foi só porque muitas pessoas morreram — afinal, elas não poderiam ser trazidas de volta à vida; foi também o "ataque contínuo à ordem comum que o incêndio passou a simbolizar". Há um modo universal pelo qual as pessoas devem ser tratadas, uma maneira que respeite sua dignidade como seres humanos, e esse caminho estava sendo violado por maus tratos. A pessoa que experimenta esse tipo de indignação encontrou sua vocação.

A Infância Rigorosa

PERKINS NASCEU NO BAIRRO DE BEACON HILL, EM BOSTON, EM 10 DE abril de 1880. Seus ancestrais chegaram na grande migração protestante em meados do século XVII, estabelecendo-se primeiro em Massachusetts e depois no Maine. Um ancestral, James Otis, foi um fervoroso herói da Guerra Revolucionária. Outro, Oliver Otis Howard, serviu como general na Guerra Civil antes de fundar a Howard University, a faculdade historicamente negra em Washington, D.C. Howard visitou a casa de Perkins quando Frances tinha 15 anos. Por ter perdido o braço na guerra, Frances foi sua escriba.[16]

Os Perkins foram agricultores e fabricantes de tijolos ao longo de séculos, principalmente perto do rio Damariscotta, a leste de Portland, Maine. A mãe de Frances era membro da grande família Bean. Eles deram à filha uma educação tradicional dos ianques: parcimoniosa, zelosa e brutalmente honesta. À noite, Fred Perkins lia poesia grega e recitava peças gregas com amigos. Ele começou a ensinar gramática grega para Frances quando ela tinha sete ou oito anos. A mãe de Frances era séria, artística e assertiva. Quando Frances tinha dez anos, sua mãe a levou a uma loja de chapéus. Os chapéus da moda na época eram estreitos e altos, com penas e fitas. Mas Susan Bean Perkins colocou um chapéu simples, de três pontas e coroa baixa na cabeça de Frances. O que ela disse a seguir reflete um tipo muito diferente de educação infantil do que é comum hoje em dia. Enquanto hoje tendemos a dizer às crianças como elas são maravilhosas, naqueles dias os pais tinham maior probabilidade de confrontar as crianças com suas próprias limitações e fraquezas. Eles eram mais propensos a confrontá-los com uma honestidade que pode parecer brutal para nós hoje:

"Aí está, minha querida, este é o seu chapéu", disse a mãe. "Você deve sempre usar um chapéu como este. Você tem um rosto muito largo. É mais largo entre as duas bochechas do que no topo. Sua cabeça é mais estreita acima das têmporas do que nas maçãs do rosto. Além disso, a linha do seu queixo é muito acentuada. O resultado é que o seu chapéu precisa ser tão largo quanto suas bochechas. Nunca use um chapéu que seja mais estreito do que as maçãs do rosto, porque isso fará você parecer ridícula."[17]

Hoje em dia, a cultura ianque da Nova Inglaterra foi diluída pela influência suavizadora da cultura global, mas naquela época ainda era rigorosa e distinta. Os ianques eram reticentes, autoconfiantes, igualitários e emocionalmente austeros. Às vezes, essa austeridade se transformava em frieza. Mas às vezes era motivada e misturada com amor e ternura ferozes. Os habitantes da Nova Inglaterra tendiam a ter uma forte consciência de sua própria propensão ao pecado e adoravam um Deus que demonstrava seu amor por meio da repressão e da correção. Trabalhavam arduamente. E não reclamavam.

Uma noite, Perkins, então uma jovem, desceu as escadas usando um novo vestido de festa. Seu pai disse a ela que a roupa a fazia parecer uma dama. Perkins refletiu mais tarde: "Mesmo que eu tivesse conseguido ficar bonita — o que, lembre-se, não estou dizendo que consegui fazê-lo —, meu pai nunca teria me dito. Isso teria sido um pecado."[18]

Os ianques também combinavam o que se poderia chamar de conservadorismo social com liberalismo político. Tradicionais e severos em suas vidas privadas, eles acreditavam na compaixão comunitária e na ação do governo. Eles acreditavam que os indivíduos têm uma responsabilidade coletiva de preservar a "boa ordem". Mesmo em meados do século XVIII, as colônias da Nova Inglaterra tinham níveis de tributação estadual e local duas vezes mais altos do que os níveis em colônias como a Pensilvânia e a Virgínia. Eles também depositavam grande fé na educação. Nos últimos 350 anos, as escolas da Nova Inglaterra estão entre as melhores dos Estados Unidos. Os habitantes da Nova Inglaterra têm, até hoje, alguns dos mais altos níveis de desempenho educacional do país.[19]

Os pais de Perkins a enviaram para a escola, mas ela nunca obteve boas notas. Ela tinha uma facilidade natural com as palavras, e no ensino médio usou sua desenvoltura para seguir adiante. Então, foi para a Mount Holyoke College, membro da turma de 1902. As regras dessa faculdade e das faculdades em geral eram, de novo, muito diferentes das regras de hoje. Hoje, os estudantes vivem mais ou menos sem supervisão em seus dormitórios. Têm liberdade para conduzir suas vidas privadas como bem entenderem. Na época, eles viviam sob restrições, muitas das quais parecem absurdas agora, e que foram projetadas para incutir deferência, modéstia e respeito. Aqui estão algumas das regras que faziam parte do código de conduta quando Perkins entrou na Holyoke: "As calouras devem manter um silêncio respeitoso na presença de segundanistas. As calouras que se encontram com segundanistas no campus devem se curvar respeitosamente. Nenhuma caloura deve usar saia longa ou cabelo preso antes dos exames do meio do ano."[20] Perkins sobreviveu às restrições e ao trote que acompanhava essa estrutura hierárquica e se tornou uma das estrelas sociais de sua classe, eleita presidente de turma no último ano.

Hoje, os professores tendem a procurar os pontos fortes intelectuais de seus alunos, para que possam cultivá-los. Mas, há um século, os professores buscavam descobrir as fraquezas morais de seus alunos, para que pudessem corrigi-las. Uma professora de latim, Esther Van Dieman, diagnosticou a preguiça de Perkins, sua tendência a ser indolente demais consigo mesma. Van Dieman usou a gramática de latim como um instrutor militar usa as marchas forçadas, como uma provação para cultivar a diligência. Ela forçou Perkins a trabalhar, hora após hora, em recitações precisas dos tempos verbais latinos. Perkins desatava a chorar de tanta frustração e aborrecimento, mas depois expressou seu apreço pela disciplina forçada: "Pela primeira vez me tornei consciente do caráter."[21]

Perkins se interessava por história e literatura, e tinha dificuldades em química. Mesmo assim, sua professora de química, Nellie

Goldthwaite, insistia que ela se especializasse em química. A ideia era que, se ela fosse forte o suficiente para se formar em sua disciplina mais fraca, seria forte o suficiente para lidar com o que a vida lhe impusesse. Goldthwaite pediu a Perkins que fizesse os cursos mais difíceis, mesmo que isso significasse obter notas medíocres. Perkins aceitou o desafio. Goldthwaite tornou-se sua conselheira docente. Anos depois, Perkins disse a uma ex-aluna que pertencia à Associação de Ex-alunas: "A mente do graduando deve se concentrar nos cursos científicos, que temperam o espírito humano, endurecem e refinam, e fazem dele uma ferramenta com a qual qualquer pessoa é capaz de lidar com qualquer tipo de coisa."[22]

Mount Holyoke era o tipo de faculdade que deixava uma marca permanente em suas alunas. Não via seu papel, como tendem as universidades modernas, nos termos puramente cognitivos de Adão I. Não estava lá apenas para ensinar as pessoas a pensar. Nem apenas para ajudar as estudantes a questionar suas suposições. Em vez disso, realizava com sucesso o papel mais amplo da faculdade: ajudar adolescentes a se tornarem adultas. Incutia o autocontrole. Ajudava suas alunas a descobrir coisas novas para amar. Recebia as jovens e acendia suas paixões morais, dando-lhes uma sensação de que os seres humanos são capturados em uma teia de bem e mal, e que a vida é uma luta épica entre essas grandes forças. A instituição transmitia às alunas a mensagem de que, enquanto aqueles que levam vidas triviais e desinteressantes podem até evitar a luta, uma vida bem vivida envolve lançar-se na luta, que grandes partes das vidas mais honradas são passadas em momentos difíceis, testando a coragem moral e enfrentando oposição e humilhação, e que aqueles que buscam a luta acabam sendo mais felizes do que aqueles que buscam o prazer.

Então lhes disse que os heróis nessa luta não são as almas que se enaltecem perseguindo a glória; em vez disso, são os heróis da renúncia aquelas que aceitam um chamado árduo. Depois, tentava acabar com seu idealismo de forma permanente, criticando meros voos de compaixão e sacrifícios de autocongratulação. A instituição enfatizava que prestar serviço não é algo que você faz com a bondade de seu coração, mas como uma dívida que está pagando pela dádiva da vida.

Então, a instituição lhes fornecia formas concretas de viver esta vida de serviço estável e heroico. Ao longo das décadas, Mount Holyoke enviou centenas de mulheres para cargos missionários e serviços no noroeste do Irã, Natal no sul da África e Maharashtra no oeste da Índia. "Faça o que ninguém mais quer fazer; vá para onde ninguém mais quer ir", suplicava a fundadora da escola, Mary Lyon, às alunas.

Em 1901, chegou uma nova reitora, Mary Woolley, acadêmica de estudos bíblicos e uma das primeiras mulheres a se formar em Brown. Ela escreveu um ensaio intitulado "Values of College Training for Women" [Valores do Treinamento Universitário para Mulheres] para a revista *Harper's Bazaar* que capta o tom de alta ambição moral que caracterizava a vida na universidade. "O caráter é o principal objeto da educação", declarou ela, continuando: "Uma perspectiva verdadeira implica equilíbrio." Esse equilíbrio se refere às qualidades mais profundas de estabilidade e harmonia. "A falta dessas qualidades é muitas vezes o ponto fraco na armadura, e os bons impulsos, os altos propósitos, a habilidade real falham em atingir sua finalidade."[23]

A educação da Mount Holyoke era dominada pela teologia e pelos clássicos — Jerusalém e Atenas. As estudantes deviam extrair da religião uma ética de cuidado e compaixão, e dos antigos gregos e romanos um certo heroísmo — ser corajosas e inflexíveis em face do pior que o mundo poderia causar-lhes. No artigo da *Harper's Bazaar*, Woolley citou o filósofo estoico Epiceto: "Viver na presença de grandes verdades e leis eternas, ser conduzido por ideais permanentes, é isso que mantém um homem paciente quando o mundo o ignora, e calmo e incólume quando o mundo o elogia." Perkins e Woolley continuariam amigas até a morte de Woolley.

Perkins também foi para a faculdade em uma época em que o movimento do evangelho social era mais influente. Em resposta à urbanização e industrialização, os líderes do movimento, incluindo Walter Rauschenbusch, rejeitaram a religião individualista e privada que prevalecia em muitas igrejas da alta sociedade. Rauschenbusch argumentava que não é suficiente curar a pecaminosidade em todo coração humano individual. Há também o pecado suprapessoal — instituições do mal e estruturas sociais que geram opressão e sofrimento. Os líderes do movimento do evangelho social desafiaram seus seguidores a se testar e purificar, trabalhando pela reforma social. A verdadeira vida cristã, eles disseram, não é uma vida solitária de oração e arrependimento. É uma vida de serviço sacrificial, que envolve a prática da solidariedade com os pobres e a participação em um movimento maior que trabalha para reparar o reino de Deus na Terra.

Como presidente de classe, Perkins ajudou a escolher o lema da turma: "Sede firmes." O versículo completo, que Perkins leu para suas colegas em sua última reunião de oração, é de 1 Coríntios. "Portanto, meus amados irmãos, sede firmes e constantes, sempre abundantes na obra do Senhor, sabendo que o vosso trabalho não é vão no Senhor."

Holyoke convenceu Perkins, que aprendera por causa de seu gênero e de sua estatura a pensar com humildade sobre si mesma — e outras mulheres — de que poderia fazer algo heroico. Mas conseguiu essa proeza de maneira irônica. Não lhe disse que ela era admirável e talhada para o heroísmo. Forçou-a a confrontar suas fraquezas naturais. Pressionou-a. Pressionou-a e depois a ensinou a se levantar e se impulsionar para o mundo. Perkins chegou em Holyoke doce e loquaz, diminuta e encantadora. Saiu de lá mais resistente, fortalecida, entusiasmada por servir e claramente inadequada para o estreito mundo burguês em que crescera. Quando a mãe de Frances Perkins chegou para a formatura de sua filha em Mount Holyoke, comentou em tom de desânimo: "Não reconheço mais minha filha Fanny. Não consigo entender. Ela é uma estranha para mim."[24]

Suave Resistência

PERKINS SABIA QUE QUERIA ALGUM TIPO DE VIDA HEROICA, MAS DEPOIS da formatura teve dificuldade em encontrar um papel específico. Ela era muito inexperiente para ser assistente social; as agências não a contratavam. Ela tentou lecionar em uma escola de luxo para meninas em Lake Forest, Illinois, mas era um trabalho pouco inspirador. Até que se mudou para Chicago e se envolveu com a Hull House.

Hull House era uma casa de abrigo cofundada por Jane Addams, a principal reformadora social dos Estados Unidos de sua época. A ideia era dar às mulheres uma nova gama de carreiras de serviço, conectar os ricos aos pobres e recriar o senso de comunidade que havia sido destruído pelas rupturas da industrialização. Foi criada seguindo o modelo da Toynbee Hall, em Londres, em que homens universitários abastados organizavam reuniões sociais com os pobres da mesma maneira que as organizavam uns com os outros.

Na Hull House, mulheres ricas viviam entre os pobres e as classes trabalhadoras, servindo como orientadoras, assistentes e conselheiras, e assumindo projetos para melhorar suas vidas. A instituição oferecia treinamento profissionalizante, serviços de creche, um banco de poupança, aulas de inglês e até aulas de arte.

Hoje, o serviço comunitário é, às vezes, usado como um remendo para encobrir a inarticulação da vida interior. Não faz muito tempo, perguntei à chefe de uma prestigiosa escola preparatória como sua instituição ensina seus alunos sobre o caráter. Ela respondeu contando-me quantas horas de serviço comunitário os alunos fazem. Ou seja, quando perguntei sobre algo interno, ela respondeu falando sobre algo externo. Sua suposição parecia ser que, se você se propõe a ensinar crianças pobres, isso faz de você uma boa pessoa.

E continua assim! Muitas pessoas hoje têm profundos anseios morais e altruístas, mas, sem um vocabulário moral, tendem a converter questões morais em questões de alocação de recursos. Como posso servir ao máximo? Como posso causar impacto? Ou o pior de tudo: como posso usar minha beleza para ajudar os menos afortunados do que eu?

A atmosfera na Hull House era bem diferente. As pessoas que administravam o lugar tinham uma teoria específica sobre como construir caráter igual para os que servem aos pobres e para os pobres. Addams, como muitos de seus contemporâneos, dedicou sua vida a servir aos necessitados ao mesmo tempo em que suspeitava profundamente da compaixão. Ela desconfiava de sua falta de forma, da maneira como as pessoas compassivas tendiam a expor seus sentimentos sobre os pobres sem nenhum efeito prático. Ela também rejeitava a mácula individualista da emoção, que permitia que os ricos se sentissem bem consigo mesmos porque estavam prestando serviço comunitário. "A benevolência é irmã gêmea do orgulho", escreveu Nathaniel Hawthorne. Addams não tinha tolerância para qualquer atitude que pudesse colocar o servidor acima daqueles que estavam sendo servidos.

Como todas as organizações assistenciais bem-sucedidas, ela queria que seus funcionários desfrutassem de seu trabalho, que adorassem o serviço. Ao mesmo tempo, queria que eles mantivessem seus sentimentos sob controle e lutassem implacavelmente contra qualquer sentimento de superioridade. Na Hull House, os assistentes sociais eram ordenados a ser humildes. Eram ordenados a controlar sua empatia e exercer uma paciência científica ao investigarem as verdadeiras necessidades de cada indivíduo. O assistente social deveria ser um consultor prático, quase como o consultor administrativo de hoje — para investigar opções, oferecer amizade e conselho, mas nunca permitir que suas opiniões prevalessem sobre as decisões dos beneficiários. A ideia era deixar que os pobres determinassem suas próprias vidas, em vez de se tornarem dependentes dos outros.

Addams observou um fenômeno que ainda hoje é visto com frequência: muitas pessoas saem da universidade cheias de energia, vivacidade e altivez, mas aos 30 anos se tornam versões mais apáticas e cínicas de si mesmas. Suas ambições diminuíram. Na escola, escreveu Addams em sua autobiografia *Twenty Years at Hull House* ["Vinte Anos em Hull House", em tradução livre], as alunas são ensinadas a se esquecer de si mesmas e a se sacrificar para colocar o bem da sociedade acima do bem do seu próprio ego. Mas quando se formam são orientadas a cuidar de si mesmas, a se estabelecerem no casamento e, talvez, na carreira. As jovens são solicitadas a reprimir seu desejo de corrigir os erros e aliviar o sofrimento. "A menina perde algo vital de sua vida a que tem direito", escreveu Addams. "Ela é restringida e infeliz; seus pais, enquanto isso, permanecem inconscientes da situação, e temos todos os elementos para uma tragédia."[25] Addams via a Hull House não apenas como um lugar para ajudar os pobres; era um lugar onde os ricos podiam dedicar-se a uma vocação enobrecedora. "O retorno final da ação está na cabeça do executor", escreveu Addams.[26]

Perkins passava o maior tempo possível na Hull House, primeiro nos finais de semana, depois períodos mais longos. Quando saiu, tinha uma mentalidade mais científica — é preciso coletar dados. Ela sabia como lidar com um cenário de pobreza. Também tinha mais coragem. Seu trabalho seguinte foi com uma organização na Filadélfia fundada por uma aluna da Hull House. Agências de emprego fraudulentas estavam atraindo mulheres imigrantes para pensões, às vezes drogando-as e forçando-as à prostituição. Perkins expôs 111 desses lugares depois de se candidatar a esses empregos e enfrentar os cafetões cara a cara. Então, em 1909, já com alguma experiência, ela se juntou a Florence Kelley em Nova York na National Consumers League. Kelley era uma heroína e inspiração para Perkins. "Explosiva, temperamental, determinada, ela não era uma santa gentil", escreveria Perkins mais tarde. "Viveu e trabalhou como missionária, nenhum sacrifício ou esforço era demais. Era uma mulher profundamente emocional e religiosa, embora as expressasse muitas vezes de forma não convencional."[27] Enquanto integrou a Liga dos Consumidores, Perkins fez lobby contra o trabalho infantil e outras atrocidades.

Em Nova York, ela também se envolveu com a comunidade boêmia de Greenwich Village: Jack Reed, que mais tarde se envolveu com a Revolução Russa; Sinclair Lewis, que chegou a lhe propor casamento, quase a sério; e Robert Moses, que fazia parte da contracultura na época, mas que se tornaria o principal engenheiro de Nova York.

Reticência

PERKINS FOI SE TORNANDO MAIS FORTE A CADA PASSO DO CAMINHO — em Mount Holyoke e na Hull House — e também cada vez mais idealista, mais fervorosa em relação à sua causa. O incêndio da Triangle Factory foi o momento em que esses dois processos deram um salto definitivo.

A embaixadora dos Estados Unidos nas Nações Unidas, Samantha Power, observa com muita propriedade que algumas pessoas "se arriscam" quando se envolvem em uma causa. Ou seja, elas sentem que sua própria reputação e identidade estão em jogo quando tomam decisões. Elas se engajam em determinada causa em parte pelo que isso dirá sobre eles, e querem que suas emoções, identidade e orgulho sejam validados nesse processo. Perkins não estava "se arriscando" após o incêndio. Ela foi trabalhar em Albany, fazendo lobby na assembleia legislativa estadual para alterar a legislação de segurança dos trabalhadores. Deixou para trás os preconceitos da alta sociedade de Nova York. Deixou para trás a polidez da política progressista. Faria concessões sem hesitar se isso significasse fazer progresso. Seu mentor, Al Smith, figura em ascensão na política de Nova York, disse a Perkins que, em pouco tempo, os progressistas da alta sociedade perderiam o interesse por qualquer causa. Se você quer iniciar uma mudança real, disse a ela, tem que trabalhar com os legisladores velhacos e políticos grosseiros. Você tem que ser prática, subordinar sua pureza pessoal à causa. Perkins aprendeu que em um mundo decadente muitas vezes são as pessoas "contaminadas" que ajudam você a fazer o melhor. Em Albany, ela começou a trabalhar em estreita colaboração com os ocupantes da máquina política de Tammany Hall, que eram vistos com horror nos círculos mais bem-educados a que costumava frequentar.

Em Albany, Perkins também aprendeu a lidar com homens mais velhos. Um dia, ela estava de pé ao lado dos elevadores da sede do governo do estado, quando um senador grosseiro chamado Hugh Frawley apareceu e começou a descrever os detalhes confidenciais das negociações nos bastidores e a reclamar do trabalho vergonhoso que ele era obrigado a realizar. Tomado de autopiedade, esbravejou: "Todo homem tem mãe, sabia?"

Perkins manteve uma pasta intitulada "Notas sobre a mente masculina" e registrou esse episódio nela. Desempenhou um papel importante em sua educação política: "Aprendi com isso que o modo como os homens tomam as mulheres na vida política é associá-las à maternidade. Eles conhecem e respeitam suas mães — 99% deles. É uma atitude primitiva e primária. Eu disse para mim mesma: 'É assim que as coisas são feitas. Portanto, comporte-se e vista-se de tal modo que você os lembre inconscientemente de suas mães.'"[28]

Perkins tinha então 33 anos e era alegre, embora certamente não fosse bonita. Até então, ela se vestira da maneira convencional da época. Mas a partir daí começou a se vestir como uma mãe. Ela usava vestidos pretos sóbrios e laços brancos no pescoço. Usava pérolas e um chapéu preto de três pontas, e adotou um comportamento matronal. A imprensa percebeu a mudança e começou a chamá-la de "Madre Perkins" pelo modo como lidava com os deputados estaduais de 60 e poucos anos. Ela desprezava o apelido, mas descobriu que o método funcionava. Suprimiu sua sexualidade, sua feminilidade e até mesmo parte de sua identidade para ganhar a confiança dos velhos à sua volta. É uma tática questionável hoje, quando as mulheres não deveriam ter que se anular para ter sucesso, mas, na década de 1920, era necessária.

Entre outros projetos, Perkins pressionou furiosamente por um projeto de lei para limitar a jornada de trabalho a 54 horas semanais. Ela tentou fazer amizade com os poderosos para que apoiassem o projeto de lei. Eles fizeram o possível para a enganar e manipular, mas ela conseguiu apoio de algumas bancadas. "Minha irmã era uma menina pobre e teve que trabalhar quando era jovem", confidenciou-lhe o parlamentar "Big" Tim Sullivan. "Eu sinto pena das pobres garotas que trabalham do jeito que você diz que elas trabalham. Gostaria de fazer algo bom para elas. Gostaria de fazer algo bom por você."[29]

Quando o projeto da jornada de trabalho semanal de 54 horas finalmente foi à votação, os legisladores isentaram uma das indústrias mais notórias, mas politicamente influentes, a de conservas. Os ativistas do projeto passaram os meses anteriores insistindo que não poderia haver exceções. Todas as indústrias, especialmente as fábricas de conservas, teriam que ser abrangidas pela legislação. No momento crucial, Perkins permaneceu na beirada do plenário. Ela teria que decidir, na hora, se aceitaria essa lei profundamente falha ou a rejeitaria por princípio. Seus colegas argumentaram veementemente para rejeitá-la. Em vez disso, ela preferiu aceitar metade do bolo do que ficar sem nada. Disse aos legisladores que sua organização apoiaria o projeto. "É minha responsabilidade. Vou aceitar e aguentar as consequências, se necessário."[30] Muitos progressistas ficaram de fato indignados. Mas sua obstinada mentora, Florence Kelley, endossou completamente sua decisão. Depois disso, Perkins passou a ser conhecida como uma "garota do meio bolo", na vida pública ou privada, alguém que aceitaria o máximo que as circunstâncias permitissem.[31]

Nessa época, ela conheceu Paul Wilson, um belo e bem-nascido progressista, que se tornou um assessor próximo do prefeito reformista de Nova York, John Purroy Mitchel. Wilson se apaixonou por Perkins e lentamente a conquistou. "Antes de você chegar", ela escreveu para ele, "minha vida era um lugar solitário — frio, sombrio e incerto, exceto pelo lado de fora... Você invadiu meu coração de alguma forma e eu nunca poderia deixar você partir".[32]

O namoro era estranho. As cartas de Perkins para Wilson são românticas, sinceras e apaixonadas. Mas, com seus amigos e colegas de trabalho, ela era extremamente reticente e, décadas depois, negava que um dia já sentira fortes emoções. Eles se casaram em 26 de setembro de 1913, na Grace Church, na Baixa Manhattan. Eles não convidaram seus amigos ou lhes contaram sobre o casamento antecipadamente. Perkins e Wilson informaram suas famílias, mas tarde demais para conseguirem comparecer. Perkins se arrumou para o casamento sozinha em seu apartamento na Waverly Place e provavelmente caminhou até a igreja. As duas testemunhas eram pessoas que por acaso estavam no prédio na hora da cerimônia. Não houve almoço ou chá depois.

Quando ela descreveu sua decisão de se casar, anos mais tarde, adotou o tom prático que normalmente usaríamos para ir a uma consulta odontológica. "Havia um orgulho da Nova Inglaterra em mim", disse Perkins, décadas depois. "Eu não estava ansiosa para me casar. Para dizer a verdade, estava relutante. Não era mais uma criança, mas uma mulher adulta. Nunca quis me casar. Gostava mais da vida quando dependia só de mim."[33] Mas as pessoas sempre perguntavam quando ela encontraria um marido, então decidiu resolver a questão: "Eu conheço bem Paul Wilson. Eu gosto dele... Gosto de sua companhia e de seus amigos, posso muito bem casar e tirar isso da minha cabeça."

Seus primeiros anos foram relativamente felizes. Eles viviam em uma graciosa casa na Washington Square, não muito longe de onde Perkins tomava chá quando começou o incêndio da Triangle. Wilson trabalhava no gabinete do prefeito. Perkins continuou com seu trabalho social. Sua casa se transformou em um centro de ativistas políticos da época.

Logo as coisas começaram a degringolar. John Mitchel perdeu a eleição. Wilson teve um caso com uma dama da sociedade, o que causou certo furor e depois nunca mais foi mencionado. Perkins começou a se sentir sufocada no casamento e pediu a separação. "Cometi alguns erros infelizes", escreveu Perkins a Wilson. "Eu me tornei um tipo diferente de pessoa, com um grau menor de eficiência no trabalho e espiritualmente mais inexpressiva."[34]

Então ela ficou grávida. O menino morreu logo após o nascimento. Perkins foi consumida pela dor, mas isso também nunca mais foi mencionado. Posteriormente, Perkins tornou-se secretária executiva da Maternity Center Association, uma organização voluntária que procurava reduzir as taxas de mortalidade infantil e materna. Ela também teve uma filha, Susanna, que recebera o nome em homenagem à esposa do segundo governador da Colônia de Plymouth.

Perkins queria ter outro filho, mas em 1918 Wilson começou a mostrar sinais de doença mental. Ao que consta, era maníaco-depressivo, o que hoje chamamos de bipolar. Não era capaz de suportar qualquer tipo de pressão. "Ele ia de um polo a outro. Às vezes estava deprimido, outras, empolgado", disse Perkins mais tarde. De 1918 em diante, tudo que existia eram breves períodos de uma vida razoavelmente confortável. Em uma dessas fases maníacas, Wilson investiu as economias de sua vida em um esquema de ouro e perdeu tudo. Perkins às vezes tinha medo de ficar sozinha com ele, porque o marido tendia a violentos ataques de fúria e era muito mais forte do que ela. Ao longo das décadas seguintes, Wilson passaria partes significativas em asilos e cuidados institucionais, onde Perkins o visitava nos fins de semana. Quando estava em casa, ele era incapaz de lidar com qualquer responsabilidade. Tinha uma enfermeira — eufemisticamente chamada de secretária — para cuidar dele. "Ele estava se tornando um tipo de não pessoa", escreveu o biógrafo de Perkins, George Martin, "alguém com quem se fala mais do que conversa".[35]

A reticência típica da Nova Inglaterra entrou em ação. Ela chamou a perda da fortuna de sua família de "acidente" e percebeu que teria que trabalhar para sustentar a família. Relegou esses "acidentes" "para o fundo da mente. Não fiquei remoendo nem tive um colapso nervoso".[36] Nas décadas seguintes ela tentou isolar sua vida privada, escondendo-a da vista do público. Essa atitude foi em parte um produto de sua educação ianque. Mas ela também era reticente por questão de filosofia e convicção. Acreditava que as emoções particulares eram intrincadas demais para serem expostas ao público; teria ficado horrorizada com a cultura de exposição que é tão prevalente hoje.

Há uma batalha generalizada entre duas disposições filosóficas, o que a crítica social Rochelle Gurstein chama de os partidários da reticência e os da exposição. Os partidários da reticência acreditam que as emoções ternas do mundo interior são brutalizadas e poluídas quando expostas à exibição pública. Os partidários da exposição acreditam que qualquer coisa secreta é suspeita e que a vida funciona melhor quando tudo é revelado e discutido. Perkins foi definitivamente membro do grupo da reticência. Ela acreditava que tudo o que é complexo, matizado, contraditório, paradoxal e misterioso sobre as sensações privadas é reduzido à banalidade quando exposto e resumido em frases clichês. O dano é feito quando as pessoas expõem coisas íntimas diante de meros conhecidos ou completos estranhos. Emoções preciosas são tiradas do contexto de confiança e intimidade e são esmagadas. Portanto, as pessoas devem manter privado o que é privado. Embora acreditasse no governo quando se tratava de servir aos pobres e proteger os fracos, ela tinha uma forte aversão ao governo quando ignorava o direito à privacidade.

Essa filosofia teve um custo. Ela não era soberbamente introspectiva. Não se destacou na intimidade. Não teve uma vida particular especialmente feliz. É difícil saber o que teria acontecido se o marido não tivesse passado tanto tempo em instituições psiquiátricas, mas é provável que sua vocação pública tivesse eliminado sua energia e capacidade de intimidade privada. Ela foi talhada para a campanha pública. Não sabia receber ou dar amor muito bem, nem demonstrar vulnerabilidade. Até mesmo o cuidado com a filha muitas vezes assumia a forma de uma cruzada pelo aperfeiçoamento moral, que saiu pela culatra. Frances exercia controle ferrenho sobre si mesma e esperava o mesmo da filha.

Mas a filha, Susanna, herdou o temperamento maníaco de seu pai. Desde os 16 anos da filha, quando Perkins se mudou para Washington para trabalhar no governo Roosevelt, elas raramente dividiam uma casa. Ao longo de toda a sua vida, Susanna sofreu graves episódios de depressão. Ela se casou com um homem que a traía descaradamente. Na década de 1940, ela era uma espécie de hippie, 20 anos antes de o termo existir. Ela se envolveu com vários grupos contraculturais. Desenvolveu uma fixação pelo escultor romeno Constantin Brancusi. Sua vida era dedicada a chocar a alta sociedade e envergonhar a mãe.

Uma vez, Perkins convidou Susanna para um evento de sociedade e implorou a ela que se vestisse apropriadamente. Susanna escolheu um vestido verde extravagante e usou os cabelos emaranhados desordenadamente no alto da cabeça, com flores berrantes adornando o cabelo e o pescoço.

"Dei lugar à mórbida superstição de que sou a causa do colapso nervoso dos outros, meu marido, minha filha", confessou Perkins. "[Isso] me assusta e me oprime."[37] Susanna nunca foi realmente capaz de trabalhar e era sustentada por Frances. Mesmo aos 77 anos, Frances transferiu seu apartamento, de aluguel controlado, em Nova York, para que Susanna tivesse um lugar para morar. Ela teve que aceitar um emprego para pagar as despesas da filha.

Toda virtude pode vir com seu próprio vício associado. A virtude da reticência pode criar o vício da indiferença. Perkins não era emocionalmente vulnerável às pessoas próximas a ela. Sua vocação pública nunca compensou completamente sua solidão privada.

Dever

O GOVERNADOR DE NOVA YORK, AL SMITH, FOI O PRIMEIRO E O MAIOR amor político de Perkins. Ele era leal, acessível, loquaz e carismático. Smith também deu a Perkins sua primeira grande oportunidade no governo. Ele a nomeou para a Comissão Industrial, órgão que regulava as condições de local de trabalho no Estado de Nova York. O trabalho trouxe um generoso salário de US$8 mil por ano e colocou Perkins no meio das grandes greves e disputas industriais. Ela não era apenas uma mulher rara em um universo masculino, ela estava no recinto mais masculino do universo dos homens. Ela viajava para distritos industriais e se lançava em meio a disputas acirradas entre organizadores sindicais exaltados e executivos obstinados. Não havia qualquer traço de prepotência em suas memórias de que isso fosse uma coisa corajosa e até imprudente a se fazer. Para ela, era simplesmente um trabalho que precisava ser feito. Nas descrições de seu trabalho poucas vezes dizia "Eu fiz isso". Em geral, usava formas impessoais como: "Fez-se isso..."

Hoje em dia pensamos no uso das formas impessoais como algo excessivamente formal. Mas para Perkins era simplesmente uma maneira de evitar o pronome da primeira pessoa. Era uma maneira de sugerir que qualquer pessoa adequada seria obrigada a fazer o que fizera em determinada circunstância.

Durante as décadas de 1910 e 1920, em Albany, Perkins também teve a oportunidade de trabalhar com Franklin Delano Roosevelt. Ele não a impressionou. Perkins o achava superficial e um tanto arrogante. Ele tinha o hábito de jogar a cabeça para trás enquanto falava. Mais tarde, depois que se tornou presidente, esse gesto sugeria confiança e otimismo. Mas, quando ele era jovem, Perkins achava que o fazia parecer arrogante.

Roosevelt desapareceu da vida de Perkins quando teve poliomielite. Quando retornou, ela sentiu que ele havia mudado. Ele quase nunca falava da doença, mas Perkins sentia que ela "expurgara a atitude levemente arrogante que antes demonstrava".[38]

Um dia, quando Roosevelt estava retomando sua vida política, Perkins sentou-se em um palco e observou-o se arrastar até o púlpito para fazer um discurso. Suas mãos, apoiadas contra o púlpito, não pararam de tremer. Perkins percebeu que, depois do discurso, alguém teria que acobertar seus movimentos desajeitados enquanto descia do palco. Gesticulou para uma mulher atrás dela e, ao concluir, elas correram até Roosevelt, supostamente para parabenizá-lo, mas na verdade para encobrir seus movimentos com as saias. Ao longo dos anos, isso se tornou uma rotina.

Perkins admirava a maneira como Roosevelt, com gratidão e humildade, aceitava ajuda. "Comecei a ver o que os grandes mestres da religião queriam dizer quando pregavam que a humildade é a maior das virtudes", ela escreveu mais tarde, "e, se você não for capaz de aprender, Deus o ensinará pela humilhação. Só assim pode um homem ser realmente grande, e foi por meio dessas adaptações à necessidade que Franklin Roosevelt começou a se aproximar da estatura de humildade e integridade interior que o tornou verdadeiramente grande".[39]

Quando Roosevelt foi eleito governador de Nova York, ele ofereceu a Perkins o cargo de comissária industrial. Ela não tinha certeza se deveria aceitar, porque não sabia se conseguiria administrar o departamento com sucesso. "Acredito que o talento que eu possa ter para o serviço público está muito mais no trabalho jurídico e legislativo do Departamento do que no administrativo", escreveu ela em uma nota para Roosevelt. No dia em que ele lhe ofereceu o emprego, ela disse a ele que lhe daria um dia para reconsiderar, para consultar outras pessoas. "Se alguém disser que é insensato me nomear ou criar problemas com os líderes, apenas desconsidere o dia de hoje... não vou contar a ninguém, para que você não fique preso à promessa."[40]

Roosevelt respondeu: "Devo dizer que isso é muito decente de sua parte, mas não vou mudar de ideia." Ele teve o prazer de nomear uma mulher para um cargo tão alto, e a reputação de Perkins como funcionária pública era exemplar. Como disse um de seus biógrafos, George Martin: "Como administradora, ela era boa, talvez até mais do que boa; como juíza ou legisladora, ela era extraordinária. Tinha um temperamento imparcial e um forte senso do que era justo em todas as situações. Estava sempre aberta a novas ideias e ainda assim o propósito moral da lei e o bem-estar da humanidade nunca eram deixados de lado."[41]

Quando foi eleito presidente, Roosevelt pediu a Perkins que se tornasse sua secretária do trabalho. Mais uma vez, ela resistiu. Quando os rumores de sua potencial nomeação circularam durante a transição, Perkins escreveu a FDR uma carta dizendo que esperava que eles não fossem verdadeiros. "Você é citado pela imprensa dizendo que as previsões dos jornais sobre os cargos no gabinete estão 80% erradas. Escrevo para dizer que espero sinceramente que o que eles têm divulgado sobre mim esteja entre os 80% de itens incorretos. Já tive minha cota de cartas de parabenização e coisas do tipo, mas, para o seu próprio bem e o dos EUA, acho que deve nomear alguém dos grupos de trabalhadores organizados — para deixar bem claro que a classe trabalhadora faz parte dos conselhos do presidente."[42] Mencionou superficialmente os problemas de sua família, que ela temia que pudessem representar uma distração. Roosevelt escreveu um pequeno gracejo em um pedaço de papel e mandou de volta: "Pensei em seu conselho e não concordei."[43]

A avó de Perkins lhe dissera que quando alguém abre uma porta você deve sempre atravessá-la. Então Perkins apresentou a FDR as condições para que se tornasse sua secretária do trabalho. Se ela se juntasse ao gabinete, FDR teria que se comprometer com uma ampla gama de políticas de seguro social: auxílio-desemprego em massa, um gigantesco programa de obras públicas, leis de salário mínimo, um programa de seguro social para idosos e a abolição do trabalho infantil. "Eu suponho que você me perturbará com esses assuntos para sempre", Roosevelt respondeu. E ela confirmou que sim.

Perkins foi uma de dois assessores principais a ficar com Roosevelt durante todo o seu mandato como presidente. Ela se tornou uma das defensoras incansáveis do New Deal. Ela foi fundamental para a criação do sistema de seguridade social. Foi uma grande força por trás de muitos dos programas de emprego do New Deal, como o Civilian Conservation Corps, a Federal Works Agency e a Public Works Administration. Por meio da Fair Labor Standards Act [Lei de Padrões Justos de Trabalho], ela estabeleceu a primeira lei de salário mínimo do país e a primeira lei de horas extras. Defendeu a legislação federal sobre trabalho infantil e seguro-desemprego. Durante a Segunda Guerra Mundial, resistiu aos pedidos de recrutamento de mulheres, sentindo que as mulheres se beneficiariam mais em longo prazo se pudessem assumir os empregos que estavam sendo abandonados pelos homens convocados.

Perkins entendia Franklin Roosevelt como ninguém. Depois que ele morreu, ela escreveu um trabalho biográfico, *The Roosevelt I Knew* ["O Roosevelt que Conheci", em tradução livre], que continua sendo uma das descrições mais astutas do caráter de Roosevelt já escritas. Para defender todas as decisões do presidente, Perkins escreveu: "Ele acreditava que nada no julgamento humano é definitivo. Pode-se dar corajosamente o passo que parece certo hoje, porque pode ser modificado amanhã se não funcionar bem." Ele era um improvisador, não um planejador. Dava um passo e fazia um ajuste, outro passo e outro ajuste. Aos poucos, uma grande mudança surgiria.

Essa mentalidade se desenvolve, continuou Perkins, em "um homem que é mais um instrumento do que um engenheiro. Os profetas de Israel o teriam chamado de instrumento do Senhor. Os profetas de hoje só poderiam explicar seu tipo de mente em termos de psicologia, sobre a qual eles sabem tão pouco".[44]

Perkins inventou uma estratégia para lidar com esse homem que era propenso a mudar de ideia e de direção dependendo de quem fosse o último conselheiro que encontrou. Antes de uma reunião com o presidente, ela preparava um memorando de uma página delineando as opções concretas diante dele. Eles examinavam seu esboço e Roosevelt declarava sua preferência. Então Perkins o forçava a reiterar sua aprovação: "Você me autoriza a ir em frente com isso? Tem certeza?"

Eles, então, discutiam um pouco mais e Perkins reforçaria a decisão uma segunda vez: "Você tem certeza de que quer o item número um? Você quer os itens dois e três? Entende que isso é o que fazemos e são esses a que se opõe?" O objetivo desse exercício era criar uma fotografia da decisão na memória de Roosevelt. Então ela perguntava a ele uma terceira vez, questionando se ele se lembrava explicitamente de sua decisão e entendia a oposição que enfrentaria. "Está bem assim? Ainda está tudo bem?"

Franklin Roosevelt nem sempre defendeu Perkins quando ela precisava. Ele era um político muito evasivo para estender sua lealdade aos subalternos o tempo todo. Ela não era popular com muitos dos homens no gabinete. Por um lado, ela tinha uma tendência a prolongar demais as reuniões. Certamente não era popular com a imprensa. Seu senso de privacidade e seu desejo feroz de proteger o marido a impediram de dedicar seu tempo aos repórteres ou de baixar a guarda. Os repórteres, por sua vez, não gostavam dela.

Com o passar dos anos, Perkins ficou exausta com o trabalho. Sua reputação diminuiu. Por duas vezes enviou um pedido de demissão a Roosevelt e duas vezes ele o rejeitou. "Frances, você não pode ir agora. Não me coloque nesta posição agora", implorou Roosevelt. "Eu não consigo pensar em mais ninguém. Não consigo me acostumar com mais ninguém. Agora não! Apenas fique lá e não diga nada. Você está indo bem."

Em 1939, ela se tornou alvo de processos de impeachment. O caso girava em torno de um estivador australiano chamado Harry Bridges, que liderou uma greve geral em São Francisco. Seus críticos o chamavam de comunista e exigiam que ele fosse deportado por atividades subversivas. Quando a União Soviética ruiu e os arquivos vieram a público, descobriu-se que eles estavam certos. Bridges era um agente comunista, conhecido pelo codinome Rossi.[45]

Mas na época isso não era tão claro. As audiências de deportação, conduzidas pelo Departamento do Trabalho, arrastaram-se. Em 1937, surgiram mais provas contra Bridges e, em 1938, o departamento iniciou procedimentos para deportá-lo. Esses processos foram suspensos por uma decisão judicial, que foi discutida em apelação junto ao Supremo Tribunal. O atraso inflamou os críticos de Bridges, que incluíam grupos empresariais e líderes de sindicatos rivais.

Perkins suportou o peso das críticas. Por que a secretária de trabalho protegia um subversivo? Um parlamentar a acusou de ser uma judia russa e comunista. Em janeiro de 1939, J. Parnell Thomas, de Nova Jersey, apresentou uma denúncia pedindo o impeachment de Perkins. A cobertura da imprensa foi brutal. Embora Franklin Roosevelt tenha tido a chance de defendê-la, preocupado em sujar sua reputação por associação, simplesmente se calou. A maioria de seus aliados no Congresso também permaneceu em silêncio. A Federação de Clubes Femininos também se recusou a defendê-la. O *New York Times* escreveu um editorial ambíguo. O sentimento comum era o de que ela era de fato comunista, e ninguém queria entrar na linha de fogo daqueles que a perseguiam. Somente os políticos do Tammany Hall permaneceram firmemente ao lado dela.

A avó de Perkins sempre lhe disse que diante de um desastre social "todos devem agir como se nada tivesse acontecido". Perkins seguiu em frente. Sua descrição desse período é expressa de forma estranha, mas reveladora. "É claro que, se eu tivesse chorado ou me abalado, teria me desintegrado", disse Perkins mais tarde. "Esse é o tipo de pessoa que nós, da Nova Inglaterra, somos. Nós nos desintegramos se fizermos essas coisas. Todas as nossas qualidades de integridade e a capacidade de manter nossas mentes claras, tomar decisões e agir, que são influenciadas por nosso sofrimento pessoal ou efeito pessoal em nós mesmos, essa integridade teria se quebrado, e eu não teria tido essa força interior, que me possibilita confiar em mim mesma com a orientação de Deus para fazer a coisa certa."[46]

Em linguagem simples, Perkins sabia que havia uma fragilidade em si mesma. Se relaxasse o ferrenho controle que exercia sobre si mesma, então tudo poderia desmoronar. Ao longo dos anos, fez visitas frequentes ao Convento de Todos os Santos em Catonsville, Maryland. Ela ia ao convento por dois ou três dias, reunindo-se para orações cinco vezes por dia, fazendo refeições simples e cuidando dos jardins. Passava a maior parte daqueles dias em silêncio e, quando as freiras precisavam limpar o chão, às vezes precisavam desviar dela, sempre de joelhos em oração. Durante a crise do impeachment, Perkins visitava o convento sempre que podia. "Descobri que a regra do silêncio é uma das coisas mais bonitas do mundo", escreveu a um amigo. "Ele protege a pessoa da tentação do mundo ocioso, a nova observação, o gracejo, o desafio enfurecido… É realmente bastante notável o que o silêncio é capaz de fazer."[47]

Ela também refletiu sobre uma distinção que antes parecia sem importância para ela. Quando uma pessoa dá um sapato a um homem pobre, ela faz isso pelo pobre homem ou por Deus? Deveria fazer isso por Deus, ela decidiu. Os pobres muitas vezes serão ingratos e você perderá o ânimo se contar com recompensas emocionais imediatas por seu trabalho. Mas, se fizer isso por Deus, nunca ficará desanimado. Uma pessoa com uma vocação profunda não depende de um reforço positivo constante. O trabalho não tem que ser recompensador todos os meses, ou todos os anos. A pessoa que aceita esse chamado está realizando uma tarefa porque é intrinsecamente boa, não pelo resultado.

Finalmente, em 8 de fevereiro de 1939, Perkins conseguiu enfrentar seus acusadores. Compareceu perante o Comitê Judiciário da Câmara enquanto analisavam o pedido de impeachment contra ela. Em seu depoimento, fez uma longa e detalhada recitação dos procedimentos administrativos iniciados contra Bridges, as razões para eles e as restrições legais que impediam outras ações. As perguntas variaram de céticas a grosseiras. Quando os oponentes fizeram acusações cruéis contra ela, Perkins pediu que eles repetissem a pergunta, acreditando que ninguém era capaz de ser rude duas vezes. As fotografias da audiência a mostram abatida e exausta, mas ela impressionou a comissão com seu conhecimento detalhado do caso.

Por fim, em março, o comitê decidiu que não havia fatos suficientes para embasar o impeachment. Ela foi liberada, mas o relatório foi vago e conciso. Isso gerou pouca cobertura da imprensa e sua reputação foi definitivamente prejudicada. Incapaz de renunciar, seguiu em frente na administração por mais seis anos, ajudando principalmente nos bastidores. Ela se manteve impassível, nunca mostrando qualquer fraqueza ou autopiedade em público. Depois que seu serviço público terminou, ela poderia ter escrito um livro de memórias para oferecer o seu lado da história, mas recusou.

Durante a Segunda Guerra Mundial, Perkins atuou como solucionadora de problemas administrativos. Pediu a Roosevelt que fizesse algo para ajudar os judeus da Europa. Ela ficou alarmada com o modo como a ação federal estava começando a infringir a privacidade e as liberdades civis.

Quando FDR morreu, em 1945, ela foi finalmente libertada do gabinete, embora o presidente Truman tenha pedido a ela que servisse na Comissão do Serviço Civil. Em vez de escrever as memórias, ela escreveu um livro sobre Roosevelt. Foi um tremendo sucesso, mas contém pouca autobiografia.

Perkins realmente não experimentou alegria em sua vida privada até o final de sua vida. Em 1957, um jovem economista do trabalho a convidou para ministrar um curso em Cornell. O trabalho pagava cerca de US$10 mil por ano, pouco mais do que ela ganhara décadas antes como comissária industrial de Nova York, mas precisava do dinheiro para pagar os cuidados de saúde mental da filha.

No início, ela morava em hotéis residenciais durante sua estada em Ithaca, mas então foi convidada a morar em um pequeno quarto na Telluride House, uma espécie de casa de fraternidade para alguns dos alunos mais talentosos de Cornell. Ela ficou encantada com o convite. "Eu me sinto como uma noiva em sua noite de núpcias!", disse aos amigos.[48] Enquanto estava lá, bebia bourbon com os garotos e tolerava a música deles a qualquer hora.[49] Comparecia às reuniões da casa às segundas-feiras, embora raramente falasse. Deu-lhes cópias de *A Arte da Prudência*, de Baltasar Gracian, um guia do século XVII feito por um padre jesuíta espanhol sobre como manter a integridade ao frequentar os corredores do poder. Ela se tornou amiga íntima de Allan Bloom, um jovem professor que alcançaria a fama como o autor de *The Closing of the American Mind* ["O Encerramento da Mentalidade Norte-americana", em tradução livre]. Alguns dos rapazes tinham dificuldade em entender como essa velhinha pequena, encantadora e despretensiosa poderia ter desempenhado um papel histórico tão importante.

Ela não gostava de aviões e viajava sozinha de ônibus, às vezes fazendo quatro ou cinco conexões para ir a um funeral ou a uma palestra. Tentou destruir alguns de seus artigos, para frustrar futuros biógrafos. Viajava com uma cópia de seu testamento na bolsa, de modo que, se morresse, "não causaria nenhum problema".[50] Morreu sozinha, em um hospital, em 14 de maio de 1965, aos 85 anos. Alguns dos rapazes da Telluride House carregaram seu caixão, incluindo Paul Wolfowitz, que continuaria a servir nos governos Reagan e Bush. O pastor leu a passagem "Sede firmes" de 1 Coríntios, que a própria Perkins lera em sua formatura na Mount Holyoke College, mais de seis décadas antes.

Se olhar para a foto de Perkins no anuário da faculdade, verá uma moça pequena, graciosa, parecendo um ratinho. Seria difícil prever, a partir dessa expressão vulnerável, que ela seria capaz de suportar tantas dificuldades — as doenças mentais de seu marido e filha, os desafios de ser uma mulher solitária em um mundo hipermasculino, as décadas de batalhas políticas e imprensa negativa.

Mas também seria difícil prever o quanto conseguiria realizar em meio às dificuldades. Enfrentou suas próprias fraquezas — preguiça, tagarelice — cedo na vida e fortaleceu-se para uma vida de total dedicação. Suprimiu sua própria identidade para que pudesse fazer lobby por sua causa. Assumiu cada novo desafio e permaneceu tão firme quanto seu lema. Ela foi, como Kirstin Downey colocaria no título de sua bela biografia, "A Mulher por Trás do New Deal".

Por um lado, era uma fervorosa ativista liberal, do tipo que conhecemos hoje. Mas combinou esse ativismo com um tradicionalismo reticente, uma hesitação e uma sensibilidade puritana. Ousada em política e economia, ela era conservadora na moralidade. Praticou mil pequenos atos de autodisciplina para se proteger contra a autocondescendência, a autoglorificação ou, até o impeachment e o fim de sua vida, a autorreflexão. Sua retidão e reticência afligiram sua vida pessoal e a faziam se sair mal em relações públicas. Mas a ajudaram a levar a vida para a qual foi chamada, uma vida a serviço de uma vocação.

Perkins não escolheu muito a própria vida. Respondeu ao chamado de uma necessidade. Uma pessoa que abraça um chamado não toma um caminho direto para a autorrealização. Ela está disposta a abrir mão das coisas mais queridas e, ao tentar esquecer e esconder a si mesma, encontra um propósito que a define e realiza. Tais vocações quase sempre envolvem tarefas que transcendem uma vida. Quase sempre envolvem se lançar em um processo histórico. Envolvem compensar a brevidade da vida por meio da participação em um compromisso histórico. Como Reinhold Niebuhr colocou em 1952:

> Nada que vale a pena fazer pode ser alcançado em nossa vida; portanto, devemos ser salvos pela esperança. Nada que seja verdadeiro, belo ou bom faz sentido em qualquer contexto imediato da história; portanto, devemos ser salvos pela fé. Nada do que fazemos, por mais virtuoso que seja, pode ser realizado sozinho; portanto, somos salvos pelo amor. Nenhum ato virtuoso é tão virtuoso do ponto de vista do nosso amigo ou inimigo quanto é do nosso ponto de vista. Portanto, devemos ser salvos pela forma final do amor, que é o perdão.[51]

CAPÍTULO 3

AUTOCONTROLE

IDA STOVER EISENHOWER NASCEU EM 1862 EM SHENANDOAH VALLEY, na Virgínia, uma de 11 filhos. Sua infância foi mais ou menos uma série de catástrofes. Quando era menina, os soldados da União invadiram sua casa à procura de seus 2 irmãos adolescentes. Eles ameaçaram incendiar o celeiro e saquearam a cidade e as propriedades rurais próximas. Sua mãe morreu quando Ida tinha quase 5 anos e seu pai, quando ela tinha 11 anos.

As crianças acabaram separadas, indo morar com parentes distantes. Ida se tornou a cozinheira auxiliar na grande casa em que foi criada. Ela assava tortas, doces e carnes, cerzia meias e remendava roupas. No entanto não era triste nem se lamentava. Desde o começo, ela tinha uma centelha, um ímpeto, algo que a movia a enfrentar as dificuldades com ousadia. Foi uma órfã que trabalhou arduamente, mas as pessoas da cidade se lembravam dela como uma moleca, magrela e destemida, galopando sem sela pela cidade em qualquer cavalo emprestado, e que uma vez caiu e quebrou o nariz.

As meninas geralmente só estudavam até o fim do ensino fundamental, mas Ida, que no início da adolescência havia memorizado 1.365 versículos da Bíblia em 6 meses sozinha, possuía uma tremenda vontade de se aprimorar, tanto como Adão I quanto como Adão II. Um dia, quando tinha 15 anos, sua família adotiva partiu para um passeio em família, deixando-a sozinha. Ela arrumou seus pertences e fugiu a pé até Staunton, na Virgínia. Conseguiu um quarto e um emprego e matriculou-se na escola de ensino médio local.

Ela se formou, lecionou por 2 anos e aos 21 anos recebeu uma herança de US$1 mil. Usou US$600 desse valor (mais de US$10 mil hoje) para comprar um piano de ébano, que continuaria sendo seu bem mais precioso ao longo de toda a vida. O restante ela dedicou à sua educação. Pegou carona com uma caravana menonita rumo ao oeste, embora não fosse menonita, e se estabeleceu com o irmão na instituição de ensino eufemisticamente batizada de Lane University, em Lecompton, Kansas. Havia 14 calouros no ano em que Ida se matriculou e as aulas eram realizadas na sala de uma residência.

Ida estudou música. De acordo com os relatórios do corpo docente, ela não era a aluna mais inteligente, mas era diligente e conseguia boas notas por meio de muito esforço. Seus colegas de classe a consideravam uma pessoa alegre e gregária, com uma índole extremamente otimista, e a elegeram sua oradora oficial.[1] Ela também conheceu seu temperamento antagônico em Lane, um sujeito obstinado e teimoso chamado David Eisenhower. Inexplicavelmente, eles se apaixonaram e permaneceram juntos por toda a vida. Seus filhos não conseguiam se lembrar de uma discussão séria entre eles, embora David desse muitos motivos a Ida.

Eles se casaram na igreja River Brethren, uma pequena seita ortodoxa que acreditava em roupas simples, temperança e pacifismo. Depois de uma infância ousada, Ida se dedicou a uma vida austera, mas não muito rígida. As mulheres da seita River Brethren usavam gorros de amarrar como parte de sua vestimenta religiosa. Um dia, Ida e uma amiga decidiram que não queriam mais usar os gorros. Elas foram condenadas ao ostracismo na igreja, forçadas a ficarem sentadas sozinhas nos fundos da congregação. Mas em determinado momento venceram a batalha e foram readmitidas, sem os gorros, na comunidade. Ida era rigorosa em sua fé, mas divertida e humana na vida cotidiana.

David abriu uma loja com um sócio chamado Milton Good, perto de Abilene, Kansas. Mais tarde, depois que a loja faliu, David disse à sua família que Good havia desaparecido e roubado todo o dinheiro da loja. Era uma mentira para livrar sua cara, que seus filhos pareceram acreditar. O fato é que David Eisenhower era solitário e difícil. Ao que parece, abandonou o negócio ou teve um desentendimento com seu sócio. Depois que o negócio entrou em colapso, David partiu para o Texas, deixando Ida com um filho pequeno em casa e outro a caminho. "A decisão de David de sair da loja e abandonar sua esposa grávida é incompreensível", escreve o historiador Jean Smith. "Ele não tinha emprego em vista nem profissão para retomar."[2]

David finalmente encontrou um emprego fazendo trabalho braçal em um pátio ferroviário. Ida o seguiu até o Texas e se instalou em um barraco próximo à linha férrea, onde nasceu Dwight. Quando Ida tinha 28 anos, eles chegaram ao fundo do poço. Eles tinham US$24,15 em dinheiro e poucos pertences, exceto o piano no Kansas, e David não tinha nenhuma habilidade comercializável.[3]

A extensa família Eisenhower veio em seu socorro. David recebeu uma oferta de emprego em Abilene, e eles voltaram para o Kansas e recuperaram sua condição de classe média. Ida criou cinco meninos, todos com sucesso notável, e todos passaram suas vidas a reverenciá-la. Dwight mais tarde a chamaria de "a melhor pessoa que já conheci".[4] Em *At Ease* ["À Vontade", em tradução livre], memórias que escreveu mais tarde, Ike (apelido de Dwight) revelou o quanto a idolatrava, embora sua prosa fosse especialmente contida: "Sua serenidade, seu sorriso aberto, sua gentileza com todos e sua tolerância aos modos alheios, apesar de uma convicção religiosa inflexível e um rígido padrão de conduta pessoal, tornavam até uma breve visita a Ida Eisenhower memorável para um estranho. E para seus filhos, que tiveram o privilégio de passar uma infância em sua companhia, as memórias são indeléveis."[5]

Não havia bebida, jogos de carta ou dança na casa. Não havia muita demonstração de amor. O pai de Dwight era quieto, sombrio e inflexível, enquanto Ida era afetuosa e prática. Mas havia os livros de Ida, seus ensinamentos e seu compromisso com a educação. Dwight se tornou um ávido leitor da história clássica, lendo sobre as batalhas de Maratona e Salamis e heróis como Péricles e Temístocles. Havia também a personalidade vibrante e engraçada de Ida e suas máximas, que sempre expressavam em um tom constante e decidido: "Deus dá as cartas e nós as jogamos", "Afunde ou nade", "Sobreviva ou pereça". A família rezava e lia a Bíblia todos os dias, os cinco irmãos se revezavam e perdiam o direito de continuar lendo quando se atrapalhavam com uma frase. Embora, na maturidade, Dwight não fosse religioso, na época vivia imerso na metafísica bíblica e podia citar versículos com facilidade. Ida, embora devota, acreditava firmemente que as visões religiosas eram uma questão de consciência pessoal, e não algo que deva ser imposto aos outros.

Durante as campanhas presidenciais de Eisenhower, Abilene foi apresentada como um local idílico e rural, como os retratados por Norman Rockwell. Na realidade, era um ambiente hostil, coberto por um rígido código de respeitabilidade e propriedade. Abilene tinha se transformado de cidade próspera para Cinturão da Bíblia, de bordéis para escolas tradicionais, sem nenhuma das fases intermediárias. A moralidade vitoriana era reforçada pelo rigor puritano, o que um historiador chamou de agostinianismo nos Estados Unidos.

Ida começou a criar seus filhos em uma casa que Ike mais tarde calculou ter cerca de 77 metros quadrados. A economia era essencial, a autodisciplina era uma lição diária. Antes da medicina moderna, com ferramentas afiadas e trabalho físico pesado a ser feito, havia uma chance maior de acidentes e consequências mais catastróficas quando ocorriam. Certo ano, uma invasão de gafanhotos arruinou as plantações.[6] Dwight sofreu uma infecção na perna quando adolescente e se recusou a deixar os médicos a amputarem porque isso teria terminado sua carreira no futebol americano. Alternava momentos de inconsciência e fez um dos seus irmãos dormir na porta do seu quarto para impedir que o médico cortasse sua perna enquanto dormia. Certa vez, quando Dwight estava cuidando de seu irmão de três anos, Earl, deixou um canivete aberto no peitoril da janela. Earl se levantou em uma cadeira, tentou agarrá-lo, mas ele escorregou de suas mãos e mergulhou em seu olho, lesionando-o e gerando um sentimento de culpa que perdurou por toda a vida de Dwight.

Alguém deveria escrever uma história de como a morte comum das crianças moldou a cultura e as crenças. Deve ter criado um sentimento geral de que o sofrimento profundo não estava longe, que a vida era frágil e apresentava dificuldades insuportáveis. Depois que Ida perdeu um filho, Paul, ela se converteu à seita que mais tarde se tornaria as Testemunhas de Jeová, em busca de uma expressão de fé mais pessoal e compassiva. O próprio Eisenhower perderia mais tarde seu primogênito, Doud Dwight, conhecido na família como "Icky", uma experiência que obscureceu seu mundo para sempre. "Essa foi a maior decepção e o pior desastre da minha vida", escreveu ele décadas depois, "que nunca consegui esquecer completamente. Hoje, quando penso nisso, mesmo agora, enquanto escrevo, a intensidade de nossa perda volta para mim tão fresca e terrível quanto naquele dia longo e escuro, logo depois do Natal de 1920".[7]

A fragilidade e a desumanidade dessa vida exigiam certo nível de disciplina. Se um único deslize poderia produzir um desastre, com pouca proteção social para amortecer a queda; se a morte, a seca, a doença ou a traição pudessem surgir rapidamente a qualquer momento; então o caráter e a disciplina eram requisitos primordiais. Esta era a forma da vida: uma condição subjacente de perigo, coberta por um espírito de autocontrole, reticência, temperança e prudência, tudo planejado para minimizar os riscos. As pessoas nessa cultura desenvolveram uma aversão moral a qualquer coisa que pudesse tornar a vida ainda mais perigosa, como dívidas ou nascimentos fora do casamento. Elas desenvolveram um interesse inflexível em atividades que poderiam aumentar a resiliência.

Qualquer criança criada por Ida Eisenhower valorizaria a educação, mas a cultura geral colocava muito menos ênfase nela do que a nossa agora. Das 200 crianças que entraram na primeira série com Dwight em 1897, apenas 31 se formaram com ele no ensino médio. Acadêmicos eram menos importantes porque era possível conseguir um emprego decente sem um diploma. O que importava mais para a estabilidade e o sucesso em longo prazo era ter hábitos constantes, a capacidade de trabalhar, a capacidade de perceber e repelir a indolência e a autoindulgência. Nesse ambiente, uma ética de trabalho disciplinada era realmente mais importante do que uma mente brilhante.

Certa noite de Halloween, quando ele tinha cerca de dez anos, os irmãos mais velhos de Eisenhower receberam permissão para sair para pedir doces, uma atividade mais aventureira naqueles dias do que é agora. Ike queria ir com eles, mas seus pais disseram que era muito jovem. Ele implorou, mas viu seus irmãos saírem e, em seguida, foi tomado por uma raiva descontrolada. Ficou vermelho. Descabelou-se. Chorando e gritando, ele correu para o quintal da frente e começou a socar o tronco de uma macieira até ficar com as mãos cortadas e ensanguentadas.

Seu pai o sacudiu, surrou-o com uma vara de nogueira e o mandou para a cama. Cerca de uma hora depois, com Ike soluçando em seu travesseiro, sua mãe se aproximou e sentou-se em silêncio balançando na cadeira ao lado de sua cama. Por fim, ela citou um versículo da Bíblia: "Mais vale controlar o seu espírito do que conquistar uma cidade."

Quando ela começou a cuidar de suas feridas, disse ao filho para ter cuidado com a raiva e o ódio que queimam por dentro. O ódio é uma coisa fútil, disse a ele, que só machuca a pessoa que o acolhe. De todos os seus filhos, disse ela, ele era quem mais tinha que aprender a controlar suas emoções.

Quando tinha 76 anos, Eisenhower escreveu: "Sempre me recordei dessa conversa como um dos momentos mais preciosos da minha vida. Para minha mente jovem, pareceu-me que ela falara por horas, mas suponho que o conselho terminou em 15 ou 20 minutos. Pelo menos ela me fez reconhecer que eu estava errado e senti tanta tranquilidade em minha mente que adormeci."[8]

Esse conceito — de controlar o próprio espírito — foi significativo no sistema moral em que Eisenhower cresceu. Era baseado na ideia de que, no fundo, somos duais em nossa natureza. Somos falhos, mas também esplendidamente dotados. Temos um lado da nossa natureza que é pecaminoso — egoísta, enganador e autoenganador —, mas temos outro lado em nossa natureza que é à imagem de Deus, que busca transcendência e virtude. O drama essencial da vida é o drama para construir o caráter, que é um conjunto de hábitos disciplinados entranhados, uma disposição estabelecida para fazer o bem. O cultivo de Adão II era visto como um fundamento necessário para o florescimento de Adão I.

Pecado

HOJE, A PALAVRA "PECADO" PERDEU SEU PODER E INCRÍVEL INTENSIDADE. É usada com mais frequência no contexto de sobremesas engordativas. A maioria das pessoas na conversa diária não fala muito sobre o pecado individual. Quando falam da maldade humana, esse mal é mais frequentemente atribuído às estruturas da sociedade — na desigualdade, opressão, racismo e assim por diante — não na essência do ser humano.

Nós abandonamos o conceito de pecado, primeiro porque deixamos para trás a visão depravada da natureza humana. No século XVIII e até no século XIX, muitas pessoas realmente abraçaram a obscura autoestima expressa na antiga oração puritana "Ainda Peco": "Pai Eternal, Tu és bom além do que se pode conceber, mas eu sou ruim, vil, miserável, cego." Isso é simplesmente sombrio demais para a mentalidade moderna.

Em segundo lugar, em muitas épocas e em muitos lugares, a palavra "pecado" era usada para declarar guerra ao prazer, mesmo aos prazeres saudáveis do sexo e da diversão. O pecado era usado como pretexto para viver sem alegria e sob censura. "Pecado" era uma palavra invocada para suprimir os prazeres do corpo, para aterrorizar os adolescentes sobre os perigos da masturbação.

Além disso, a palavra "pecado" era usada excessivamente pelos fanáticos moralistas, por pessoas rabugentas de coração amargurado que parecem alarmadas, como disse H. L. Mencken, pela possibilidade de que alguém em algum lugar possa estar se divertindo, que sempre parecem prontas para aplicar um corretivo em alguém supondo que essa pessoa está fazendo algo errado. A palavra "pecado" foi usada em demasia por pessoas que adotaram o estilo de pais severos e autoritários, que sentiam que precisavam suprimir a depravação de seus filhos. E por aqueles que, por qualquer razão, transformam o sofrimento em fetiche, que acreditam que somente por meio do automartírio podem realmente se tornar superiores e bons.

Mas, na verdade, "pecado", assim como "vocação" e "alma", é uma daquelas palavras que é impossível prescindir. É uma dessas palavras — e haverá muitas neste livro — que precisam ser recuperadas e modernizadas.

O pecado é uma peça necessária do nosso mobiliário mental porque nos lembra de que a vida é uma questão moral. Não importa o quanto tentemos reduzir tudo à química cerebral determinista, não importa o quanto tentemos reduzir o comportamento ao tipo de efeito de manada que é capturado em big data, não importa o quanto nos esforcemos para substituir o pecado por palavras amorais, como "erro", "falha" ou "fraqueza", as partes mais essenciais da vida são questões de responsabilidade individual e escolha moral: ser corajoso ou covarde, honesto ou enganador, compassivo ou insensível, fiel ou desleal. Quando a cultura moderna tenta substituir o pecado por ideias como erro ou insensibilidade, ou tenta banir palavras como "virtude", "caráter", "mal" e "vício", isso não torna a vida menos moral; significa apenas que obscurecemos o núcleo moral inescapável da vida com linguagem superficial. Significa apenas que pensamos e falamos dessas escolhas com menos clareza e, assim, nos tornamos cada vez mais cegos para os dilemas morais da vida cotidiana.

O pecado é também uma peça necessária do nosso mobiliário mental, porque o pecado é comum, enquanto o erro é individual. Você comete um erro, mas todos nós somos atormentados por pecados como egoísmo e irreflexão. O pecado é incorporado em nossa natureza e transmitido através das gerações. Somos todos pecadores juntos. Estar ciente do pecado é sentir intensa empatia pelos outros que pecam. É ser lembrado de que, como a situação do pecado é comum, assim também são as soluções. Combatemos o pecado juntos, como comunidades e famílias, lutando contra nossos próprios pecados, ajudando os outros a combater os deles.

Além disso, o conceito de pecado é necessário porque é extremamente verdadeiro. Dizer que você é um pecador não é dizer que você tem uma mancha negra e deteriorada em seu coração. É dizer que, como o resto de nós, você tem alguma perversidade em sua natureza. Queremos fazer uma coisa, mas acabamos fazendo outra. Queremos o que não devemos querer. Nenhum de nós quer ser insensível, mas às vezes somos. Ninguém quer se iludir, mas racionalizamos o tempo todo. Ninguém quer ser cruel, mas todos nós falamos sem pensar e nos arrependemos depois. Ninguém quer ser mero espectador, cometer os pecados de omissão, mas, nas palavras da poetisa Marguerite Wilkinson, todos cometemos o pecado da "gentileza que deixamos de praticar".

Nós realmente temos almas maculadas. A mesma ambição que nos impulsiona a construir uma nova empresa também nos leva a ser materialistas e a explorar. A mesma luxúria que leva aos filhos leva ao adultério. A mesma confiança que pode levar à ousadia e à criatividade pode levar ao narcisismo e à arrogância.

O pecado não é uma coisa demoníaca. É apenas a nossa tendência perversa de estragar as coisas, de favorecer o curto prazo em detrimento do longo prazo, nosso eu inferior em detrimento do eu superior. O pecado, quando é cometido repetidas vezes, se transforma em lealdade ao amor inferior.

O perigo do pecado, em outras palavras, é que ele se alimenta de si mesmo. Pequenas concessões morais na segunda-feira aumentam sua probabilidade de cometer outras maiores na terça-feira. Uma pessoa mente para si mesma e logo não consegue mais distinguir quando está mentindo para si e quando não está. Outra pessoa é consumida pelo pecado da autopiedade, uma paixão por ser uma vítima virtuosa que devora tudo ao seu redor, tanto quanto a raiva ou a ganância.

As pessoas raramente cometem grandes pecados do nada. Elas atravessam uma série de portas. Sentem uma raiva descontrolada. Têm um problema de descontrole com bebida ou drogas. Têm uma necessidade desmedida por compaixão. Corrupção gera corrupção. O pecado é a punição do pecado.

A derradeira razão pela qual o pecado é uma parte necessária do nosso mobiliário mental é que sem ele todo o método de construção de caráter se dissolve. Desde tempos imemoriais, as pessoas alcançavam a glória conquistando grandes coisas externas, mas construíam o caráter lutando contra seus pecados internos. As pessoas se tornam sólidas, estáveis e merecem respeito próprio porque derrotaram ou pelo menos lutaram contra seus próprios demônios. Se retiramos o conceito de pecado, tiramos a coisa contra a qual a pessoa boa luta.

A pessoa envolvida na luta contra o pecado entende que cada dia é repleto de acontecimentos morais. Certa vez, conheci um empregador que perguntava a cada candidato a emprego: "Descreva um momento em que você contou a verdade e isso o prejudicou." Ele está essencialmente perguntando a essas pessoas se suas paixões estão na ordem correta, se colocariam o amor pela verdade acima do amor pela carreira.

Em lugares como Abilene, Kansas, os grandes pecados, caso não combatidos, teriam efeitos muito práticos e desastrosos. A preguiça pode levar ao fracasso de uma fazenda; a gula e a embriaguez, à destruição de uma família; a luxúria, à ruína de uma jovem; a vaidade, a gastos excessivos, dívidas e falências.

Em lugares como esse, as pessoas tinham consciência não apenas do pecado, mas dos diferentes tipos de pecados e dos diferentes remédios para cada um. Alguns, como raiva e luxúria, são como feras. Precisam ser combatidos com hábitos de coibição. Outros, como zombaria e desrespeito, são como máculas. Só podem ser expurgados por absolvição, por pedido de desculpas, remorso, reparação e limpeza. Outros ainda, como roubar, são como uma dívida. Só podem ser corrigidos pagando o que você deve à sociedade. Pecados como o adultério, o suborno e deslealdade são mais uma traição do que um crime; eles danificam a ordem social. A harmonia social só pode ser recomposta lentamente, reafirmando relacionamentos e reconstruindo a confiança. Os pecados de arrogância e orgulho surgem de um desejo perverso de status e superioridade. O único remédio para eles é a humildade diante dos outros.

Em outras palavras, antigamente as pessoas herdaram um vasto vocabulário moral e um conjunto de ferramentas morais, desenvolvidas ao longo de séculos e transmitidas de geração em geração. Essa era uma herança prática, como aprender a falar uma determinada língua, que as pessoas poderiam usar para engajar suas próprias lutas morais.

Caráter

IDA EISENHOWER ERA ENGRAÇADA E AFETUOSA, MAS MANTINHA-SE alerta contra o retrocesso. Ela proibiu a dança, os jogos de cartas e as bebidas alcoólicas em sua casa, precisamente porque considerava o pecado altamente poderoso. Uma vez que o autocontrole é um "músculo" que se cansa facilmente, é muito melhor evitar a tentação, em vez de tentar resistir a ela quando surgir.

Ao criar seus filhos, demonstrou amor e ternura infinitos. Ela lhes concedia mais liberdade para se meter em problemas do que os pais geralmente fazem hoje. Mas exigia que cultivassem o hábito da autorrepressão, leve e constante.

Hoje, quando dizemos que alguém é reprimido, tendemos a considerar isso como uma crítica. Significa que são pessoas tensas, inflexíveis ou inconscientes de seus verdadeiros sentimentos emocionais. Isso porque vivemos em uma cultura autoexpressiva. Temos a tendência de confiar nos impulsos dentro do eu e desconfiar das forças externas ao eu que buscam suprimir esses impulsos. Mas, nesse sistema moral anterior, as pessoas tendiam a desconfiar dos impulsos dentro do eu. Esses impulsos podiam ser contidos, argumentavam eles, pelo hábito.

Em 1877, o psicólogo William James escreveu um pequeno tratado chamado "Habit" ["Hábito", em tradução livre]. Quando você está tentando levar uma vida decente, escreveu ele, precisa tornar seu sistema nervoso seu aliado e não seu inimigo. Quer gravar certos hábitos de forma tão profunda que eles se tornem naturais e instintivos. James escreveu que, quando você começa a gravar um hábito — digamos, fazer uma dieta ou sempre dizer a verdade —, quer se lançar com uma "iniciativa mais forte e decidida quanto possível". Faça do começo de um novo hábito um evento importante em sua vida. Depois, "nunca permita uma exceção" até que o hábito esteja firmemente enraizado em sua vida. Um único deslize desfaz muitos bons atos de autocontrole. Então, aproveite todas as ocasiões para praticar seu hábito. Pratique um exercício voluntário de autodisciplina todos os dias. Siga regras arbitrárias. "Esse tipo de ascetismo é como o seguro que um homem paga em sua casa. O imposto não lhe traz benefício imediato e talvez nunca seja restituído. Mas, se o fogo vier, ele terá pago a sua salvação da ruína."

O que William James e Ida Eisenhower estavam tentando inculcar, em suas diferentes maneiras, era a estabilidade ao longo do tempo. O caráter, como colocou Anthony T. Kronman, professor de direito de Yale, é "um conjunto de disposições estabelecidas — de sentimentos e desejos habituais".[9] A ideia é em grande parte aristotélica. Se você agir bem, no devido tempo se tornará bom. Mude seu comportamento e, em algum momento, reprogramará seu cérebro.

Ida enfatizou a importância de praticar pequenos atos de autocontrole: seguir as regras de etiqueta ao sentar-se à mesa; vestir-se melhor no domingo ao ir à igreja; guardar o Shabat; expressar-se de modo formal na escrita de cartas como sinal de deferência e respeito; comer alimentos simples, evitando o luxo. Se estiver no exército, mantenha seu uniforme limpo e seus sapatos polidos. Se estiver em casa, mantenha tudo arrumado. Pratique as pequenas disciplinas externas.

Na cultura da época, as pessoas também acreditavam que o trabalho manual era uma escola de caráter. Em Abilene, todo mundo, de donos de negócios a fazendeiros, fazia trabalho físico todos os dias, engraxando os eixos das carroças, carregando carvão, peneirando os pedaços não queimados das cinzas do fogão. Eisenhower cresceu em um lar sem água corrente, e as tarefas dos rapazes começavam ao amanhecer — acordavam às 5h para acender o fogo da manhã, retirar a água do poço — e continuavam ao longo do dia — levavam almoço quente para o pai na leiteria, alimentavam as galinhas, enlatavam até 500 litros de frutas anualmente, ferviam as roupas no dia de lavagem, cultivavam milho para ser vendido para os outros gastos, cavaram trincheiras quando o encanamento foi disponibilizado e instalaram a fiação na casa quando a eletricidade chegou à cidade. Ike cresceu em uma atmosfera que é quase o inverso do modo como muitas crianças são criadas hoje. As crianças de hoje são poupadas da maior parte do trabalho manual que Dwight teve que realizar, mas também não têm a mesma liberdade de passear pelas florestas e pela cidade depois de cumprir as tarefas. Dwight tinha uma grande cota de trabalho, mas também muita liberdade de perambular pela cidade.

David Eisenhower, o pai de Dwight, praticava esse tipo de vida disciplinada de maneira rígida e sem alegria. Ele era definido por seu senso de retidão. Era rígido, frio e absolutamente correto. Depois de sua falência, teve horror de assumir qualquer dívida, de cometer o menor deslize. Quando era gerente de sua empresa, obrigava seus funcionários a economizar 10% do salário todos os meses. Eles tinham que relatar a ele o que haviam feito com seus 10%, colocando-os no banco ou investindo em ações. Anotava as respostas a cada mês e, se não estivesse satisfeito com seu relatório, o funcionário perdia o emprego.

Ele parecia nunca relaxar, jamais saía com os garotos para caçar ou pescar, nem brincava muito com eles. "Ele era um homem inflexível com um código severo", lembrou um dos garotos, Edgar. "A vida para ele era uma proposta muito séria, e foi assim que viveu, sobriamente e com a devida reflexão."[10]

Ida, por outro lado, sempre tinha um sorriso nos lábios. Estava sempre disposta a uma travessura, a violar seu senso de retidão, e até ingeria uma dose de bebida alcoólica se a situação o justificasse. Ida parecia entender, ao contrário de seu marido, que você não pode confiar apenas no autocontrole, no hábito, no trabalho e na autonegação para construir o caráter. Sua razão e sua vontade são simplesmente fracas demais para derrotar seus desejos o tempo todo. Os indivíduos são fortes, mas não são autossuficientes. Para derrotar o pecado, você precisa de ajuda externa.

Seu método de construção de caráter também tinha um lado terno. Felizmente, o amor é a lei da nossa natureza. Pessoas como Ida entendem que o amor também é uma ferramenta para construir o caráter. A estratégia terna de construção de caráter se baseia na ideia de que nem sempre podemos resistir aos nossos desejos, mas podemos mudá-los e reordená-los nos concentrando em nossos amores mais elevados. Concentre-se em seu amor por seus filhos. Concentre-se no seu amor pelo país. Concentre-se no seu amor pelos pobres e oprimidos. Concentre-se no seu amor pela sua cidade natal ou alma mater. Sacrificar-se por tais coisas é doce. É bom servir ao seu amado. Doar torna-se uma alegria porque você está tão ansioso para ver o que ama se desenvolver e prosperar.

Logo está se comportando melhor. Os pais que se concentram no amor de seus filhos os levarão a eventos dia após dia, levantarão no meio da noite quando estiverem doentes, abandonarão tudo quando estiverem em crise. Quem ama quer sacrificar, viver a vida como uma doação. Uma pessoa motivada por tais sentimentos terá menos probabilidade de pecar.

Ida demonstrou que é possível ser rigoroso e bondoso, disciplinado e amoroso, estar consciente do pecado e também ciente da possibilidade de perdão, caridade e misericórdia. Décadas mais tarde, quando Dwight Eisenhower prestou o juramento presidencial, Ida lhe pediu que abrisse a Bíblia em 2 Crônicas 7:14: "E se o meu povo, que se chama pelo meu nome, se humilhar, e orar, e buscar a minha face e se converter dos seus maus caminhos, então eu ouvirei dos céus, e perdoarei os seus pecados, e sararei a sua terra." A maneira mais poderosa de combater o pecado é viver docemente e amorosamente. É como você faz os trabalhos que faz, seja um trabalho de prestígio ou não. Como outros já perceberam, Deus ama advérbios.

Autocontrole

DWIGHT PARECE TER PERTENCIDO À CATEGORIA DAQUELES QUE NÃO SÃO religiosos, mas que acreditam que a religião é boa para a sociedade. Não há evidências de que ele tivesse um senso explícito da graça de Deus ou quaisquer pensamentos teológicos sobre a redenção. Mas herdou tanto a natureza tagarela de sua mãe quanto seu senso de que essa natureza tinha que ser continuamente reprimida e dominada. Apenas manteve essas crenças de forma secular.

Ele era indisciplinado desde o nascimento. Sua infância era lembrada em Abilene por uma série de brigas épicas. Em West Point, ele era provocador, rebelde e malcomportado. Acumulou uma série de deméritos, por jogar, fumar e desrespeito em geral. Na graduação, ficou em 125º entre 164 homens por disciplina. Uma vez, foi rebaixado de sargento para soldado por dançar exageradamente em um baile. Também foi atormentado, ao longo de sua carreira militar e sua presidência, pelo temperamento mal reprimido que seus pais conheceram naquela noite de Halloween. Ao longo de sua carreira militar, seus subordinados procuravam indícios de sua fúria iminente, como certas expressões que sinalizavam a iminência de uma explosão de impropérios. Apelidado de "o mal-humorado Sr. Bang" por um jornalista da Segunda Guerra Mundial, a capacidade de sentir raiva de Eisenhower estava sempre lá, logo abaixo da superfície.[11] "Era como olhar para uma fornalha", lembrou Bryce Harlow, um de seus assessores. Seu médico em tempo de guerra, Howard Snyder, notou "as grossas artérias temporais salientes na lateral de sua cabeça" pouco antes de uma das explosões de Eisenhower. "Os subordinados de Ike ficavam impressionados com sua capacidade de fúria", escreveu seu biógrafo Evan Thomas.[12] O secretário pessoal de Eisenhower, Tom Stephens, notou que o presidente costumava usar marrom sempre que estava de mau humor. Stephens via Eisenhower pela janela do escritório. "Terno marrom hoje!", falava aos funcionários como aviso prévio.[13]

Ike era ainda mais dividido do que a maioria de nós. Era um mestre nas frases de efeito carregadas de xingamentos usadas no exército, mas raramente falava palavrões na frente das mulheres. Ele se afastava se alguém contasse uma piada suja.[14] Foi repreendido em West Point por fumar nos corredores e, no final da guerra, fumava quatro maços por dia. Mas um dia parou de repente: "Eu simplesmente me dei uma ordem." "Liberdade", diria mais tarde em seu discurso sobre o estado da União em 1957, "foi definida como a oportunidade para a autodisciplina".[15]

Seu tormento interno poderia ser turbulento. No final da Segunda Guerra Mundial, seu corpo era uma coleção de dores e desconfortos. Passava as noites olhando para o teto, atormentado por insônia e ansiedade, bebendo e fumando, torturado por infecções na garganta, cãibras, pressão alta. Mas sua capacidade de autorrepressão — o que poderia ser chamado de nobre hipocrisia — também era imensa. Ele não era naturalmente bom em esconder suas emoções. Tinha um rosto notavelmente expressivo. Mas, dia após dia, colocava uma falsa fachada de confiança e eloquência de garoto de fazenda. Ficou conhecido por seu temperamento radiante e juvenil. Evan Thomas escreve que Ike disse a seu neto, David, que aquele sorriso "não veio de uma filosofia radiante de bem-estar, mas de ser nocauteado por um treinador de boxe em West Point. 'Se você não é capaz de sorrir ao se levantar de um nocaute', disse o treinador, 'nunca derrubará um adversário'".[16] Ele achava que era necessário projetar uma confiança natural para liderar o exército e vencer a guerra:

> Decidi firmemente que meus maneirismos e fala em público sempre refletiriam a alegre certeza da vitória — que qualquer pessimismo e desânimo que eu pudesse sentir seriam reservados para meu travesseiro. Para traduzir essa convicção em resultados tangíveis, adotei uma política de circular por toda a força até o limite imposto por circunstâncias físicas. Eu fiz o meu melhor para conhecer todo mundo, do general ao soldado, com um sorriso, um tapinha nas costas e um interesse total em seus problemas.[17]

Ele inventou estratagemas para descartar suas verdadeiras paixões. Por exemplo, em seus diários, fez listas de pessoas que o ofenderam como forma de isolar sua raiva em relação a elas. Quando sentia uma onda de ódio, ele se recusava a deixar que o controlasse. "A raiva não pode vencer. Ela não é capaz sequer de pensar com clareza", anotou em seu diário.[18] Outras vezes ele escrevia o nome de um ofensor em um pedaço de papel e depois o jogava no lixo — outra purificação simbólica da emoção. Eisenhower não era um homem autêntico. Ele era um homem apaixonado que viveu, tanto quanto sua mãe, sob um sistema de restrições artificiais.

Homem Organizacional

IDA ENVIOU IKE DE ABILENE PARA WEST POINT EM 8 DE JUNHO DE 1911. Ela se manteve uma ardente pacifista, decididamente contrária à vocação de soldado, mas disse a seu filho: "A escolha é sua." Ela viu o trem partir, foi para casa e se fechou em seu quarto. Os outros garotos puderam ouvi-la soluçar pela porta. O irmão dele, Milton, contou mais tarde que foi a primeira vez que ouviu a mãe chorar.[19]

Ike se formou em West Point na classe de 1915. Assim, passou seu início de carreira à sombra da Primeira Guerra Mundial. Treinado para o combate, nunca conheceu de perto a ação na guerra que supostamente terminaria todas as guerras. Nunca saiu dos Estados Unidos. Passou aqueles anos treinando tropas, sendo técnico de futebol americano e fazendo logística. Fez um lobby feroz para ser enviado para a guerra e, em outubro de 1918, aos 28 anos, recebeu uma missão. Seria enviado para a França em 18 de novembro. A guerra, claro, terminara em 11 de novembro. Foi um golpe amargo. "Suponho que passaremos o resto de nossas vidas explicando por que não entramos nessa guerra", lamentou em uma carta para um colega oficial. Então fez um juramento atipicamente incontido: "Por Deus, de agora em diante, chamarei muita atenção para compensar isso."[20]

Esse voto não se tornou realidade imediatamente. Eisenhower foi promovido a tenente-coronel em 1918, antes de sua próxima mobilização. Ele só seria promovido novamente depois de 20 anos, em 1938. O exército tinha um excesso de oficiais que foram promovidos durante a guerra, e não havia muitas vagas para elevação de patente em um exército que, na década de 1920, estava encolhendo e assumindo um papel marginal na vida dos EUA. Sua carreira estagnou, enquanto as carreiras de seus irmãos civis progrediram. Nessa época ele estava na faixa dos 40 anos, e era nitidamente o menos bem-sucedido dos garotos da família Eisenhower. Alcançara a meia-idade. Só recebeu sua primeira estrela aos 51 anos. Ninguém esperava grandes feitos dele.

Durante esses anos entre guerras, Ike serviu como oficial de infantaria, treinador de futebol americano e oficial de comando, frequentando a escola de forma intermitente na Escola de Infantaria de Tanques, na Escola de Comando e Estado-maior e, finalmente, na Escola Superior de Guerra. Ike às vezes exteriorizava sua frustração com a deterioração burocrática de sua instituição, pela maneira como sufocava suas oportunidades e desperdiçava seus talentos. Mas no geral sua resposta era incrivelmente contida. Ele se tornou o clássico homem organizacional. Das regras de conduta de Ida, Ike se encaixou facilmente no código de conduta militar. Submeteu os próprios desejos pelo bem do grupo.

Ele escreveu em uma de suas memórias que, aos 30 anos, aprendera "a lição básica dos militares — que o lugar apropriado para um soldado é onde ele é designado por seus superiores".[21] Recebeu uma atribuição banal. "Não encontrei melhor cura do que desabafar em particular e, em seguida, aceitar o trabalho que tinha em mãos."[22]

Como oficial de comando — que nunca foi um papel cobiçado ou glamouroso —, Eisenhower aprendeu a dominar procedimentos, processos, trabalho em equipe e organização. Aprendeu os segredos de prosperar dentro da organização. "Quando vou a uma nova base, procuro ver quem é o homem mais forte e mais habilidoso no posto. Esqueço minhas próprias ideias e faço tudo o que posso para promover o que ele diz ser certo."[23] Mais tarde, em *At Ease,* escreveu: "Sempre tente se unir e aprender o máximo que puder com quem sabe mais, é melhor e enxerga com mais clareza do que você." Ele era fanático sobre a preparação e a adaptação: "Os planos não são nada, mas o planejamento é tudo", dizia, ou: "Confie no planejamento, mas nunca confie nos planos."

Também ganhou perspectiva sobre si mesmo. Começou a carregar consigo um pequeno poema anônimo:

> Pegue um balde, encha-o com água,
> Mergulhe sua mão — até o pulso.
> Agora retire-a; o buraco que resta
> É a medida de quanto você fará falta...
>
> A moral desse exemplo singular:
> Faça o melhor que puder,
> Tenha orgulho de si mesmo, mas lembre-se
> Não há Homem Indispensável![24]

Mentores

EM 1922, EISENHOWER FOI DESIGNADO AO PANAMÁ, ONDE JUNTOU-SE À 20ª Brigada de Infantaria. Dois anos no Panamá fizeram duas coisas por Ike. Primeiro, permitiu-lhe uma mudança de cenário após a morte de seu primogênito, Icky. Em segundo, apresentou-o ao General Fox Connor. Como disse o historiador Jean Edward Smith: "Fox Connor era a personificação do comedimento: autoconfiante, de fala mansa, eminentemente formal e educado — um general que amava ler, profundo estudioso da história e perspicaz juiz de talentos militares."[25] Connor era completamente avesso ao exibicionismo. Com Connor, Ike aprendeu a máxima: "Sempre leve seu trabalho a sério, nunca você mesmo."

Fox Connor serviu como o ideal do líder humilde. "Um senso de humildade é uma qualidade que observei em todos os líderes que admirei profundamente", escreveu mais tarde Eisenhower. "Minha convicção é que todo líder deve ter humildade suficiente para aceitar, publicamente, a responsabilidade pelos erros dos subordinados que ele mesmo selecionou e, da mesma forma, dar-lhes crédito publicamente por seus triunfos." Connor, continuou Ike, "era um oficial prático, centrado, tanto em casa na companhia das pessoas mais importantes da região quanto com qualquer um dos homens do regimento. Nunca demonstrou qualquer tipo de arrogância, era tão aberto e honesto quanto qualquer homem que já conheci... Ele ocupou um lugar especial em minha estima por muitos anos, que nenhum outro, nem mesmo um parente, seria capaz".[26]

Connor também restaurou o amor de Ike pelos clássicos, estratégia militar e assuntos mundiais. Eisenhower chamou seu serviço sob o comando de Connor de "uma espécie de escola de pós-graduação em assuntos militares e humanidades, enriquecida pelos comentários e discursos de um homem experiente em seu conhecimento dos homens e de sua conduta... Foi o período mais interessante e construtivo da minha vida". Em uma visita ao Panamá, Edward "Swede" Hazlett, amigo de infância de Ike, observou que Eisenhower tinha "montado o alpendre do segundo andar de seus aposentos como um escritório improvisado, e lá, com prancheta e textos, ele dedicava seu tempo livre revivendo as campanhas de batalha dos velhos mestres".[27]

Ao mesmo tempo, Ike foi particularmente sensibilizado pelo treinamento de um cavalo, "Blackie". Em suas memórias, ele escreveu:

Em minha experiência com Blackie — e antes com recrutas supostamente incompetentes em Camp Colt — está arraigada a minha sólida convicção de que, com demasiada frequência, nós desprezamos uma criança com dificuldade como sem esperança, um animal desajeitado como inútil, um campo desgastado como sem salvação. Isso é feito em grande parte por nossa própria falta de disposição para dedicar tempo e esforço para provar que estamos errados: provar que um garoto difícil pode se tornar um bom homem, que um animal pode responder ao treinamento, que o campo pode recuperar sua fertilidade.[28]

O general Connor conseguiu que Eisenhower frequentasse a Escola de Comando e Estado-maior em Fort Leavenworth, Kansas, onde se formou como primeiro em sua turma de 245 oficiais. Como Blackie, ele não deveria ser desprezado.

Em 1933, depois de se formar na Escola Superior de Guerra como um dos mais jovens oficiais a frequentá-la, Eisenhower foi nomeado assistente pessoal do General Douglas MacArthur. Nos anos seguintes, Eisenhower trabalhou com MacArthur, principalmente nas Filipinas, ajudando a nação a se preparar para sua independência. Douglas MacArthur era teatral. Ike o respeitou, mas ficou desanimado com sua grandiosidade. Ele descreveu MacArthur como "um aristocrata, mas, quanto a mim, sou do povo".[29]

Trabalhando com MacArthur, Eisenhower encontrou o teste final de seu temperamento. Seus pequenos escritórios eram contíguos, separados apenas por uma porta de madeira. "Ele me chamava até sua sala, gritando",[30] recordou Eisenhower. "Ele era decidido, gentil e tinha um hábito que nunca deixou de me assustar. Ao relembrar ou contar histórias, ele falava de si mesmo na terceira pessoa."[31]

Várias vezes, Ike pediu para deixar o cargo. MacArthur negou o pedido, insistindo que o trabalho de Eisenhower nas Filipinas era muito mais importante do que qualquer coisa que ele pudesse fazer como um simples tenente-coronel do Exército Norte-americano.

Ike ficou desapontado, mas permaneceu com MacArthur por mais seis anos, trabalhando nos bastidores, assumindo cada vez mais as tarefas de planejamento.[32] Ike permaneceu respeitoso na presença de seu chefe, mas acabou detestando MacArthur pelo modo como se colocava acima da instituição. Depois de um dos mais memoráveis atos de egomania de MacArthur, Eisenhower entrou em erupção na privacidade de seu diário:

Mas devo dizer que é quase incompreensível que depois de oito anos trabalhando para ele, escrevendo todas as palavras que ele publica, mantendo seus segredos, impedindo-o de se deixar levar por sua arrogância, tentando levar adiante seus interesses, mantendo-me em segundo plano, ele se volte contra mim. Ele gostaria de ocupar uma sala do trono cercada por especialistas em bajulação; enquanto em uma masmorra abaixo, desconhecida para o mundo, estaria um bando de escravos fazendo seu trabalho e produzindo coisas que, para o público, representariam a brilhante realização de sua mente. Ele é um tolo; pior, ele só diz asneiras.[33]

Eisenhower serviu leal e humildemente, colocando-se dentro da mente de seu superior, adotando suas perspectivas como suas, realizando seu trabalho de maneira eficiente e pontual. No final, os oficiais a quem serviu — inclusive MacArthur — acabaram promovendo-o. E quando o grande desafio de sua vida surgiu, durante a Segunda Guerra Mundial, a capacidade de Ike de reprimir suas próprias paixões lhe serviu bem. Ele nunca encarou a guerra com um sentimento de excitação romântica, como seu colega de uma vida toda George S. Patton fez. Ele a via como outro dever difícil de ser suportado. Aprendeu a se concentrar menos no glamour e na excitação dos heróis da guerra e mais nas coisas chatas e mundanas que se revelariam como o segredo para a vitória. Preservar alianças com pessoas que você pode achar insuportáveis. Construir embarcações de desembarque suficientes para possibilitar invasões anfíbias. Logística.

Eisenhower era um comandante magistral em tempo de guerra. Ele suprimiu suas próprias frustrações para manter a aliança internacional unida. Combateu ferozmente os preconceitos nacionais, que sentia com tanta intensidade quanto qualquer um, a fim de manter os exércitos díspares na mesma equipe. Atribuiu o crédito das vitórias para seus subordinados e, em uma das mais famosas mensagens não enviadas na história do mundo, estava disposto a colocar a culpa por falhas em si mesmo. Este seria o memorando que enviaria caso a invasão do Dia D fracassasse. "Nosso desembarque de tropas... fracassou... e eu retirei as tropas", escreveu ele. "Minha decisão de atacar neste momento e lugar foi baseada na melhor informação disponível. As tropas, a Aeronáutica e a Marinha fizeram tudo que a bravura e a devoção seriam capazes de realizar. Se houve alguma culpa ou falha relacionada à tentativa, é só minha."

A vida disciplinada e autorregulada de Eisenhower teve suas desvantagens. Ele não era um visionário. Não era um pensador criativo. Na guerra, não era um grande estrategista. Como presidente, muitas vezes ignorava as correntes históricas emergentes mais importantes de seu tempo — do movimento dos direitos civis à ameaça do macarthismo. Nunca foi bom com ideias abstratas. Ele se comportou de maneira vergonhosa ao não defender o general George C. Marshall dos ataques ao seu patriotismo, para seu grande pesar e vergonha mais tarde. E todo esse autocontrole artificial pode tê-lo tornado frio quando deveria ter sido caloroso, implacavelmente prático, quando deveria ter sido cavalheiresco e romântico. Seu comportamento em relação à sua amante, Kay Summersby, no final da guerra é repulsivo. Summersby servira e, presumivelmente, amara Eisenhower durante os anos mais difíceis de sua vida. Ele não deu a ela nem mesmo a dignidade de um adeus. Um dia, ela descobriu que seu nome havia sido retirado de sua lista de viagens. Ela recebeu um bilhete frio datilografado por Ike em papel timbrado oficial do exército: "Tenho certeza de que entende que estou muito aflito por uma parceria tão valiosa para mim ter que ser terminada dessa maneira em particular, mas é por motivos que estão além do meu controle... Espero que você me escreva de vez em quando — sempre estarei interessado em saber como você está se saindo."[34] Tornou-se tão experiente em reprimir suas próprias emoções que, naquele momento, conseguiu suprimir qualquer indício de compaixão, qualquer resquício de gratidão.

Eisenhower às vezes demonstrava consciência de suas deficiências. Pensando em seu herói George Washington, ele disse: "Eu sempre senti o profundo desejo de que o Bom Deus me dotasse com sua clareza de visão para grandes coisas, sua força de propósito e sua genuína grandeza de mente e espírito."[35]

Mas para alguns a vida é a escola perfeita; ensina-lhes exatamente as lições de que necessitarão mais tarde. Eisenhower nunca foi um homem vaidoso, mas dois traços marcantes definiram o Eisenhower maduro, traços provenientes de sua educação e que ele cultivou ao longo do tempo. O primeiro foi a criação de um segundo eu. Hoje, tendemos a viver dentro de um *éthos* de autenticidade. Tendemos a acreditar que o "eu verdadeiro" é o que é mais natural e bruto. Isto é, cada um de nós tem um certo modo genuíno de estar no mundo, e devemos viver nossa vida sendo verdadeiros a esse eu interior autêntico, não sucumbindo às pressões externas. Viver artificialmente, com uma lacuna entre sua natureza interior e sua conduta exterior, é ser enganoso, astuto e falso.

Eisenhower adotou uma filosofia diferente. Seu código considerava que o artifício é a natureza do homem. Começamos com matéria-prima, algumas boas, outras ruins, e essa natureza tem que ser podada, cingida, formada, reprimida, moldada e, com frequência, contida, em vez de ser exibida em público. Uma personalidade é um produto do cultivo. O verdadeiro eu é o que você constrói a partir de sua natureza, não apenas o que já estava em sua natureza.

Eisenhower não era uma pessoa sincera. Ocultava seus pensamentos particulares. Ele os registrava em seu diário e às vezes eram bastante contundentes. Sobre o senador William Knowland, ele escreveu: "No seu caso, parece não haver uma resposta final para a pergunta: 'Quão estúpido você consegue ser?'"[36] Mas em público ele usava uma fantasia de afabilidade, otimismo e charme de fazendeiro. Como presidente, estava perfeitamente disposto a parecer mais estúpido do que realmente era se isso o ajudasse a desempenhar seu papel designado. Estava disposto a manter-se calado se isso o ajudasse a esconder seus verdadeiros desígnios. Assim como aprendeu a reprimir sua raiva quando menino, aprendeu a suprimir suas ambições e capacidades quando adulto. Foi razoavelmente instruído em história antiga, admirando especialmente Temístocles, um habilidoso líder ateniense, mas nunca deixou isso transparecer. Não queria parecer mais esperto que as outras pessoas, ou de alguma forma superior ao norte-americano comum. Em vez disso, cultivava a imagem do carisma simples e natural. Como presidente, supervisionava uma reunião detalhada sobre um assunto secreto, emitindo instruções claras e específicas sobre o que deveria ser feito. Então, saía para uma coletiva de imprensa e massacrava o idioma inglês em um esforço para disfarçar seus objetivos. Ou fingia que todo o assunto estava além de sua compreensão: "Isso é muito complicado para um pateta como eu."[37] Estava disposto a parecer mais estúpido do que realmente era. (Por isso sabemos que ele não era nova-iorquino.)

A simplicidade de Ike era estratégica. Após sua morte, seu vice-presidente, Richard Nixon, lembrou: "[Ike] era um homem muito mais complexo e evasivo do que a maioria das pessoas percebeu, e no melhor sentido dessas palavras. Não se prendia a um só ponto de vista, sempre acrescentava duas, três ou quatro linhas de raciocínio a um único problema... Sua mente era rápida e fluente."[38] Era reconhecidamente um bom jogador de pôquer. "O largo sorriso de Ike, aberto como o céu do Kansas", escreve Evan Thomas, "escondia um profundo segredo. Ele era honrado, mas ocasionalmente obtuso, externamente amável, mas internamente fervilhante."[39]

Certa vez, antes de uma entrevista coletiva, seu assessor de imprensa, Jim Hagerty, informou-o sobre uma situação cada vez mais delicada no Estreito de Formosa. Ike sorriu e disse: "Não se preocupe, Jim, se essa pergunta surgir, vou apenas confundi-los." Previsivelmente, a questão foi levantada pelo jornalista Joseph Harsch. Bem-humorado, Eisenhower respondeu:

> A única coisa que sei sobre a guerra são duas coisas: nela o fator mais variável é a natureza humana em sua manifestação cotidiana e o único fator imutável é a natureza humana. E a próxima coisa é que toda guerra o surpreenderá na forma como ocorreu e na maneira como é realizada... Então, acho que você só tem que esperar, e esse é o tipo de decisão devotada que pode algum dia confrontar um presidente.[40]

Após a conferência, Thomas escreve: "O próprio Eisenhower brincou dizendo que deve ter irritado os tradutores russos e chineses que tentaram explicar aos seus chefes o que ele queria dizer."[41]

A natureza dúbia de Ike dificultava que as pessoas realmente o conhecessem. "Eu não invejo você tentando entender papai", disse John Eisenhower ao biógrafo Evan Thomas. "Eu não consigo entendê-lo." Depois de sua morte, sua viúva, Mamie, foi questionada se realmente conhecera o marido. "Eu não tenho certeza se alguém conseguiu", respondeu.[42] Mas a autorrepressão ajudou Eisenhower a controlar seus desejos naturais e a cumprir as tarefas que lhe foram atribuídas, tanto por seus superiores militares quanto pela história. Ele parecia simples e direto, mas sua simplicidade era uma obra de arte.

Moderação

SUA CARACTERÍSTICA DEFINITIVA, QUE FLORESCEU COM SUA MATURIDAde completa, foi a moderação.

A moderação é uma virtude geralmente mal compreendida. É importante começar dizendo o que ela não é. Moderação não é apenas encontrar o ponto médio entre dois polos opostos e plantar-se conve-nientemente lá. A moderação também não é a fria equanimidade. Não é apenas ter uma atitude moderada que não contenha paixões rivais ou ideias concorrentes.

Pelo contrário, a moderação é baseada na consciência da inevita-bilidade do conflito. Se você acha que o mundo é capaz de se ajustar em total perfeição, então não precisa ser moderado. Se acha que todas as suas qualidades pessoais podem ser reunidas em singela harmonia, você não precisa se conter, pode simplesmente sair em busca de autor-realização e crescimento. Se acha que todos os valores morais apon-tam na mesma direção, ou que todos os objetivos políticos podem ser realizados de uma só vez em uma marcha direta ao longo de um só caminho, você também não precisa ser moderado. Pode apenas seguir na direção da verdade o mais rápido possível.

A moderação é baseada na ideia de que as coisas não se encai-xam perfeitamente. É provável que a política seja uma competição entre interesses legítimos opostos. É provável que a filosofia seja uma tensão entre meias-verdades concorrentes. Uma personalidade pro-vavelmente é um campo de batalha de características valiosas, mas incompatíveis. Como Harry Clor colocou em seu brilhante livro *On Moderation* ["Sobre a Moderação", em tradução livre]: "A divisão fun-damental da alma ou da psique está na raiz da nossa necessidade de moderação." Eisenhower, por exemplo, foi alimentado pela paixão e policiado pelo autocontrole. Nenhum impulso foi inteiramente inútil e nem totalmente benigno. A raiva, ainda que justa, de Eisenhower podia ocasionalmente levá-lo à justiça, mas também podia cegá-lo. Seu autocontrole permitiu-lhe servir e cumprir seu dever, mas tam-bém podia torná-lo insensível.

A pessoa moderada contém habilidades opostas ao *enésimo* grau. Uma pessoa moderada pode ser intensa em ambas as extremidades, sendo ardorosa tanto em sua capacidade de raiva quanto em seu dese-jo de ordem, a razão de Apollo e a loucura de Dionísio em ação, tan-to convicto de sua fé quanto profundamente duvidoso, tanto Adão I quanto Adão II.

Uma pessoa moderada pode começar com essas divisões e tendên-cias rivais, mas para viver uma vida coerente os moderados precisam encontrar uma série de equilíbrios e proporções. O moderado está sempre em busca de uma série de arranjos temporários, embutidos na situação específica do momento, que o ajude a equilibrar o desejo de segurança com o desejo de risco, o chamado da liberdade com a necessidade de comedimento. O moderado sabe que não há resolução definitiva para essas tensões. Grandes questões não podem ser resolvidas levando-se em conta apenas um princípio ou um ponto de vista. Governar é mais como velejar em uma tempestade: desloque o peso lateralmente quando o barco se inclinar para estibordo, desloque o peso para o outro lado quando ele se inclinar para a proa — ajuste, ajuste e ajuste novamente as circunstâncias para manter a aparência e a equanimidade de uma quilha equilibrada.

Eisenhower entendia isso intuitivamente. Escrevendo para Swede, seu amigo de infância, em seu segundo mandato como presidente, ele ponderou: "Possivelmente eu sou como um navio que, esbofeteado e golpeado pelo vento e pelas ondas, ainda flutua e consegue, apesar das manobras e guinadas frequentes, manter-se ao longo do curso traçado e continua a fazer alguns progressos, mesmo que lentos e dolorosos."[43]

Como Clor observa, o moderado sabe que não pode ter tudo. Existem tensões entre benefícios concorrentes, e você só tem que aceitar que nunca conseguirá viver uma vida pura e perfeita, dedicada a uma verdade ou um valor. O moderado tem aspirações limitadas sobre o que pode ser alcançado na vida pública. Os paradoxos embutidos em qualquer situação não permitem uma resolução clara e definitiva. Você expande a liberdade ao custo de incentivar o abuso. Reprova o abuso ao custo de limitar a liberdade. Não há como fugir desse tipo de concessão.

Os moderados só podem esperar ter um caráter regulado, recuando para entender perspectivas opostas e valorizando os méritos de cada um. O moderado entende que as culturas políticas são tradições de conflito. Há tensões intermináveis que colocam a igualdade contra o sucesso, a centralização contra a descentralização, a ordem e a comunidade contra a liberdade e o individualismo. O moderado não tenta resolver esses argumentos. Não há soluções definitivas. Os moderados só podem esperar alcançar um equilíbrio que seja consistente com as necessidades do momento. Os moderados não acreditam que existam soluções políticas certas para todos os tempos (isso parece óbvio, mas a regra é regularmente ridicularizada por ideólogos em inúmeras nações). O moderado não admira esquemas abstratos, mas entende que é necessário legislar de acordo com a natureza humana e dentro do meio em que ela é colocada.

O moderado só pode esperar ser disciplinado o suficiente para combinar em uma só alma, como disse Max Weber, tanto paixão calorosa quanto um frio senso de proporção. Pretende ser apaixonado por seus objetivos, mas deliberar sobre os meios apropriados para realizá-los. O melhor moderado é abençoado com uma alma espirituosa e também o caráter adequado para domá-la. O melhor moderado é cético em relação ao fanatismo porque é cético em relação a si mesmo. Desconfia da intensidade apaixonada e da simplicidade ousada porque sabe que na política os vales são mais baixos do que os ápices são altos — quando os líderes nefastos agem errado causam mais prejuízos do que os benefícios que criam quando agem certo. Portanto, a cautela é a atitude apropriada, uma consciência dos limites, o fundamento da sabedoria.

Para muitas pessoas na época e por muitos anos depois, Eisenhower parecia um ingênuo emocionalmente raso, com uma paixão por romances ocidentais. Sua estrela cresceu entre os historiadores à medida que sua turbulência interior se tornou mais apreciada. E no final de sua presidência fez um discurso que permanece hoje como um exemplo perfeito de moderação na prática.

O discurso de Ike veio em um ponto crucial na política norte-americana e até na moralidade pública. Em 20 de janeiro de 1961, John F. Kennedy fez um discurso inaugural que sinalizou uma mudança cultural. O discurso de Kennedy pretendia indicar uma nova direção na marcha da história. Uma geração e uma era estavam terminando e outra geração, como ele disse, "começa de novo". Haveria um "novo empreendimento" e "um novo mundo da lei". As possibilidades, ele argumentou, eram ilimitadas. "O homem detém em suas mãos mortais o poder de abolir todas as formas de pobreza humana", declarou ele. Kennedy lançou um apelo para uma ação ilimitada. "Pagaremos qualquer preço, arcaremos com qualquer encargo, enfrentaremos qualquer dificuldade..." Ele convocou o público não apenas para tolerar os problemas, mas para acabar com eles: "Juntos, vamos explorar as estrelas, conquistar os desertos, erradicar a doença." Foi o discurso de um homem extremamente confiante em si mesmo. Ele inspirou milhões de pessoas em todo o mundo e estabeleceu o tom e o padrão para a retórica política desde então.

Três dias antes, contudo, Eisenhower fizera um discurso que sintetizava a visão de mundo que estava desaparecendo. Enquanto Kennedy enfatizava possibilidades ilimitadas, Eisenhower advertia contra a arrogância. Enquanto Kennedy celebrava coragem, Eisenhower celebrava a prudência. Enquanto Kennedy exortava a nação a se aventurar com ousadia, Eisenhower pedia equilíbrio.

A palavra "equilíbrio" se repete ao longo de seu texto — a necessidade de equilibrar prioridades concorrentes, "equilíbrio entre a economia privada e a economia pública; equilíbrio entre o custo e as vantagens esperadas; equilíbrio entre o claramente necessário e o confortavelmente desejável, entre nossos requisitos essenciais como nação e os deveres impostos pela nação sobre o indivíduo; equilíbrio entre as ações do momento e o bem-estar nacional do futuro. O bom julgamento busca equilíbrio e progresso; a falta dele acaba encontrando desequilíbrio e frustração".

Eisenhower advertiu o país contra a crença em soluções rápidas. Os norte-americanos, disse, nunca deveriam acreditar que "alguns atos espetaculares e caros poderiam ser a solução milagrosa para todas as dificuldades atuais". Alertou contra a fragilidade humana, particularmente a tentação de ser míope e egoísta. Pediu aos seus compatriotas que "evitem o impulso de viver apenas por hoje, saqueando, para nossa própria facilidade e conveniência, os preciosos recursos de amanhã". Ecoando o espírito econômico de sua infância, ele lembrou à nação que não podemos "hipotecar os ativos materiais de nossos netos sem arriscar a perda também de sua herança política e espiritual".

Alertou, mais notoriamente, sobre a concentração indevida de poder e a maneira como o poder descontrolado poderia levar à ruína nacional. Alertou primeiro sobre o complexo militar-industrial — "uma indústria de armamentos permanente de vastas proporções". Também alertou contra "uma elite científico-tecnológica", uma poderosa rede de especialistas financiados pelo governo que pode ser tentada a tirar o poder dos cidadãos. Como os fundadores da nação, ele construiu sua política com base na desconfiança do que as pessoas poderiam fazer se tivessem poder irrestrito. Ele comunicou o sentimento de que, na maioria das vezes, os líderes têm mais a ganhar sendo administradores do que herdaram do que sendo destruidores do que existe e criadores de algo novo.

Esse foi o discurso de um homem que havia sido criado para controlar seus impulsos e depois foi castigado pela vida. Foi a fala de um homem que viu do que os seres humanos são capazes, que sentira em seus ossos que o homem é um problema para si mesmo. Foi o discurso de uma pessoa que costumava dizer aos seus conselheiros "Vamos cometer nossos erros lentamente", porque era melhor tomar uma decisão gradualmente do que apressar-se em qualquer coisa antes do tempo. Essa é a lição que sua mãe e sua educação lhe transmitiram décadas antes. Foi uma vida organizada não em torno da autoexpressão, mas da autorrestrição.

CAPÍTULO 4

ESFORÇO

Na noite de 18 de abril de 1906, quando tinha oito anos, Dorothy Day estava em sua casa em Oakland, Califórnia.

Como de costume, ela havia feito suas orações na hora de dormir. Era a única praticante religiosa da família e se tornara, como escreveu mais tarde: "odiosa e orgulhosamente devota".[1] Ela sempre teve consciência, escreveu em seu diário décadas depois, de um mundo espiritual interno.

A terra começou a tremer. Quando o estrondo começou, seu pai correu para o quarto dos filhos, pegou seus dois irmãos e correu para a porta da frente. A mãe dela pegou a irmãzinha dos braços de Dorothy. Seus pais aparentemente imaginaram que Dorothy poderia cuidar de si mesma. Ela foi deixada sozinha em sua cama de latão, que deslizava de um lado para o outro sobre o chão polido. Na noite do terremoto de São Francisco, ela sentiu que Deus a visitava. "A terra se tornou um mar que chacoalhou nossa casa da maneira mais tumultuosa", lembrou.[2] Ela podia ouvir o barulho da água da caixa d'água se derramando no telhado sobre sua cabeça. Essas sensações "estavam ligadas à minha ideia de Deus como uma Força tremenda, um Deus impessoal assustador, uma Mão estendida para agarrar a mim, Sua filha, e não um Deus de amor".[3]

Quando a terra se acalmou, a casa estava uma bagunça. Havia pratos quebrados por todo o chão, junto com livros, candelabros e pedaços do teto e da chaminé. A cidade também estava em ruínas, temporariamente reduzida à escassez e à necessidade. Mas nos dias seguintes os residentes da Bay Area se uniram. "Enquanto a crise perdurou, as pessoas se amaram", escreveu ela em suas memórias décadas mais tarde. "Era como se estivessem unidas na solidariedade cristã. Faz pensar em como as pessoas poderiam, se quisessem, cuidar umas das outras em momentos de estresse, sem julgamento, com misericórdia e amor."

Como disse o escritor Paul Elie: "Toda uma vida é conjecturada nesse episódio" — a crise, a sensação da proximidade de Deus, a consciência da pobreza, o sentimento de solidão e abandono, mas também a sensação de que a solidão pode ser preenchida pelo amor e pela comunidade, especialmente por meio da solidariedade com aqueles que estão em maior necessidade.[4]

Day nasceu com uma natureza apaixonada e ideal. Como Dorothea, a personagem principal no romance de George Eliot, *Middlemarch,* sua natureza exigia que ela vivesse uma vida ideal. Era incapaz de se satisfazer com a mera felicidade, estar de bom humor, desfrutando dos prazeres normais que as amizades e as conquistas trazem. Como Eliot colocou: "Sua chama rapidamente queimou aquele combustível leve; e alimentada a partir de dentro, elevou-se por alguma satisfação ilimitada, algum propósito que nunca justificaria o cansaço, que reconciliaria o desespero com a consciência arrebatadora da vida além de si mesma." Day precisava de heroísmo espiritual, algum propósito transcendente pelo qual pudesse se sacrificar.

Cruzada das Crianças

O PAI DE DOROTHY ERA JORNALISTA, MAS AS INSTALAÇÕES DE IMPRESsão do jornal viraram cinzas no terremoto, e seu trabalho se foi. As posses da família estavam em ruínas. Day experimentou a decadência humilhante da família para a pobreza. Seu pai mudou-os para Chicago, onde começou a escrever um romance que nunca foi publicado. Um homem distante e desconfiado, proibia seus filhos de sair de casa sem permissão ou de convidar amigos. Day se recordava dos jantares dominicais marcados por um silêncio sombrio, exceto pelo som de todos mastigando. Sua mãe fez o melhor que pôde, mas sofreu quatro abortos e uma noite surtou, quebrando todos os pratos da casa. No dia seguinte, ela voltou ao normal. "Eu perdi minha coragem", explicou para seus filhos.

Em Chicago, Day notou que sua família era muito menos afetuosa do que as famílias ao seu redor. "Nunca dávamos as mãos. Sempre fomos retraídos e sozinhos, ao contrário dos italianos, poloneses, judeus e outros amigos que eu tinha, que eram vibrantes e espontâneos em suas demonstrações de afeto." Ela frequentava a igreja e cantava hinos com as famílias vizinhas. À noite, rezava de joelhos e impunha sua devoção à irmã: "Eu costumava atormentar minha irmã com minhas longas orações. Eu me ajoelhava até que meus joelhos doessem e eu estivesse com o corpo gelado e dormente. Ela implorava para que eu fosse para a cama e contasse uma história para ela." Um dia ela teve uma conversa com sua melhor amiga, Mary Harrington, sobre um certo santo. Mais tarde na vida, escrevendo suas memórias, Day não conseguia se lembrar exatamente de que santo estavam falando, mas se lembrou de "meu sentimento de entusiasmo elevado, e como meu coração quase explodiu de desejo de fazer parte dessa jornada. Um versículo dos Salmos muitas vezes vem à minha mente: 'Amplia o meu coração, ó Senhor, para que possas entrar...' Eu me preenchi de uma aspiração natural, um reconhecimento emocionante das possibilidades da aventura espiritual".[5]

Os pais naqueles dias não achavam necessário entreter seus filhos. Day se lembra de passar horas felizes na praia com seus amigos, pescando enguias em enseadas, fugindo para um barraco abandonado à beira de um pântano, criando um mundo de fantasia e fingindo que viveriam lá sozinhos para sempre. Day também se lembra de longos dias de tédio intolerável, especialmente durante as férias de verão. Ela tentava aliviar o tédio fazendo tarefas domésticas e lendo. Leu Charles Dickens, Edgar Allan Poe e *Imitação de Cristo,* de Tomás de Kempis, entre outros livros.

Com a adolescência veio um fascínio pelo sexo. Sentiu de imediato um entusiasmo, mas também aprendera que era perigoso e maligno. Uma tarde, quando tinha 15 anos, Day estava em um parque com seu irmãozinho. O clima estava perfeito. O mundo estava cheio de vida e devia haver meninos por perto. Em uma carta que escreveu na época para sua melhor amiga, ela descreve uma "sensação emocionante e perversa em meu coração". Na passagem seguinte, ela se censura: "É errado pensar demais no amor humano. Todos esses sentimentos e desejos que experimentamos são desejos sexuais. Suponho que é normal tê-los nessa idade, mas acho que são impuros. São sensuais e Deus é espiritual."

Em sua magnífica autobiografia *A Longa Solidão,* ela transcreve longas passagens dessa carta. Aos 15 anos escreveu: "Como sou fraca.

Meu orgulho me proíbe de escrever isso, e colocá-lo no papel já me faz corar, mas todo o amor antigo volta. É a lascívia da carne e sei que, se eu não abandonar todo o pecado, não conquistarei o reino dos céus."

A carta tem todo o egocentrismo e o sentimento de superioridade moral que você esperaria de uma adolescente precoce. Ela tem o conceito básico de sua religião, mas não a humanidade e a graça. Mas há também uma árdua ambição espiritual em ação. "Talvez se eu ficasse mais longe dos livros essa inquietação passasse. Estou lendo Dostoiévski." Ela resolve lutar contra seus desejos: "Somente depois de uma árdua e amarga luta contra o pecado, e somente depois de vencê-lo, experimentamos alegria e paz abençoadas... Tenho muito trabalho a fazer para derrotar meus pecados. Estou sempre trabalhando, sempre em guarda, orando sem cessar para superar todas as sensações físicas, para ser puramente espiritual."

Refletindo sobre essa carta em *A Longa Solidão*, publicada quando ela tinha 50 e poucos anos, Day confessou que "era cheia de pompa, vaidade e piedade. Escrevia sobre o que me interessava mais, o conflito da carne e do espírito, mas eu escrevia de maneira inibida e tentava fingir para mim mesma que estava sendo erudita".[6] Mas essa carta exibe algumas das características que acabariam por tornar Day uma das figuras religiosas e assistentes sociais mais inspiradoras do século XX: sua ânsia de ser pura, sua capacidade de rigorosa autocrítica, seu desejo de se dedicar a algo grandioso, sua tendência a se concentrar em dificuldades e não aproveitar plenamente os prazeres simples disponíveis para ela, sua convicção de que, por mais que fracassasse e lutasse, Deus acabaria por redimi-la de seus fracassos.

Boemia

DAY FOI UMA DAS TRÊS ESTUDANTES DE SUA ESCOLA A GANHAR UMA bolsa para a universidade graças à excelência em latim e grego. Ela frequentou a Universidade de Illinois, limpava e passava para pagar casa e comida e era uma estudante mediana. Ela se dedicou, a contragosto, a atividades que esperava que a levassem a uma vida épica. Juntou-se ao clube de escritores, em que foi aceita por escrever um ensaio em que descrevia como era ficar sem comida por três dias. Também se juntou ao Partido Socialista, rompeu com a religião e começou a fazer o que podia para escandalizar os frequentadores da igreja. Decidiu que a doçura da infância desaparecera. Era hora de declarar guerra à sociedade.

Aos 18 anos, depois de alguns anos em Illinois, decidiu que a vida na faculdade não era satisfatória. Ela se mudou para Nova York para se tornar escritora. Vagou pela cidade por meses, desesperadamente solitária: "Em toda aquela grande cidade de sete milhões de habitantes, não encontrei amigos; não tinha trabalho, estava distante de meus companheiros. O silêncio no meio dos ruídos da cidade me oprimia. O meu próprio silêncio, a sensação de que não tinha ninguém com quem conversar, me sobrecarregou tanto que minha garganta se apertara; meu coração estava pesado com pensamentos reprimidos; eu queria chorar para extravasar minha solidão."[7]

Durante esse período solitário, ela ficou indignada com a pobreza que viu em Nova York; seu cheiro era diferente da pobreza que vira em Chicago. "Todos devem passar por algo análogo a uma conversão", escreveu mais tarde, "conversão a uma ideia, um pensamento, um desejo, um sonho, uma visão — sem visão, as pessoas perecem. Na minha adolescência li *The Jungle* ["A Selva", em tradução livre], de Upton Sinclair, e *A Estrada*, de Jack London, e me converti aos pobres, a um amor e desejo de estar sempre com os pobres e sofredores — os trabalhadores do mundo. Fui convertida à ideia da missão messiânica do proletariado". A Rússia era muito presente na mente das pessoas na época. Escritores russos definiram a imaginação espiritual. A Revolução Russa inflamou as visões dos jovens radicais para o futuro. A amiga de faculdade mais próxima de Dorothy, Rayna Simons, mudou-se para Moscou para fazer parte desse futuro e morreu em decorrência de uma doença depois de alguns meses lá. Em 1917, Day participou de um comício celebrando a Revolução Russa. Experimentou uma sensação de exaltação; a vitória das massas estava próxima.

Dorothy finalmente encontrou trabalho em um jornal radical, *The Call*, por cinco dólares por semana. Lá, ela cobriu o descontentamento dos trabalhadores e a vida dos operários. Entrevistou Leon Trótski em um dia e o mordomo de um milionário no dia seguinte. A vida no jornal era intensa. Ela foi levada pelos acontecimentos, não refletia sobre eles, apenas deixava que eles a impulsionassem.

Embora mais ativista do que esteta, ela se envolveu com um grupo boêmio, dentre eles o crítico Malcolm Cowley, o poeta Allen Tate e o romancista John Dos Passos. Cultivou uma profunda amizade com o escritor radical Michael Gold. Eles caminhavam pelo East River por horas, conversando alegremente sobre suas leituras e seus sonhos. Ocasionalmente, Gold entoava canções alegres em hebraico ou iídiche. Ela tinha um relacionamento próximo, embora aparentemente platônico, com o dramaturgo Eugene O'Neill, que compartilhava suas obsessões com a solidão, a religião e a morte. O biógrafo de Day, Jim Forest, escreveu que Dorothy às vezes colocava O'Neill na cama, bêbado e tremendo de medo, e o abraçava até que adormecesse. Ele pedia que fizessem sexo, mas ela recusava.

Ela protestou em nome das classes trabalhadoras. Mas os dramas mais importantes de sua vida eram internos. Ela se tornara uma leitora ainda mais ávida, especialmente de Tolstói e Dostoiévski.

É difícil compreender a seriedade com que as pessoas encaravam a leitura de romances naquela época, ou pelo menos com que seriedade Day e outros a consideravam — lendo obras importantes como se fossem literatura sapiencial, acreditando que os artistas supremos possuíam insights que poderiam ser transmitidos como revelação, tentando moldar a vida em torno das almas heroicas e profundas encontradas nos livros. Day lia como se toda a sua vida dependesse disso.

Hoje, menos pessoas veem os artistas como oráculos e os romances como uma forma de revelação. As ciências cognitivas substituíram a literatura como a maneira com que muitas pessoas tentam entender suas próprias mentes. Mas Day foi "deslocada para as profundezas do meu ser" por Dostoiévski. "A cena em *Crime e Castigo* em que a jovem prostituta lê o Novo Testamento para Raskólnikov, percebendo pecados mais profundos do que os dela; o conto *O Ladrão Honesto*; essas passagens em *Os Irmãos Karamázov*; a conversão de Mitya na cadeia; a própria lenda do Grande Inquisidor; tudo isso ajudou a me seduzir." Ficou especialmente fascinada pela cena em que "Frei Zossima fala com entusiasmo do amor a Deus que resultou em um amor pelo irmão. A história de sua conversão ao amor é comovente, e esse livro, com seu retrato da religião, teve muito a ver com minha vida posterior".[8]

Ela não lia simplesmente os romances russos, parecia vivê-los. Era assídua frequentadora de bares e bebia muito. Malcolm Cowley escreveu que os gângsteres a adoravam porque diziam que enquanto eles caíam ela continuava bebendo, embora isso seja difícil de acreditar, dada a sua estrutura magra como um alfinete. As tragédias de sua vida turbulenta também estavam lá. Um amigo chamado Louis Holladay tomou uma overdose de heroína e morreu em seus braços.[9] Em suas memórias, ela descreve suas mudanças de um apartamento rançoso e abafado para outro, mas até mesmo ela, autocrítica como era, deixa de fora um pouco do caos. Deixa de mencionar sua promiscuidade, chamando-a de "época de busca" e referindo-se vagamente à "tristeza do pecado, a indescritível melancolia do pecado".[10]

Na primavera de 1918, ela se voluntariou como enfermeira no King's County Hospital, quando uma epidemia de gripe mortal varreu a cidade e o mundo. (Mais de 50 milhões de pessoas morreram entre março de 1918 e junho de 1920.)[11] Ela começava a trabalhar às 6 da manhã e trabalhava 12 horas por dia, trocando lençóis, esvaziando comadres, administrando doses, enemas e duchas. O hospital era administrado como uma unidade militar. Quando a enfermeira-chefe entrava na enfermaria, as subalternas ficavam atentas. "Gostei da vida de ordem e disciplina. Em contraste, a vida que eu vinha levando parecia desordenada e fútil", lembrou ela. "Esse ano no hospital me fez perceber que uma das coisas mais difíceis do mundo é nos organizar e nos disciplinar."[12]

Ela conheceu um jornalista chamado Lionel Moise no hospital. Eles tinham um relacionamento físico tumultuado. "Você é duro", ela escreveu para ele com lascívia. "Eu me apaixonei por você porque você é duro." Ela engravidou. Ele disse a ela para fazer um aborto, e foi o que fez (também deixando de mencioná-lo em suas memórias). Uma noite, depois que ele a largou, ela retirou o cano de gás do aquecedor de seu apartamento e tentou se suicidar. Um vizinho a encontrou a tempo.

Em suas memórias, ela escreve que deixou o emprego no hospital porque, com o tempo, acabara entorpecida pelo sofrimento e não lhe sobrava tempo para escrever. Ela deixou de mencionar que também concordara em se casar com um homem com o dobro de sua idade chamado Berkeley Tobey, um homem rico do noroeste. Eles viajaram juntos para a Europa, e depois que a viagem acabou ela o deixou. Em suas memórias, descreve o episódio como uma viagem solo, envergonhada por ter usado Tobey para ter uma chance de ir à Europa. "Eu não queria escrever o que me envergonhava", contou mais tarde ao jornalista Dwight MacDonald. "Senti que o usei e fiquei envergonhada."[13]

Um fato importante: ela foi presa duas vezes, primeiro em 1917, aos 20 anos, e depois em 1922, aos 25 anos. A primeira vez foi em nome do ativismo político. Engajou-se fortemente na defesa dos direitos das mulheres; foi presa por participar de um protesto sufragista em frente à Casa Branca e sentenciada, com o restante das manifestantes, a 30 dias de prisão. As prisioneiros iniciaram uma greve de fome, mas Day, sentada ali, consumida pela fome, logo caiu em depressão profunda. Deixou de sentir solidariedade pelas grevistas e achou que tudo estava errado e sem sentido de alguma forma. "Perdi toda consciência de qualquer causa. Eu não via mais sentido em ser radical. Só conseguia sentir a escuridão e desolação ao meu redor... Tive uma sensação desagradável da futilidade do esforço humano, da miséria desamparada do homem, do triunfo do poder... O mal triunfou. Eu era uma criatura mesquinha, cheia de ilusão, presunção, irreal, falsa e justamente desprezada e punida."[14]

Na prisão, ela pediu uma Bíblia e a leu intensamente. Outros prisioneiros lhe contaram histórias sobre as celas de confinamento solitário onde os prisioneiros eram trancados por seis meses de cada vez. "Eu nunca me recuperaria dessa ferida, desse conhecimento sombrio que obtive sobre como os homens eram capazes de se tratar mutuamente."[15]

Day estava se posicionando contra a injustiça, mas fazia isso sem uma estrutura organizacional transcendente. Já nesse momento ela parece ter sentido, inconscientemente, que para ela o ativismo sem fé estaria sujeito ao fracasso.

Sua segunda prisão foi ainda mais devastadora emocionalmente. Ela fora morar com uma amiga, viciada em drogas, em seu apartamento em Skid Row, em um prédio que servia como ponto de prostituição e residência para membros do IWW [sigla em inglês para Trabalhadores Industriais do Mundo], o sindicato radical. A polícia invadiu o local, procurando por subversivos. Os policiais presumiram que Day e sua amiga eram prostitutas. Elas foram forçadas a aguardar na rua, seminuas, antes de serem levadas para a cadeia.

Ela foi vítima da histeria anticomunista da época. Mas também sentia que fora vítima de sua própria imprudência e falta de integridade. Encarou a prisão como um aviso de sua vida arruinada. "Acho que nunca mais, não importa do que for acusada, poderei sofrer mais do que sofri então, de vergonha e arrependimento, e autodesprezo. Não só porque fui pega, descoberta, marcada, publicamente humilhada, mas por causa de minha própria consciência de que eu mereci isso."[16]

Esses foram episódios de autoanálise e autocrítica extraordinários. Relembrando anos depois, Day teve uma visão sombria de sua própria vida turbulenta. Ela a via como uma forma de orgulho, como uma tentativa de definir o que era bom e ruim para si mesma, sem referência a algo maior. "A vida da carne me atraiu como uma vida boa e saudável, independentemente das leis do homem, que eu achava, de forma rebelde, que haviam sido feitas para a repressão dos outros. Os fortes podiam fazer suas próprias leis, viver suas próprias vidas; na verdade, eles estavam além do bem e do mal. O que era bom e o que era mal? É bastante fácil sufocar a consciência por um tempo. A carne satisfeita tem sua própria lei."

Mas Day não estava apenas perdida em um mundo de paixões superficiais, assuntos tumultuosos, satisfação carnal e egoísmo. Sua extrema autocrítica decorreu de uma profunda fome espiritual. Ela usou a palavra "solidão" para descrever essa fome. Para muitos de nós, essa palavra nos traz à mente a solidão. E Day era realmente solitária, e sofreu com isso. Mas ela também usou a palavra "solidão" para descrever o isolamento espiritual. Acreditava que havia alguma causa ou entidade transcendente em algum lugar e que ela permaneceria inquieta até encontrá-la. Era incapaz de viver apenas na superfície — por prazeres, sucesso, até mesmo por serviço —; precisava de um comprometimento profundo e total com algo sagrado.

Nascimento

DAY PASSARA SEUS 20 ANOS LANÇANDO-SE EM DIFERENTES CAMINHOS, procurando uma vocação. Tentou a política. Participou de protestos e marchas. Mas nada a satisfez. Ao contrário de Frances Perkins, ela era inadequada para a vida política, que exigia concessões, busca por interesse próprio, uma certa obscuridade e sujar as mãos. Ela precisava de um local que envolvesse a rendição interna, renúncia de si mesma, comprometimento com algo puro. Ela encarava seu ativismo inicial com inquietação e autocrítica. "Eu não sei o quanto eu era sincera em meu amor pelos pobres e meu desejo de lhes servir… Queria participar de piquetes, ir para a cadeia, escrever, influenciar os outros e assim deixar minha marca no mundo. Quanta ambição e quanto egoísmo havia em tudo isso."[17]

Então Day tomou o caminho literário. Escreveu um romance sobre sua juventude desordenada chamado *The Eleventh Virgin* ["A Décima Primeira Virgem", em tradução livre], que foi aceito por uma editora de Nova York e teve os direitos de aquisição comprados por US$5 mil por um estúdio de Hollywood.[18] Mas esse tipo de literatura também não remediou sua inquietação, e o livro acabaria por fazê-la sentir-se envergonhada — mais tarde, pensou em comprar todas as cópias existentes.

Pensou que o amor romântico poderia satisfazer seu desejo. Ela se apaixonou por um homem chamado Forster Batterham, e eles viveram juntos, sem casar, em uma casa em Staten Island que Day comprou com os lucros de seu romance. Ela descreve Forster romanticamente em *A Longa Solidão* como um anarquista, biólogo e descendente de ingleses. De fato, a verdade é mais prosaica. Ele trabalhava como calibrador em uma fábrica; crescera na Carolina do Norte e frequentou a Georgia Tech. Ele se interessava por política radical.[19] Mas o amor de Day por ele era real. Ela o amava por suas convicções, por seu apego teimoso a elas, por seu amor pela natureza. Mesmo depois que suas discordâncias sobre questões fundamentais se tornaram claras, ela ainda lhe implorou para que se casasse com ela. Day ainda era uma mulher apaixonada e sexual, e seu desejo por ele também era real. "Meu desejo por você é uma emoção dolorosa e não prazerosa", escreveu em uma carta que foi divulgada após sua morte. "É uma fome arrebatadora que me faz querer você mais do que qualquer coisa no mundo. E me faz sentir como se eu mal pudesse existir até vê-lo de novo." Em 21 de setembro de 1925, durante uma de suas separações, ela lhe escreveu: "Eu me fiz uma linda camisola nova, toda de renda e exótica, também várias calcinhas novas que você com certeza gostará de conhecer. Penso em você muito e sonho com você todas as noites e, se meus sonhos pudessem alcançá-lo a longas distâncias, tenho certeza de que eles o manteriam acordado."

Ao ler sobre Day e Batterham vivendo sua vida isolada em Staten Island, lendo, conversando, fazendo amor, você tem a impressão de que eles, como muitos jovens casais recém-apaixonados, estavam tentando construir o que Sheldon Vanauken chamaria mais tarde de "barreira brilhante", um jardim murado, isolado do mundo, no qual o amor deles seria puro. Em última análise, o anseio de Day não podia ser contido na Barreira Brilhante. Vivendo com Batterham, fazendo longas caminhadas com ele na praia, ela ainda sentia um desejo por algo mais. Entre outras coisas, queria um filho. Sentia que sua casa estava vazia. Em 1925, aos 28 anos, ficou emocionada quando soube que estava grávida. Batterham não compartilhava seus sentimentos. Um autointitulado radical, um homem moderno, não acreditava em trazer mais seres humanos para o mundo. Ele certamente não acreditava na instituição burguesa do casamento e jamais aceitaria se casar.

Enquanto estava grávida, ocorreu a Day que a maioria das descrições de parto havia sido escrita por homens. Pretendia corrigir isso. Logo após o parto, ela escreveu um ensaio sobre a experiência, que depois foi publicado na revista *The New Masses*. Day descreveu vividamente o esforço físico do nascimento em si:

> Terremoto e fogo varreram meu corpo. Meu espírito era um campo de batalha no qual milhares eram massacrados de maneira horrível. Em meio à pressa e ao rugido do cataclismo que me envolvia, ouvi o murmúrio do médico e respondi ao murmúrio da enfermeira em minha cabeça. Em um clarão branco de gratidão, soube que o éter estava por vir.

Quando sua filha Tamar nasceu, Day foi tomada pela gratidão: "Se escrevesse o melhor livro, compusesse a maior sinfonia, pintasse o mais belo quadro ou esculpisse a mais extraordinária forma, não poderia ter me sentido uma criadora tão exaltada quanto no momento em que colocaram minha filha em meus braços." Ela sentiu a necessidade de ter alguém para agradecer. "Nenhuma criatura humana poderia receber ou conter uma inundação tão vasta de amor e alegria como muitas vezes senti depois do nascimento de minha filha. Com isso veio a necessidade de idolatrar, adorar."[20]

Mas a quem agradecer? A quem adorar? Um sentimento da verdade e imanência de Deus surgiu, particularmente em suas longas caminhadas, quando ela se via rezando. Ela tinha dificuldade em orar de joelhos, mas, enquanto andava, palavras de gratidão, exaltação e obediência pareciam transbordar. Um passeio que começava pela infelicidade poderia terminar em exultação.

Day não estava respondendo a questão da existência ou não de Deus. Ela estava simplesmente ciente de uma presença além de si mesma. Estava renunciando à crença de que, independente da própria vontade, há algo significativo que dá forma à vida. Se a vida de um radical envolve afirmação e ação, um desejo de conduzir a história, ela estava voltando-se para uma vida de obediência. Deus estava no comando. Como disse mais tarde, ela chegou a ver que "veneração, adoração, agradecimento, súplica — estes eram os mais nobres atos dos quais os homens eram capazes nesta vida".[21] O nascimento de sua filha foi o início de sua transformação de uma pessoa dispersa para uma centrada, de uma boêmia infeliz para uma mulher que encontrou seu chamado.

DAY NÃO TINHA UM escape óbvio para sua fé. Ela não era membro de uma igreja. Não se sentia à vontade com teologia ou doutrinas religiosas tradicionais. Mas se sentia caçada por Deus. Ela perguntou a Forster: "Como pode não haver um Deus quando há todas essas coisas belas?"

Sua atenção voltou-se para a Igreja Católica. Não foi a história da igreja que a atraiu, nem a autoridade papal, nem mesmo as posições políticas e sociais tomadas pela igreja. Não tinha conhecimento sobre a teologia católica e só conhecia a própria Igreja como uma força retrógrada e politicamente reacionária. Foi o povo, não a teologia. Foram os imigrantes católicos que ela retratou e serviu — sua pobreza, sua dignidade, seu espírito comunitário e sua generosidade para com os que não tinham recursos. Os amigos de Day lhe disseram que ela não precisava de uma instituição religiosa para adorar a Deus, certamente não uma tão retrógrada quanto a Igreja Católica, mas a experiência de Day como radical a ensinou a se associar o mais próximo possível com aqueles que estavam sofrendo, unir-se à sua caminhada, o que significava juntar-se à sua igreja.

Ela observou que o catolicismo já organizou a vida de muitas famílias urbanas pobres. Conquistou sua lealdade. Elas lotavam suas igrejas aos domingos e dias santos, e em momentos de alegria e lamento. Da mesma forma, a fé católica forneceria estrutura para sua vida, e ela esperava que isso proporcionasse estrutura para sua filha. "Todos ansiamos por ordem e, no livro de Jó, o Inferno é descrito como um lugar onde não há ordem. Senti que 'pertencer' a uma igreja traria ordem à vida [de Tamar], a mesma que faltava à minha."[22]

A fé madura de Day era mais calorosa e alegre do que a fé que experimentara quando adolescente. Day foi particularmente atraída por Santa Teresa de Ávila, a mística e freira espanhola do século XVI cujas experiências são muito semelhantes às de Day: a infância profundamente espiritual, o terror em face de sua própria pecaminosidade, os momentos ocasionais do que poderia ser descrito como êxtase sexual na presença de Deus, a intensa ambição de reformar as instituições humanas e servir aos pobres.

Teresa viveu uma vida de renúncia. Dormia sob um único cobertor de lã. Não havia aquecimento em seu convento, exceto por um fogão em um dos cômodos. Seus dias eram preenchidos por oração e penitência. Mas ela também possuía uma leveza de espírito. Day disse que amava o fato de Santa Teresa usar um vestido vermelho vibrante no dia em que entrou para o convento. Adorava o fato de que, um dia, Teresa chocou as freiras ao pegar suas castanholas e dançar. Quando ela foi madre superiora e as freiras sob seu comando se sentiam melancólicas, ela mandava a cozinha servir bife. Teresa dizia que a vida é como uma "noite passada em uma pousada desconfortável", então você deve fazer tudo que puder para torná-la mais agradável.

Day estava se tornando católica, mas não tinha amigos católicos praticantes. Então, ao encontrar uma freira andando pela rua, pediu-lhe instruções. A freira ficou chocada com a ignorância de Day sobre o ensinamento católico e a repreendeu por isso, mas a acolheu. Day começou a frequentar as missas semanalmente, mesmo quando não tinha vontade. Perguntava a si mesma: "Eu prefiro a Igreja ou a minha vontade?" Decidiu que, embora achasse mais agradável passar as manhãs de domingo lendo os jornais, preferia a igreja.

O caminho para Deus acabou significando romper com Forster. Ele era científico, cético e empírico. Baseava sua vida em um universo material, agarrando-se à sua convicção tão ferozmente quanto Day faria em relação à sua visão de um universo criado por intervenção divina.

Sua separação levou algum tempo e gerou muitas lágrimas. Um dia, durante uma refeição, Forster fez as perguntas que muitos dos amigos radicais de Day faziam: ela perdera a cabeça? Quem a estava empurrando para uma instituição arcaica e atrasada como a Igreja? Quem era a pessoa secreta em sua vida corrompendo-a dessa maneira?

Day foi surpreendida pela paixão e pelo poder por trás de suas perguntas. Finalmente, respondeu calmamente: "É Jesus. Eu acho que é Jesus Cristo quem está empurrando-me para os católicos."[23]

Forster ficou pálido e em silêncio. Não se moveu. Permaneceu imóvel olhando para ela. Day perguntou se poderiam falar um pouco mais sobre religião. Ele não respondeu, nem assentiu, nem recusou. Então, ele uniu as mãos na mesa em um gesto que a fez lembrar o modo como os garotos agem quando querem que seus professores pensem que são comportados. Ficou sentado durante vários segundos nessa posição, depois ergueu as mãos entrelaçadas e golpeou a mesa, sacudindo as xícaras e os pratos. Day estava aterrorizada que ele perdesse o controle e começasse a agredi-la com as mãos entrelaçadas. Mas ele não o fez. Ele se levantou e disse a Day que ela estava mentalmente perturbada. Então, deu uma volta em torno da mesa e saiu da casa.[24]

Essas cenas não acabaram com o amor, ou o desejo, que sentiam um pelo outro. Day ainda implorou a Forster que se casasse com ela e desse a Tamar um pai de verdade. Mesmo depois de ter renunciado a ele pela Igreja, Day escreveu: "Eu sonho com você todas as noites — que estou deitada em seus braços e posso sentir seus beijos, e isso é uma tortura para mim, mas também é doce. Amo você mais do que qualquer outra coisa no mundo, mas não posso evitar meu senso religioso, que me tortura a menos que eu faça o que acredito que seja certo."[25]

O amor de Dorothy por Forster paradoxalmente a levou à fé. Seu amor por ele rompeu sua concha e expôs as regiões mais ternas e vulneráveis de seu coração a outros amores. A fé lhe proporcionou um modelo. Como disse Day: "Foi por meio de todo um amor, tanto físico quanto espiritual, que passei a conhecer Deus."[26] Essa é uma compreensão mais madura do que sua tendência, quando adolescente, de dividir o mundo entre a carne de um lado e o espírito do outro.

Conversão

O PROCESSO DE CONVERSÃO FOI UM ASSUNTO LÚGUBRE E SEM ALEGRIA. Day, sendo Day, dificultou tudo para si mesma. Ela se criticava a cada momento, duvidando de seus próprios motivos e práticas. Estava dividida entre o radicalismo de seu antigo eu e a devoção à Igreja que sua nova vida requeria. Um dia, no trajeto para o correio, foi tomada por um sentimento de desdém pela própria fé. "Aqui está você experimentando uma alegria entorpecida. Você é biológica. Como uma vaca. A oração para você é como o ópio do povo." Ela repetia essa frase em sua cabeça: "O ópio do povo." Mas argumentou enquanto caminhava que não estava rezando para escapar da dor. Rezava porque estava feliz, porque queria agradecer a Deus por sua felicidade.[27]

Ela batizou Tamar em julho de 1927. Houve uma festa depois, e Forster trouxe algumas lagostas que capturara. Mas em seguida discutiu com Day, dizendo-lhe novamente que era tudo uma grande bobagem, e foi embora.

Ela se juntou oficialmente à igreja em 28 de dezembro de 1927. O momento não trouxe nenhum consolo. "Eu não tinha uma sensação de paz, nem alegria, nem convicção de que o que estava fazendo era o certo. Era apenas algo que eu tinha que fazer, uma obrigação a ser cumprida."[28] Ao realizar os sacramentos, o Batismo, a Penitência, a Sagrada Eucaristia, ela se sentia uma hipócrita. Executava os gestos e se ajoelhava com indiferença. Receava que alguém a visse. Tinha medo de estar traindo os pobres e passando para o lado perdedor da história, para uma instituição alinhada com a propriedade, os poderosos e as elites. "Você tem certeza de si mesma?", questionava. "Que tipo de fingimento é esse? Que papel é esse que você está representando?"

Autocrítica como sempre, Day se questionou nos meses e anos seguintes, imaginando se sua fé era profunda ou útil o bastante: "Como meu trabalho fora insuficiente e insignificante desde que me tornei católica, pensei. Como fora autocentrado, egoísta e carente de senso de comunidade! Meu verão de leitura e oração silenciosas, minha introspeção parecia pecaminosa enquanto observava meus irmãos em sua luta, não por si mesmos, mas pelos outros."[29]

Ao escolher a religião, ela escolheu um caminho árduo. Costuma-se dizer que a religião torna a vida das pessoas mais leve, proporciona-lhes a presença reconfortante de um pai amoroso e onisciente. Certamente não foi assim que Day a vivenciou. Ela a experimentava com um difícil conflito interno, o tipo de conflito que Joseph Soloveitchik descreveu em uma famosa nota de rodapé em seu livro *Halakhic Man* ["O Homem Haláchico", em tradução livre]. Veja uma versão abreviada dela:

> Essa ideologia popular sustenta que a experiência religiosa é tranquila e ordenada, suave e delicada; é um fluxo encantado para almas amarguradas e águas tranquilas para espíritos perturbados. A pessoa "que vem do campo, cansada" (Gen. 25:29), do campo de batalha e campanhas da vida, do domínio secular cheio de dúvidas e medos, contradições e refutações, apega-se à religião como um bebê à mãe e encontra em seu colo "um abrigo para sua cabeça, o ninho de suas preces esquecidas", e é consolado por suas decepções e tribulações. Essa ideologia rousseauniana deixou sua marca em todo o movimento romântico desde o começo de seu crescimento até suas manifestações finais (trágicas!) na consciência do homem contemporâneo. Portanto, os representantes das comunidades religiosas estão inclinados a retratar a religião, em uma riqueza de cores que

deslumbram os olhos, como uma Arcádia poética, um reino de simplicidade, inteireza e tranquilidade. Essa ideologia é intrinsecamente falsa e enganosa. A consciência religiosa na experiência do homem, que é mais profunda e mais elevada, que penetra até as profundezas e sobe até as alturas, não é tão simples e confortável.

Pelo contrário, é excepcionalmente complexa, rigorosa e tortuosa. Onde você encontra sua complexidade, encontra sua grandeza. A consciência de *homo religiosis* despeja acusações amargas contra si mesmo e imediatamente se enche de arrependimento, julga seus desejos e anseios com excessiva severidade, e ao mesmo tempo se apega a eles, lança injúrias depreciativas sobre seus próprios atributos, se afoga neles, mas também se subjuga a eles. Está em uma condição de crise espiritual, de ascensão e declínio psíquico, de contradição advinda de afirmação e negação, autorrenúncia e autoapreciação. A religião não é, no início, um refúgio de graça e misericórdia para o desanimado e desesperado, uma torrente encantada de espíritos oprimidos, mas sim clamorosa da consciência do homem com todas as suas crises, angústias e tormentos.

No início de sua jornada religiosa, Day conheceu três mulheres que estavam apaixonadas, mas não estavam dormindo com os homens com quem pretendiam se casar, embora fosse óbvio o quanto desejassem. Day observou a autonegação das mulheres e começou a sentir "que o catolicismo era algo rico, real e fascinante... Eu as vi lutando com problemas morais, com os princípios pelos quais viviam, e isso as tornou nobres aos meus olhos".[30]

Day frequentava a missa diariamente, o que significava levantar ao amanhecer. Rezava de acordo com os ritmos monásticos durante o dia. Dedicava tempo todos os dias às disciplinas religiosas, lendo as escrituras, rezando o rosário. Jejuava e se confessava.

Esses rituais se tornaram rotina, como tocar uma escala para um músico, mas Day achava que, mesmo quando era monótona, a rotina era necessária: "Sem os sacramentos da igreja, principalmente a Eucaristia, a Ceia do Senhor, como é chamada, eu certamente acho que não conseguiria continuar... Nem sempre os encaro como necessidade, ou com alegria e gratidão. Depois de 38 anos de comunhão quase diária, pode-se admitir que é uma rotina, mas é como a rotina de se alimentar diariamente."[31]

Essas rotinas criaram um centro espiritual para sua vida. Da fragmentação de sua juventude, ela passou à integração.

Vivendo o Evangelho

DAY ESTAVA AGORA COM 30 E POUCOS ANOS. A GRANDE DEPRESSÃO ATAcava com força total. Em 1933, ela fundou um jornal chamado *The Catholic Worker* para mobilizar o proletariado e empregar o ensino social católico, com o objetivo de criar uma sociedade na qual fosse mais fácil para as pessoas serem boas. Não era apenas um jornal; era um movimento, localizado em escritórios na ponta sul de Manhattan, com todos trabalhando de graça. Em 3 anos, teve uma circulação de 150 mil exemplares, com distribuição em 500 paróquias em todo o país.[32]

O jornal organizou uma cozinha comunitária, alimentando até 1.500 pessoas toda manhã. Patrocinou uma série de casas de acolhimento para indigentes, fornecendo quase 50 mil pernoites entre 1935 e 1938. Day e seus colegas também organizaram e inspiraram mais de 30 outras casas de acolhimento nos Estados Unidos e na Inglaterra. Mais tarde, criou e inspirou comunidades agrárias da Califórnia a Michigan e a Nova Jersey. Organizavam marchas e eventos. Esses foram, em parte, esforços para construir a comunidade, para curar a solidão que assola a existência humana.

Para Day, a separação era um pecado: a separação de Deus, a separação um do outro. A unidade era sagrada: a fusão entre pessoas e espíritos. *The Catholic Worker* unia muitas coisas. Era uma organização jornalística e também uma organização ativista. Era uma publicação religiosa, mas também defendia mudanças econômicas. Tratava da vida interior, mas também do radicalismo político. Colocou os ricos em contato com os pobres. Uniu teologia e economia, preocupações materiais e espirituais, corpo e alma.

Day insistia em ser radical, em chegar às raízes dos problemas sociais. O jornal era católico, mas ela abraçou a filosofia do personalismo, que é uma afirmação da dignidade de cada pessoa, criada à imagem de Deus. Sendo uma personalista, Day desconfiava da grandiosidade, fosse um grande governo ou grandes corporações. Ela suspeitava também dos grandes atos de filantropia. Estava constantemente insistindo com seus colegas de trabalho para "permanecerem pequenos": comece seu trabalho por onde mora, com as pequenas necessidades concretas ao seu redor. Ajude a aliviar a tensão no seu local de trabalho. Ajude a alimentar a pessoa bem na sua frente. O personalismo sustenta que cada um de nós tem uma obrigação pessoal profunda de viver com simplicidade, cuidar das necessidades de nossos irmãos e irmãs e compartilhar da felicidade e da miséria que estão sofrendo. O personalista oferece todo seu eu para servir a outro eu inteiro. Isso só pode ser feito por meio de contato íntimo dentro de pequenas comunidades.

Day passou o resto de sua vida, até sua morte em 29 de novembro de 1980, como missionária católica, trabalhando no jornal e servindo pão e sopa aos pobres e deficientes mentais. Escreveu 11 livros e mais de mil artigos. O serviço assistencial era prosaico. Não havia computadores e copiadoras. Todo mês a equipe tinha que datilografar dezenas de milhares de etiquetas de endereço para enviar o jornal aos assinantes. Os repórteres vendiam exemplares na rua. Day achava que não bastava apenas cuidar dos pobres: "É preciso conviver com eles, compartilhar com eles o sofrimento. Desistir da privacidade e do conforto mental e espiritual, assim como o físico."[33] Ela não apenas visitava os abrigos e as casas de acolhimento vinda do conforto de sua própria casa. Ela morava nas casas de acolhimento, junto com quem ela servia.

O trabalho era contínuo — servindo incansavelmente café e sopa, arrecadando dinheiro, escrevendo artigos para o jornal. "Café da manhã: uma fatia grossa de pão seco", escreveu Day em seu diário um dia, "e um café muito ruim. Ditei uma dezena de cartas. Meu cérebro está entorpecido. Estou muito fraca para subir escadas. Receitei a mim mesma passar o dia na cama, mas não paro de pensar que o problema é com meu espírito. Estou cercada por uma desordem repulsiva, barulho, pessoas e não tenho ânimo para solidão interior ou pobreza."[34]

Às vezes pensamos em santos, ou em pessoas que vivem como santos, como sendo etéreas, vivendo em um reino espiritual mais elevado. Mas muitas vezes elas vivem de um modo ainda menos etéreo do que o resto de nós. São mais completamente terrenas, mais completamente envolvidas nos problemas práticos e sujos das pessoas à sua volta. Day e seus colegas dormiam em quartos frios. Usavam roupas doadas. Não recebiam salários. A mente de Day não estava engajada em teologia na maior parte do tempo, mas em como evitar essa ou aquela crise financeira ou providenciar para que essa pessoa consiga tal tratamento. Em uma entrada de seu diário de 1934, ela descreveu as atividades de um único dia, uma mistura do sagrado e do profano: acordou, foi à missa, preparou o café da manhã para a equipe, respondeu à correspondência, fez anotações, leu algumas publicações, escreveu uma mensagem inspiradora para ser mimeografada e distribuída. Então um funcionário da assistência veio procurar uma roupa de crisma para uma menina de 12 anos, depois um convertido entrou para compartilhar seus escritos religiosos, depois um fascista apareceu para incitar o ódio entre os residentes, e em seguida um estudante de arte chegou com alguns desenhos de Santa Catarina de Siena, e por aí vai.

A atmosfera era semelhante à que Albert Schweitzer, o médico missionário alemão, descreveu em seu hospital na selva africana. Ele não contratava idealistas para aquele hospital, nem pessoas que tivessem uma exata noção do quanto estavam doando ao mundo. Certamente não contratava pessoas que decidiram "fazer algo especial". Só queria pessoas que servissem com constância e com a atitude sensata de que simplesmente fariam o que fosse necessário. "Apenas uma pessoa que sente que sua preferência é uma coisa óbvia a ser feita, não algo fora do comum, e que não pensa em heroísmo, mas apenas em um dever assumido com sóbrio entusiasmo, é capaz de ser o tipo de pioneiro espiritual que o mundo precisa."[35]

Day não era uma criatura naturalmente social. Ela tinha a personalidade de uma escritora, um pouco indiferente e muitas vezes desejando solidão. Mas se forçava a estar com as pessoas quase o dia todo, todos os dias. Muitos daqueles a quem ela servia tinham deficiências mentais ou sofriam de alcoolismo. Brigas eram constantes. Os abrigados podiam ser rudes, desagradáveis e boca suja. No entanto ela se obrigava a sentar-se à mesa e se concentrar na pessoa específica à sua frente. Mesmo que a pessoa estivesse bêbada e incoerente, Day sentava para conversar, demonstrando respeito e ouvindo.

Ela carregava cadernos consigo e aproveitava as horas vagas para escrever, anotações em seu diário para si mesma e uma sequência constante de colunas, resumos e relatórios para os outros. Os pecados de outras pessoas tornaram-se uma ocasião para refletir sobre os seus próprios e maiores pecados. Como escreveu um dia em seu diário: "A embriaguez e todos os pecados que se seguem são tão obviamente feios e monstruosos, e significam tamanha infelicidade para o pobre pecador, que é ainda mais importante não julgar ou condenar.

Aos olhos de Deus, os pecados sutis ocultos devem ser muito piores. Precisamos empregar o máximo esforço da vontade para amar cada vez mais — para apoiar uns aos outros com amor. Devem servir para nos mostrar a hediondez dos nossos pecados, para que possamos nos arrepender e abominá-los de verdade."[36]

Ela buscava evitar o orgulho espiritual, o sentimento de superioridade moral que poderia surgir de sua prática de boas ações. "Tenho que me conter às vezes", escreveu. "Eu me vi correndo de uma pessoa para outra — tigelas de sopa e mais tigelas de sopa, pratos de pão e mais pratos de pão, com a gratidão da fome se tornando um barulho alto em meus ouvidos. A fome dos meus ouvidos pode ser tão severa quanto a fome do estômago de outra pessoa; a alegria de ouvir essas expressões de gratidão."[37] O pecado do orgulho está à espreita em cada fresta, Day acreditava, e há muitas frestas mesmo em uma casa de caridade. Servir aos outros é viver sob uma grande tentação.

Sofrimento

QUANDO JOVEM, DAY SEGUIU O CAMINHO DE DOSTOIÉVSKI — SUA VIDA era cheia de bebedeira e desordem mesmo quando era assombrada por Deus. Mas, como Paul Elie observa, internamente ela não era como Dostoiévski; era como Tolstói. Não era um animal preso obrigado a sofrer pela circunstância; ela ardentemente escolheu o sofrimento. A cada passo do caminho, quando a maioria das pessoas procurava conforto e tranquilidade — o que os economistas chamam de interesse próprio ou o que os psicólogos chamam de felicidade —, ela escolheu um caminho diferente, buscando desconforto e dificuldade para satisfazer seu desejo de santidade. Não estava apenas escolhendo trabalhar em uma instituição sem fins lucrativos para ter um grande impacto; ela estava procurando viver de acordo com os Evangelhos, mesmo que isso significasse sacrifício e sofrimento.

Quando a maioria das pessoas pensa no futuro, imagina formas de viver vidas mais felizes. Mas observe este fenômeno. Quando as pessoas se lembram dos eventos cruciais que as formaram, elas geralmente não falam de felicidade. Geralmente são as provações que parecem mais significativas. A maioria das pessoas visa a felicidade, mas se sente formada pelo sofrimento.

Day era incomum, talvez até irracional, pois às vezes parecia procurar o sofrimento como um caminho para mais profundidade. Provavelmente observou, como todos nós, que as pessoas que chamamos de profundas quase sempre enfrentaram um período de sofrimento, ou vários. Mas ela parecia procurar o sofrimento e evitar alguns dos prazeres normais da vida que teriam trazido uma felicidade terrena. Ela frequentemente procurava ocasiões para heroísmo moral, ocasiões para servir aos outros em atos de sofrimento duradouro.

Para a maioria de nós, não há nada intrinsecamente nobre no sofrimento. Assim como o fracasso às vezes é apenas o fracasso (e não o seu caminho para se tornar o próximo Steve Jobs), o sofrimento às vezes é apenas destrutivo, algo a ser extinto ou remediado o mais rápido possível. Quando não está ligado a algum propósito maior além de si mesmo, o sofrimento oprime ou aniquila as pessoas. Quando não é compreendido como parte de um processo maior, leva à dúvida, ao niilismo e ao desespero.

Mas algumas pessoas podem conectar seu sofrimento a um projeto maior. Elas sofrem em solidariedade a todos os outros que sofreram. Essas pessoas são claramente enobrecidas por isso. Não é o sofrimento em si que faz toda a diferença, mas o modo como é experimentado. Pense no modo como Franklin Roosevelt voltou mais profundo e mais empático após ser atingido pela pólio. Muitas vezes, o sofrimento físico ou social pode dar às pessoas uma perspectiva externa, uma consciência sintonizada ao que os outros estão suportando.

A primeira coisa importante que o sofrimento faz é puxar você mais para dentro de si mesmo. O teólogo Paul Tillich escreveu que as pessoas que enfrentam o sofrimento passam a enxergar o que está abaixo da rotina atribulada da vida e descobrem que não são quem acreditavam ser. A dor envolvida em, digamos, compor uma grande peça musical ou a dor de ter perdido um ente querido faz ruir o chão que pensavam ser o sótão de sua alma, revelando um novo cômodo, e depois despedaça também esse chão, revelando outro cômodo, e assim por diante. A pessoa em sofrimento desce a um terreno desconhecido.

O sofrimento abre antigos lugares de dor que haviam sido escondidos. Ele expõe experiências assustadoras que foram reprimidas, erros vergonhosos que foram cometidos. Ele estimula algumas pessoas a examinar dolorosa e cuidadosamente o porão da própria alma. Mas também traz a sensação prazerosa de que estamos nos aproximando da verdade. O prazer em sofrer decorre do sentimento de que está indo além do superficial e se aproximando do essencial. Cria o que os psicólogos modernos chamam de "realismo depressivo", uma habilidade de ver as coisas exatamente como são. Isso quebra as racionalizações reconfortantes e as narrativas convenientes que contamos sobre nós mesmos como parte de nossa maneira de simplificar a nós mesmos para o mundo.

Então, também, o sofrimento dá às pessoas um senso mais preciso de suas próprias limitações, do que elas podem e não podem controlar. Quando as pessoas são empurradas para dentro dessas zonas mais profundas, compelidas a uma autoanálise solitária, elas são forçadas a confrontar o fato de que são incapazes de determinar o que acontece lá.

O sofrimento, assim como o amor, quebra a ilusão do autocontrole. Aqueles que sofrem não podem pedir a si mesmos que parem de sentir dor ou que deixem de sentir falta daqueles que morreram ou partiram. E mesmo quando a tranquilidade começa a voltar, ou naqueles momentos em que o pesar diminui, não fica claro de onde vem esse alívio. O processo de cura também parece fazer parte de algum processo natural ou divino além do controle individual. Para as pessoas nessa cultura de esforço, nesse mundo de Adão I onde tudo é conquistado pelo esforço, empenho e controle, o sofrimento ensina a dependência. Ensina que a vida é imprevisível e que os esforços do meritocrata por controle total são uma ilusão.

O sofrimento, estranhamente, também ensina gratidão. Em tempos normais, tratamos o amor que recebemos como motivo de autossatisfação (eu mereço ser amado), mas, nos períodos de sofrimento, percebemos quanto esse amor é desmerecido e como, de fato, deve ser motivo de gratidão. Em momentos de orgulho nos recusamos a nos sentir devedores, mas em momentos de humildade as pessoas sabem que não merecem o carinho e a preocupação que recebem.

As pessoas nestas circunstâncias também têm a sensação de que tudo é obra de uma providência maior. Abraham Lincoln sofreu com a depressão ao longo de sua vida e, em seguida, sofreu com a dor de conduzir uma guerra civil e emergiu com a sensação de que a Providência havia assumido o controle de sua vida, que ele era um pequeno instrumento em uma tarefa transcendente.

É nesse ponto que as pessoas no meio da dificuldade começam a sentir um chamado. Elas não são mestras da situação, mas também não estão desamparadas. Não conseguem determinar o curso da dor, mas podem participar da resposta. Frequentemente sentem uma enorme responsabilidade moral de reagir bem à dor. Podem começar seu sofrimento perguntando "Por que eu?" ou "Por que o mal existe?", mas logo percebem que a pergunta apropriada é: "O que devo fazer se me deparar com o sofrimento, se eu for vítima do mal?"

Pessoas que buscam essa resposta adequada à sua provação sentem que estão em um nível mais profundo do que o nível de felicidade pessoal. Elas não dizem: "Bem, estou mergulhado em dor com a perda do meu filho. Eu deveria tentar equilibrar minha conta hedônica, indo a muitas festas e fazendo muita algazarra."

A resposta correta a esse tipo de dor não é o prazer. É a santidade. Não quero dizer isso em um sentido puramente religioso. Quero dizer enxergar a dor como parte de uma narrativa moral e tentar redimir algo ruim transformando-a em algo sagrado, algum ato de serviço sacrificial que o colocará em fraternidade com a comunidade mais ampla e com exigências morais eternas. Pais que perderam um filho começam a construir fundações; sua criança morta toca a vida de pessoas que nunca conheceram. O sofrimento nos lembra simultaneamente de nossa finitude e nos leva a ver a vida nas conexões mais amplas possíveis, que é onde a santidade habita.

Recuperar-se do sofrimento não é como se reabilitar de uma doença. Muitas pessoas não saem curadas; saem diferentes. Elas contraíram a lógica da utilidade individual e se comportam de maneira paradoxal. Em vez de recuar dos tipos de compromissos amorosos que muitas vezes levam ao sofrimento, elas se lançam mais profundamente neles. Mesmo experimentando as piores e mais lacerantes consequências, algumas pessoas dobram a vulnerabilidade e ficam disponíveis para curar o amor. Elas se lançam mais profundamente e com mais gratidão em seu ofício, entes queridos e compromissos.

Assim, o sofrimento torna-se um presente terrível, muito diferente daquele outro dom, a felicidade, convencionalmente definida. Esta traz prazer, mas o primeiro cultiva o caráter.

Servir

COM O PASSAR DAS DÉCADAS, AS NOTÍCIAS DO EXEMPLO DE DOROTHY Day se espalharam. Ela inspirou gerações de jovens católicos porque não era apenas uma defensora do ensino social católico, mas um exemplo concreto de vida. O ensinamento social católico se baseia, em parte, na ideia de que cada vida tem dignidade equivalente, que a alma de um sem-teto viciado em drogas é tão inestimável quanto a de uma pessoa bem-sucedida e admirável. Baseia-se na convicção de que Deus tem um amor especial pelos pobres. Como diz em Isaías: "A verdadeira adoração é trabalhar pela justiça e cuidar dos pobres e oprimidos." Esse ensinamento enfatiza que a humanidade é uma família. Os servos de Deus são, portanto, chamados a viver em solidariedade uns com os outros, em comunidade. Day forjou sua organização em torno desses princípios.

A versão original de *A Longa Solidão* foi publicada em 1952. Vendeu bem e tem sido reimpressa desde então. Quando seu trabalho ficou famoso, suas casas atraíram bandos de admiradores e isso também apresentou seus próprios desafios espirituais. "Eu me canso de ouvir as pessoas dizerem como é maravilhoso o que fazemos. Muitas vezes não é tão maravilhoso quanto elas pensam. Nós estamos sobrecarregados, ou nos sentimos cansados e irritados, e ouvimos um comentário rude de alguém na fila, e nossa paciência está esgotada, e estamos prontos para explodir."[38] Ainda assim, ela temia que ela e seu grupo se corrompessem por causa dessa admiração. Isso também a fez se sentir solitária.

Cercada de pessoas quase o tempo todo, Day estava frequentemente isolada daqueles que amava. Sua família se afastou, perplexa pelo seu catolicismo. Depois de Forster, ela nunca amou outro homem e permaneceu celibatária pelo resto de sua vida. "Levou anos para eu acordar sem aquele anseio por um rosto pressionado contra o meu peito, um braço em volta do meu ombro. A sensação de perda existia. Foi um preço que paguei."[39] Não está claro por que ela sentia que tinha que pagar esse preço, suportar essa solidão e essa castidade, mas suportou.

Viver nas casas de acolhimento, fazer longas viagens para palestras, significava estar longe de sua filha, Tamar. "Demorei horas para dormir", escreveu em seu diário em 1940. "Sinto muito a falta de Tamar, com melancolia à noite, mas durante o dia sem tristeza. Minhas noites são sempre tristeza e desolação, e parece que, assim que me deito, mergulho em amargura e dor. Então, durante o dia estou novamente forte o suficiente para fazer um ato de fé e amor e continuar em paz e alegria."[40]

Ela era uma mãe solo liderando um movimento social diversificado e exigente. Viajava com frequência, enquanto isso várias pessoas cuidavam de Tamar. Muitas vezes sentia que estava falhando como mãe. Tamar cresceu no seio da família católica quando jovem e depois foi para o internato quando ficou mais velha. Aos 16 anos, ela se apaixonou por um voluntário do *Catholic Worker* chamado David Hennessy. Dorothy disse a Tamar que ela era jovem demais para se casar. Ordenou que não escrevesse para David por um ano e devolvesse suas cartas sem abrir. Day escreveu para David pedindo-lhe para deixar sua filha em paz, mas David retornou as cartas sem lê-las.

O casal perseverou, finalmente se casando, com a bênção de Dorothy, quando Tamar tinha 18 anos, em 19 de abril de 1944. Eles se mudaram para uma fazenda em Easton, Pensilvânia, onde Tamar deu à luz o primeiro dos nove netos que ela daria à mãe. O casamento entre Tamar e David durou até o final de 1961, quando eles se divorciaram. David ficou desempregado por longos períodos e lutou contra doenças mentais. Tamar finalmente voltou para perto de uma fazenda da *Catholic Worker* em Staten Island. As pessoas a descreviam como uma pessoa gentil e hospitaleira, sem o desejo espiritual impulsionador com o qual sua mãe lutava. Ela aceitava as pessoas como eram e as amava incondicionalmente. Morreu em 2008, aos 82 anos, em New Hampshire. Tamar permaneceu casada com o movimento de assistência social, mas teve pouquíssimo tempo para passar com a mãe.

Impacto

DIVIDIDA ENTRE AS OBRIGAÇÕES E VOCAÇÕES CONFLITANTES, DAY FOI inquieta durante a maior parte de sua vida adulta. Às vezes até pensou em deixar o jornal. "Não consigo suportar o mundo quando estou no *Catholic Worker*. O mundo está sofrendo e morrendo. Eu não estou sofrendo e morrendo no CW. Estou escrevendo e falando sobre isso."[41] Ela também pensou em se tornar invisível, em conseguir um emprego em um hospital como faxineira, em encontrar um quarto para morar em algum lugar, de preferência ao lado de uma igreja: "Lá na solidão da cidade, vivendo e trabalhando com os pobres, aprender a rezar, a trabalhar, a sofrer, a ficar em silêncio."

No final, decidiu não sair. Construiu uma série de comunidades em torno do jornal, casas de acolhimento, comunidades rurais. As comunidades lhe proporcionaram uma família e alegria.

"Escrever", descreveu em uma coluna em 1950, "é um ato de comunhão. É uma carta, é reconfortante, consoladora, oferece ajuda e conselhos de uma parte, assim como pede o mesmo em troca. Faz parte da nossa associação humana uns com os outros. É uma expressão do nosso amor e preocupação um pelo outro."[42]

Ela voltou a esse tema repetidamente, lutando com seu eu dividido: sua natureza solitária e também seu desejo de companhia. "A única resposta nesta vida para a solidão que todos estamos fadados a sentir é a comunidade", escreveu ela. "A convivência, trabalhando juntos, compartilhando juntos, amando a Deus e amando nosso irmão, e vivendo perto dele em comunidade para que possamos demonstrar nosso amor por Ele."[43] No fim de *A Longa Solidão* ela clama, em uma de suas grandes explosões de gratidão:

> Eu me vi, uma mulher estéril, a mãe alegre das crianças. Não é fácil ser sempre alegre, ter em mente o dever de se alegrar. A coisa mais significativa do *Catholic Worker* é a pobreza, dizem alguns. A coisa mais significativa do *Catholic Worker* é a comunidade, dizem outros. Nós não estamos mais sozinhos. Mas a palavra final é amor. Às vezes tem sido, nas palavras do Frei Zossima, uma coisa dura e terrível, e nossa própria fé no amor foi provada por meio do fogo.
>
> Não podemos amar a Deus a menos que nos amemos uns aos outros, e para amar devemos nos conhecer. Nós O conhecemos ao repartir o pão, e nos conhecemos ao repartir o pão, e não estamos mais sozinhos. O céu é uma celebração e a vida também é uma celebração, ainda que envolta em uma dura crosta, em que há companheirismo.[44]

Visto de fora pode parecer que Day estivesse fazendo o tipo de serviço comunitário ao qual os jovens são chamados a fazer nos dias de hoje — servir sopa, fornecer abrigo. Mas, na verdade, sua vida se baseava em alicerces muito diferentes e apontava em direções muito distintas das vidas de muitos benfeitores de hoje.

O movimento Catholic Worker pretendia aliviar o sofrimento dos pobres, mas esse não era seu objetivo principal ou princípio organizador. A ideia principal era fornecer um modelo de como seria o mundo se os cristãos realmente conduzissem as vidas que os Evangelhos pregam e amam. Não era apenas para ajudar os pobres que as pessoas serviam, mas para resolver as suas próprias fraquezas. "Indo para a cama à noite com o mau cheiro dos corpos não lavados. A falta de privacidade", escreveu Day em seu diário. "Mas Cristo nasceu em uma [manjedoura] e um estábulo tende a ser sujo e malcheiroso. Se a Mãe Santíssima pôde suportá-lo, por que não eu?"[45]

Como escreveu o jornalista Yishai Schwartz, para Day, "toda ação significativa só alcança seu significado por causa de sua relação com o Divino". Toda vez que oferecia uma peça de roupa a alguém, era um ato de oração. Day se revoltava com a "ideia da caridade em pequenas porções", que denigre e desrespeita os pobres. Para ela, cada ato de serviço era um gesto para os pobres e para Deus, e a satisfação de uma necessidade interna. Day sentia que era necessário, Schwartz escreve, "internalizar a pobreza como uma virtude privada", abraçar a pobreza como uma forma de alcançar a comunhão com os outros e se aproximar de Deus. Separar o serviço comunitário da oração seria separá-lo de seu propósito de transformar vidas.

A solidão, o sofrimento e a dor que Dorothy Day sofreu têm um efeito preocupante em quem lê seus diários. Deus realmente pede por tantas dificuldades? Ela não renunciou excessivamente aos prazeres simples que o mundo proporciona? Em certo sentido, sim. Mas, por outro lado, essa é uma falsa impressão deixada pelo excesso de confiança nos diários e obras de Day. Como muitas pessoas, o humor de Day era mais sombrio em seus diários do que em sua vida diária. Ela não escrevia quando estava feliz; nessas horas se envolvia nas atividades que a faziam feliz. Escrevia quando estava remoendo algo e usava seus diários para investigar as fontes de sua dor.

Os diários dão a impressão de alguém atormentado, mas as histórias orais retratam uma pessoa constantemente cercada por crianças, por amigos queridos, por admiração e por uma comunidade unida. Como disse uma admiradora, Mary Lathrop: "Ela tinha uma capacidade enorme de fazer amizades próximas. Realmente muito extraordinária. Cada amizade era única e ela tinha muitos, muitos amigos — pessoas que a amavam e que ela amava."[46]

Outros se lembravam de seu intenso amor pela música e pelas coisas sensuais do mundo. Como Kathleen Jordan colocou: "Havia o profundo senso de beleza de Dorothy... Eu a interrompia durante o horário da ópera [enquanto ela ouvia o Metropolitan Opera no rádio]. Entrava e a via quase em êxtase. Isso me ensinou muito sobre o que a devida oração significava para ela... Ela costumava dizer: 'Lembre-se do que Dostoiévski falou: A beleza salvará o mundo.' Isso era visível em Day. Ela não separava o natural e o sobrenatural."[47]

Nanette

EM 1960, MAIS DE TRÊS DÉCADAS HAVIAM SE PASSADO DESDE QUE DEIxara Forster Batterham. Ele passou quase todos esses anos vivendo com uma mulher ingênua e encantadora chamada Nanette. Quando Nanette teve câncer, Forster chamou Dorothy mais uma vez, para confortar a mulher moribunda. Claro que Day atendeu sem pensar duas vezes. Durante vários meses ela passava grande parte do dia com Nanette em Staten Island. "Nanette tem passado por um momento muito difícil", relatou Day no diário, "não apenas a aflição, mas a dor que sente em todo o corpo. Ela permaneceu deitada e chorou de maneira comovente hoje. Há tão pouco que se pode fazer, exceto estar presente e não dizer nada. Eu disse a ela como era difícil consolá-la, só se podia manter o silêncio diante do sofrimento, e ela disse, com certa amargura: 'Sim, o silêncio da morte.' Eu disse a ela que rezaria um rosário."[48]

Day fez o que as pessoas sensíveis fazem quando outras pessoas passam por traumas. Todos nós somos chamados em certos momentos para confortar as pessoas durante um trauma. Muitos de nós não sabem como reagir em tais situações, mas outros sim. Em primeiro lugar, eles simplesmente se fazem presentes. Oferecem seu testemunho de vida. Em seguida, não se comparam. A pessoa sensível entende que a provação de cada pessoa é única e não deve ser comparada à de qualquer outra. Em seguida, fazem as coisas práticas — preparam o almoço, espanam o quarto, lavam as toalhas. Por fim, não tentam minimizar o que está acontecendo. Não tentam reafirmar sentimentos falsos e melosos. Não dizem que a dor é para o melhor. Não procuram o lado bom da experiência. Eles fazem o que almas sábias fazem na presença da tragédia e do trauma. Praticam um ativismo passivo. Não se preocupam em tentar resolver algo que não pode ser resolvido. A pessoa sensível concede ao sofredor a dignidade de seu próprio processo. Deixa que o sofredor defina o significado do que está acontecendo. Ela apenas compartilha as noites de dor e escuridão, sendo prática, humana, simples e direta.

Forster, por outro lado, comportou-se terrivelmente durante a experiência. Ele continuou fugindo, deixando Nanette com Dorothy e outros cuidadores. "Forster está triste", escreveu Day em seu diário, "recusando-se terminantemente a passar um tempo com Nanette. Ela passa o dia todo em uma situação angustiante, as pernas inchadas, a barriga também. Mais à noite, ela gritou que estava perdendo a cabeça e não parou de gritar".[49]

Day viu-se sofrendo com Nanette e lutando contra a raiva em relação a Forster. "Eu fico tão impaciente com ele e sua fuga constante, sua autopiedade e seu choro que me torno ríspida e preciso lutar para superar esse sentimento. Que medo da doença e da morte."

Em 7 de janeiro de 1960, Nanette pediu para ser batizada. No dia seguinte ela morreu. Day lembrou-se de suas últimas horas: "Esta manhã, às 8h45, Nanette morreu após uma agonia de dois dias. Nem a crucificação foi um calvário tão difícil, disse ela. As pessoas nos campos de concentração sofreram assim, disse ela, mostrando os braços. Ela morreu em paz depois de uma leve hemorragia. Ela tinha um sorriso suave, sereno e pacífico."

Apoteose

QUANDO SURGIU O RADICALISMO DO FINAL DA DÉCADA DE 1960, DAY SE tornou ativa no movimento pela paz e em muitas outras atividades políticas da época, mas não poderia ser mais diferente daqueles radicais em sua abordagem fundamental da vida. Eles pregavam liberdade, liberação e autonomia. Ela pregava obediência, servidão e autoentrega. Ela não tinha paciência para a celebração da sexualidade aberta e a moralidade frouxa. Foi repelida quando alguns jovens queriam usar um copo de papel para servir o vinho sacramental. Ela estava fora de sintonia com o espírito da contracultura e reclamava de todos os jovens rebeldes: "Toda essa rebelião me faz desejar obediência — sinto fome e sede disso."

Em 1969, ela escreveu em seu diário discordando daqueles que procuravam construir uma comunidade fora das disciplinas permanentes da Igreja. Day sempre entendera as falhas da Igreja Católica, mas também entendia a necessidade de estrutura. Os radicais ao seu redor só viam as falhas e queriam jogar tudo fora. "É como se os adolescentes tivessem acabado de descobrir que seus pais eram falíveis e estivessem tão chocados a ponto de querer extinguir as instituições da família e viver em 'comunidade'... Eles se intitulam 'jovens adultos', mas me parece que são adolescentes tardios com todo o romantismo que os acompanha."

Os anos enfrentando uma disfunção genuína nos abrigos tornaram Day realista. "Eu não suporto os românticos", disse ela a um entrevistador. "Quero um realista religioso." Muito do ativismo que ela via ao seu redor era fácil demais e autocomplacente. Ela pagara um preço terrível para realizar o serviço comunitário e praticar sua fé — o rompimento de seu relacionamento com Forster, o distanciamento de sua família. "Para mim, Cristo não foi comprado por 30 moedas de prata, mas com o sangue do meu coração. Nós não compramos barato neste mercado."

Ao seu redor as pessoas celebravam a natureza e o homem natural, mas Day acreditava que o homem natural é corrupto e só é salvo reprimindo os impulsos naturais. Ela escreveu: "Devemos ser podados para crescer, e cortar machuca o homem natural. Mas se essa corrupção é para personificar uma ausência de corrupção, se é para *personificar Cristo,* o novo homem, a dor de um tipo ou de outro é inevitável. E como é alegre pensar que, apesar da fraqueza e da letargia, estamos realmente crescendo na vida espiritual."

A palavra "contracultura" foi muito usada no final dos anos 1960, mas Day estava vivendo de acordo com uma verdadeira contracultura, uma cultura não apenas transversal aos valores da cultura dominante da época — o comercialismo, a adoração ao sucesso —, mas também contra os valores da contracultura de Woodstock que a mídia estava disposta a celebrar — o antinomismo, o foco intenso no indivíduo livre e "fazendo suas próprias coisas". A contracultura de Woodstock parecia, superficialmente, se rebelar contra os valores tradicionais, mas, como as décadas seguintes demonstraram, era apenas uma versão diferente da cultura do Grande Eu. Tanto o capitalismo quanto Woodstock tratam da libertação do eu, da expressão do eu. Na sociedade comercial, você se expressa comprando e construindo um "estilo de vida". Na cultura de Woodstock, você se expressa rejeitando a restrição e celebrando a si mesmo. A cultura burguesa do comércio poderia fundir-se com a cultura boêmia dos anos 1960, precisamente porque ambas favoreciam a liberação individual, ambas encorajavam as pessoas a medir suas vidas pela forma como conseguiam a autogratificação.

A vida de Day, em contraste, era sobre a entrega de si e, em última instância, a transcendência do eu. Perto do fim de sua vida, ela ocasionalmente aparecia em programas de entrevistas na televisão. Há uma simplicidade e objetividade na presença dela nesses programas e um grande autocontrole. Por meio de *A Longa Solidão* e seus outros escritos ela praticou uma espécie de confissão pública, que atrai pessoas desde então. Ela foi aberta sobre sua vida interior, como Frances Perkins e Dwight Eisenhower nunca foram. Era o oposto de reticente. No entanto, a premissa por trás de sua confissão não era mera autorrevelação. Era a ideia de que, em longo prazo, nossos problemas são todos iguais. Como escreve Yishai Schwartz: "As confissões se destinam a revelar verdades universais por meio de exemplos específicos. Por meio de introspecção e envolvimento com o sacerdote, o penitente usa suas experiências para transcender sua própria vida. A confissão é, portanto, um ato moral privado com um propósito moral público. Pois, ao refletir sobre decisões privadas, compreendemos melhor os problemas e as lutas da humanidade — ela própria composta de bilhões de indivíduos lutando com suas próprias decisões." As confissões de Day também eram teológicas. Suas tentativas de compreender a si mesma e à humanidade foram realmente esforços para entender Deus.

Ela certamente nunca alcançou a total serenidade espiritual e a autossatisfação. No dia em que morreu, havia um cartão inserido na página final de seu diário, inscrito com uma oração de penitência de Santo Efrém, o sírio, que começa: "Senhor e Mestre de minha vida, afasta de mim o espírito de preguiça, de abatimento, de domínio, de loquacidade, e concede a mim, teu servo, um espírito de integridade, de humildade, de paciência e de amor."

Mas, ao longo de sua vida, ela construiu uma estrutura interna estável. Seu trabalho para os outros produziu certa firmeza em si mesma, tão ausente nos primeiros anos. E no final houve gratidão. Para sua inscrição na lápide, ela simplesmente escolheu as palavras DEO GRATIAS. Perto do final de sua vida, ela se encontrou com Robert Coles, um psiquiatra infantil de Harvard, que havia se tornado amigo e confidente. "Logo acabará", ela disse a ele. E então descreveu um momento em que tentou fazer um resumo literário de sua vida. Escreveu ao longo de todos esses anos e seria natural escrever um livro de memórias. Sentou-se um dia para compor algo assim. Ela contou a Coles o que aconteceu:

Eu tento recordar; tento me lembrar dessa vida que o Senhor me deu; outro dia escrevi as palavras "memórias de uma vida", e tentava fazer um resumo para mim, escrever o que mais importava, mas não consegui. Apenas me sentei lá e pensei em nosso Senhor, e em Sua visita a nós todos aqueles séculos atrás, e eu disse a mim mesma que minha maior sorte era ter Ele em minha mente por tanto tempo em minha vida!

Coles escreveu: "Ouvi indícios em sua voz enquanto falava, e logo seus olhos estavam rasos d'água, mas ela rapidamente começou a falar de seu grande amor por Tolstói, como se, assim, mudasse de assunto."[50] Esse momento representa uma apoteose calma, um momento em que depois de todo o trabalho, e todo o sacrifício, e todos os esforços para escrever e mudar o mundo, a tempestade finalmente diminui e chega uma grande calma. Adão I descansa diante de Adão II. A solidão acaba. No ponto culminante daquela vida de autocrítica e luta, havia gratidão.

CAPÍTULO 5

AUTODOMÍNIO

George Catlett Marshall nasceu em 1880 e cresceu em Uniontown, Pensilvânia. Pequena cidade carvoeira, com uma população de cerca de 3.500 pessoas, Uniontown estava sendo transformada pela industrialização. Seu pai era um homem de negócios de sucesso — tinha 35 anos de idade quando George nasceu — que se estabelecera como uma figura de certa importância na cidade. Ele se orgulhava de sua tradicional família sulista. O juiz da Suprema Corte John Marshall era um parente distante. O pai também era um tanto severo e reservado, especialmente em casa, onde desempenhava o papel de senhor absoluto.

Na meia-idade, porém, o pai de Marshall vendeu seu negócio de carvão e investiu em um esquema imobiliário ao redor das Cavernas de Luray, na Virgínia, que rapidamente faliu. Em pouco tempo, perdeu toda a riqueza que levou 20 anos para conquistar. Ele se isolou do mundo, dedicando seu tempo à genealogia familiar. Era o início da derrocada da família. Mais tarde na vida, George Marshall se lembraria das idas à cozinha de um hotel, onde pediam restos de comida para servirem como comida de cachorro e um ocasional cozido. Era "doloroso e humilhante", recordaria mais tarde, "uma mancha negra na minha infância".[1]

Marshall não era um garoto inteligente e alegre. Quando tinha nove anos, seu pai o matriculou na escola pública local. Sua colocação foi determinada por uma entrevista com o superintendente da escola, o professor Lee Smith. O homem lhe fez uma série de perguntas simples para avaliar a inteligência e a preparação do garoto, mas Marshall não conseguiu respondê-las. Enquanto seu pai observava, ele pigarreou, hesitou, gaguejou e sofreu. Mais tarde, depois de liderar o Exército dos EUA durante a Segunda Guerra Mundial, servir como secretário de Estado e receber o Prêmio Nobel da Paz, Marshall ainda se lembrava daquele episódio excruciante, quando fracassou com o pai em público. Seu pai, recordou Marshall, "sofreu terrivelmente"[2] pelo constrangimento.

Marshall se atrasou academicamente. Desenvolveu um verdadeiro pânico de qualquer tipo de apresentação pública, um medo intenso de ser ridicularizado por outros alunos e uma timidez torturante que inevitavelmente alimentou mais fracassos e humilhações. "Eu não gostava da escola", recordou mais tarde na vida. "A verdade é que eu não era nem um estudante fraco. Simplesmente não era estudante, e meu histórico acadêmico era triste."[3] Ele se tornou rebelde e problemático. Depois de chamá-lo de "burro da turma", sua irmã Marie encontrou um sapo em sua cama naquela noite. Quando convidados de quem ele não gostava chegavam à casa, ele jogava bombas de água do telhado nas cabeças desavisadas. Mas também era engenhoso. Começou um pequeno negócio transportando grupos de garotas através de um riacho em uma jangada que ele mesmo construiu.[4]

Depois do ensino fundamental, queria seguir seu irmão mais velho e favorito, Stuart, para o Instituto Militar da Virgínia. Mais tarde recordou em uma entrevista com seu grande biógrafo, Forrest Pogue, a resposta cruel de seu irmão:

> Quando eu implorava para ir ao IMV, ouvi Stuart conversando com minha mãe; ele tentava convencê-la a não me deixar ir porque achava que eu desonraria o nome da família. Bem, isso me impressionou mais do que toda a pressão dos instrutores, dos meus pais ou qualquer outra coisa. Decidi então que eu o superaria. No fim, consegui derrotar meu irmão em algo. Essa foi a primeira vez que fiz isso, e foi então que realmente aprendi minha lição. A urgência para o sucesso veio de ouvir essa conversa; ela teve um efeito psicológico em minha carreira.[5]

Esse é um traço comum entre pessoas modestas que alcançam um sucesso extraordinário. Não é o fato de serem particularmente brilhantes ou talentosas. A nota média final na faculdade para um milionário que venceu por esforço próprio está na faixa de 2,7 [em uma escala que vai até 4]. Mas em algum ponto crucial de suas vidas alguém disse a eles que eram burros demais para fazer alguma coisa e eles decidiram provar que os desgraçados estavam errados.

Marshall não carecia totalmente de afeto e apoio familiar. Apesar de o pai estar sempre desapontado com o filho, para a mãe ele era motivo de alegria, e ela oferecia amor incondicional e apoio. Ela vendeu a última propriedade de sua família para que ele pudesse ir para a faculdade, incluindo o terreno em Uniontown, no qual esperava construir uma casa para morar.[6] Marshall também aprendera com suas humilhações na escola e em casa que sua ascensão na vida não viria de seu talento natural. E sim da persistência, do esforço obstinado e da autodisciplina. Quando Marshall chegou ao IMV (parece ter sido admitido sem ter que fazer o exame de admissão), encontrou um modo de viver e um padrão de disciplina exatamente ao seu gosto.

Chegou ao IMV em 1897 e foi imediatamente atraído por suas tradições sulistas. O instituto militar tinha uma cultura moral que reunia várias tradições antigas: uma devoção cavalheiresca ao serviço e à cortesia, um rígido compromisso com o autocontrole emocional e uma devoção clássica à honra. A escola era assombrada pelas lembranças da bravura sulista: do general da Guerra Civil Stonewall Jackson, ex-professor de lá; dos 241 cadetes, alguns com apenas 15 anos, que marcharam em 15 de maio de 1864 para conter uma força da União na Batalha do Novo Mercado; e pelo fantasma do herói confederado Robert E. Lee, que serviu como paradigma de como um homem deveria ser.

O IMV ensinou a Marshall um senso de reverência, a capacidade imaginativa de criar um herói em sua mente para copiá-lo de todas as maneiras apropriadas, para usá-lo como um padrão pelo qual se julgar. Não muito tempo atrás, houve um grande movimento para desmascarar heróis. Ainda hoje, a palavra "irreverente" é frequentemente usada como um grande elogio. Mas no mundo da juventude de Marshall o foco era cultivar uma capacidade de veneração. O trabalho do biógrafo romano Plutarco baseava-se na premissa de que os contos retratando a excelência podem despertar ambições nas pessoas. Tomás de Aquino argumentou que, para levar uma vida boa, é necessário se concentrar mais em nossos modelos de conduta do que em nós mesmos, imitando suas ações tanto quanto possível. O filósofo Alfred North Whitehead argumentou: "A educação moral é impossível sem a visão habitual de grandeza." Em 1943, Richard Winn

Livingstone escreveu: "Tendemos a pensar que o fracasso moral é causado pela fraqueza de caráter, mas com mais frequência é causado por um ideal inadequado. Detectamos nos outros e, ocasionalmente, em nós mesmos, a falta de coragem, de dedicação, de persistência, que leva à derrota. Mas não percebemos a fraqueza mais sutil e desastrosa, a de que nossos padrões estão errados, que nunca aprendemos o que é bom."[7]

Cultivando o hábito da reverência — para os heróis antigos, para os idosos, para os líderes da própria vida —, os professores não estavam apenas demonstrando como é a grandeza, estavam tentando nutrir um talento para admiração. O comportamento adequado não é apenas uma questão de saber o que é certo; é ter motivação para fazer o que é certo, uma emoção que o impulsiona a fazer coisas boas.

A época escolar era repleta de contos — às vezes falsos ou romantizados — dos grandes paradigmas da história, Péricles, Augusto, Judas Macabeu, George Washington, Joana d'Arc, Dolley Madison. O caráter, escreveu James Davison Hunter, não requer fé religiosa. "Mas requer uma convicção de uma verdade tornada sagrada, permanecendo como uma presença autoritária dentro da consciência e da vida, reforçada por hábitos institucionalizados dentro de uma comunidade moral. O caráter, portanto, resiste à conveniência; desafia a aquisição apressada. Sem dúvida, é por isso que Søren Kierkegaard falou do caráter como 'entalhado', profundamente gravado."[8]

O IMV era uma instituição academicamente medíocre e Marshall não era, na época, um bom aluno. Mas detinha heróis considerados sagrados, e a escola certamente ensinou os hábitos da autodisciplina institucionalizada. Durante toda a sua vida adulta, Marshall demonstrou um forte desejo de estar o mais próximo da perfeição em tudo. Contrariando o conselho atual, ele "esquentava a cabeça" com tudo.

O instituto também ensinou a renúncia, a capacidade de renunciar a pequenos prazeres para desfrutar de grandes prazeres. A escola era o lugar para onde os homens jovens, de origem predominantemente privilegiada, iam para se tornar mais durões, para abrir mão dos luxos que desfrutavam em casa e adquirir a resistência de que precisariam para ser dignos da luta da vida. Marshall comprou a cultura ascética e seus rigores. Os alunos do primeiro ano eram obrigados a dormir com as grandes janelas do dormitório bem abertas, para que no inverno acordassem cobertos de neve.

Uma semana antes de chegar ao instituto, Marshall foi acometido de febre tifoide que o forçou a se apresentar uma semana depois dos outros cadetes. Já era tudo difícil demais para os alunos do primeiro ano, e a palidez doentia de Marshall e o sotaque nortenho atraíram atenção indesejada dos alunos veteranos. Ele era chamado de "rato ianque" e "Pug" por causa do nariz pequeno e arrebitado. O "rato" Marshall preencheu seus dias com tarefas indesejáveis, constantemente limpando os banheiros. Ao recordar do período, não lhe ocorreu se rebelar ou se ressentir pelo tratamento. "Eu acho que era mais filosófico sobre esse tipo de coisa do que muitos meninos. Fazia parte do pacote e a única coisa a fazer era aceitar da melhor maneira possível."[9]

Em um ritual de trote no início de sua jornada como "rato", Marshall foi forçado a se agachar nu sobre uma baioneta que havia sido presa em um buraco no chão. A provação era chamada de "sentar no infinito" e era um rito de passagem. Enquanto uma multidão de veteranos observava, ele se esforçava para não cair na ponta da baioneta. Finalmente, não aguentou mais e caiu. Não caiu diretamente para baixo, mas para o lado, então levantou com um corte profundo, mas não muito grave, na nádega direita. Trotes tão violentos eram contra os regulamentos, mesmo pelos padrões da época, e os veteranos levaram-no correndo para o centro médico, temendo o que ele poderia dizer. Mas Marshall não delatou seus algozes, e imediatamente ganhou o respeito dos demais pela lealdade de seu silêncio. Um de seus ex-colegas de classe disse: "No momento em que o episódio acabou, ninguém mais se importava com seu sotaque. Ele poderia ter falado holandês e eles o teriam aceitado. Era um deles."[10]

Marshall ainda não se destacou academicamente no IMV. Mas se sobressaiu nos exercícios de treinamento, limpeza, organização, precisão, autocontrole e liderança. Dominou a estética da disciplina, tinha a atitude correta, o porte ereto, a continência precisa, o olhar firme, a roupa bem passada e o modo de andar que eram uma demonstração externa de seu autocontrole interior. Durante um jogo de futebol americano em seu primeiro ou segundo ano, rompeu um ligamento em seu braço direito, mas se recusou a informar a lesão a um médico. Ele se recuperaria sozinho (ao longo dos dois anos seguintes).[11] Um dia na vida de um cadete do IMV é marcado pela sucessão de continências com que é obrigado a saudar seus superiores, e, como Marshall não conseguia levantar o braço direito acima do cotovelo sem que doesse, devem ter sido dois anos de muito desconforto.

Essa formalidade excessiva não está mais em voga hoje. Nós nos portamos de maneiras mais naturais e relaxadas. Preocupamo-nos em não parecer artificiais. Mas aqueles no mundo militar de Marshall eram mais propensos a acreditar que grandes indivíduos são feitos, não nascidos, e são forjados por meio de treinamento. A mudança ocorre de fora para dentro. É por meio do exercício que uma pessoa se autorregula. É por meio da expressão de cortesia que se torna educada. É por meio da resistência ao medo que desenvolve coragem. É por meio do controle das expressões faciais que se torna séria. O ato precede a virtude.

O objetivo de tudo isso era separar a emoção instantânea da ação, reduzir o poder de sentimentos efêmeros. Uma pessoa pode sentir medo, mas não agir de acordo. Uma pessoa pode desejar doces, mas ser capaz de reprimir o desejo de comê-los. O ideal estoico sustenta que devemos desconfiar de uma emoção com mais frequência do que confiar. A emoção rouba seu controle, então desconfie do desejo. Desconfie da raiva e até da tristeza e do luto. Considere essas coisas como algumas pessoas pensam no fogo: útil quando rigorosamente controlado, mas uma força destruidora quando não.

Pessoas assim tentam controlar a emoção com os constantes bloqueios do decoro. Daí todas as rigorosas regras vitorianas de conduta. Eles policiavam a expressão emocional para reduzir sua vulnerabilidade. Daí o modo formal e elaborado de se dirigir aos outros. Esse tipo de pessoa — durante toda a sua vida, Marshall fora uma delas — era deliberadamente austera e inabalável. Marshall desprezava a teatralidade de figuras como Napoleão ou Hitler, ou até mesmo a exibição histriônica de dois generais que mais tarde trabalharam com ele, Douglas MacArthur e George S. Patton.

"Por meio nem sempre sutil", escreveu um dos biógrafos de Marshall, "o homem cujo ímpeto era apto à moderação passou do controle ao autodomínio, até que no final impôs, por seu próprio desejo, essas restrições sobre si mesmo, as quais mal conseguia tolerar da primeira vez que as enfrentou".[12]

Marshall não era engraçado nem emocionalmente vibrante ou introspectivo. Ele se recusava a manter um diário, porque achava que o exercício poderia levá-lo a se concentrar demais em si mesmo e em sua própria reputação, ou em como os outros o veriam no futuro. Manter o diário, disse ao biógrafo de Robert E. Lee, Douglas Southall Freeman, em 1942, pode inconscientemente causar "autoengano ou hesitação em tomar decisões" quando, na guerra, ele precisava se concentrar objetivamente na "questão da vitória".[13] Marshall nunca chegou a escrever sua autobiografia. O *Saturday Evening Post* uma vez lhe ofereceu mais de US$1 milhão para contar sua história, mas ele recusou. Não queria envergonhar a si mesmo nem algum dos outros generais.[14]

Todo o objetivo do treinamento em IMV era ensinar a Marshall como exercer o poder controlado. A ideia era que o poder exacerba as predisposições — tornando uma pessoa rude mais rude e uma pessoa controladora mais controladora. Quanto mais alto você for na vida, menos pessoas haverá para oferecer um feedback honesto ou limitar seus traços desagradáveis. Por isso, é melhor aprender esses hábitos de autocontrole, incluindo autocontrole emocional, desde muito jovem. "O que aprendi no IMV foi autocontrole e disciplina, de modo que isso se arraigou em mim", lembrou mais tarde.

Em seu último ano no IMV, Marshall foi nomeado primeiro capitão, a mais alta patente do instituto. Completou seus quatro anos sem um único demérito. Desenvolveu uma presença de comando austera que marcaria para sempre sua personalidade. Ele se destacou em qualquer coisa que envolvesse o serviço de soldado e foi o líder inquestionável de sua classe.

Uma carta de recomendação de John Wise, reitor do IMV, elogiou a realização de Marshall no tom único da escola: Marshall era "uma das matérias-primas mais aptas para a produção de pólvora dessa tradicional fábrica".[15]

Em uma idade surpreendentemente precoce, Marshall havia construído o tipo de mente ordenada que os militares e as mulheres em geral admiravam. "Essa pessoa, quem quer que seja", escreveu Cícero em *Discussões Tusculanas,* "cuja mente é serena pela consistência e autocontrole, que encontra contentamento em si mesmo, que não se verga diante da adversidade nem desmorona no medo, nem arde com qualquer necessidade sedenta, nem se dissolve em excitação selvagem e fútil, essa pessoa é o sábio que estamos procurando, e essa pessoa é feliz".

O Serviço

SEMPRE EXISTE UM MOMENTO INTERESSANTE NA VIDA DE PESSOAS BEM--sucedidas em que elas aprendem como agir. Para Marshall, esse momento veio no IMV.

Para conseguir uma nomeação para o Exército dos EUA, ele precisava de apoio político. Foi para Washington e compareceu na Casa Branca sem um agendamento. Subiu até o segundo andar, onde um dos secretários disse que era impossível até mesmo entrar e ver o presidente. Mas Marshall entrou furtivamente no Salão Oval com um grupo maior e, depois que eles partiram, apresentou seu caso ao Presidente McKinley. Não ficou claro se McKinley interveio, mas em 1901 Marshall foi autorizado a fazer o exame de admissão do exército, e em 1902 ele recebeu sua comissão.

Como Eisenhower, Marshall foi um talento maduro. Trabalhava profissionalmente, servia aos outros, mas não se destacava espetacularmente. Era um assessor tão valioso que seus superiores às vezes o impediram de obter o próprio comando. "A aptidão especial do Tenente-Coronel Marshall é o trabalho da equipe", escreveu um general. "Duvido que nisto, seja no ensino ou na prática, exista outro como ele no exército hoje."[16] Ele era tamanho gênio no tedioso trabalho de base da vida militar, especialmente na logística, que não avançou na carreira se utilizando da vantagem da experiência em combate. Aos 39 anos, no final de seu serviço na Primeira Guerra Mundial, ele ainda era apenas um tenente-coronel temporário, superado por homens mais jovens que lideraram comandos de combate. Sofreu terrivelmente com cada decepção.

Mas aos poucos adquiriu habilidades. Durante o treinamento de pós-graduação em Fort Leavenworth, Marshall tornou-se um autodidata, compensando seu lamentável histórico acadêmico. Foi transferido para as Filipinas e para todo o sul e centro-oeste dos EUA, servindo como oficial de engenharia, oficial de artilharia, oficial de correios e oficial de posto, oficial de comissariado de posto e outros cargos administrativos. Cada dia passado ao ritmo de suas tarefas diárias e realizações menores. No entanto sua atenção aos detalhes e persistência seria de grande valia mais tarde. Como observou depois: "O verdadeiro líder realmente supera todas as dificuldades, e as campanhas e batalhas nada mais são do que uma longa série de dificuldades a serem superadas."[17]

Marshall sublimara seu ego: "Quanto menos você concorda com as políticas de seus superiores, mais energia deve direcionar para a sua implementação." Os biógrafos vasculharam sua vida, e a característica mais marcante foi a que não encontraram — um momento de claro fracasso moral. Tomou muitas decisões ruins, mas não há um momento claro em que cometera adultério, traiu seus amigos, contou uma mentira notória ou decepcionou a si mesmo e aos outros.

Embora as promoções não tenham ocorrido, Marshall começou a desenvolver uma reputação como lendário mestre de organização e administração. Não era exatamente o lado glamouroso da vida militar. Em 1912, ele organizou manobras envolvendo 17 mil oficiais e soldados nos Estados Unidos. Em 1914, durante um exercício de treinamento nas Filipinas, efetivamente comandou uma força invasora de 4.800 homens para dominar e derrotar a força defensora.

Na Primeira Guerra Mundial, Marshall serviu como assistente do chefe de gabinete da Força Expedicionária Americana (AEF) para a 1ª Divisão na França. Foi a primeira divisão do Exército Norte-americano na Europa, e, contrariamente à crença popular, Marshall viu mais ação, desviou de mais balas, bombas e ataques com gás do que muitos outros norte-americanos na guerra. Sua missão era manter a sede da AEF informada sobre os suprimentos, posição e moral da linha de frente dos homens. A maior parte de seu tempo foi passada no fronte ou perto dele na França, entrando e saindo de trincheiras, supervisionando os soldados e tomando nota de tudo que precisavam.

No momento em que retornava em segurança para o quartel-general, ele se reportava ao chefe e começava a mapear a logística para o próximo movimento massivo de homens indo ou voltando da linha de frente. Em uma operação, organizou o movimento de 600 mil homens e 900 mil toneladas de suprimentos e munições de um setor para outro do fronte. Foi o problema logístico mais complicado da guerra, e o desempenho de Marshall tornou-se lendário, o que lhe rendeu o apelido temporário de "Mago".

Durante outubro de 1917, a unidade de Marshall recebeu a visita do General John "Blackjack" Pershing, comandante sênior dos EUA na guerra. Pershing criticou severamente a unidade por seu treinamento e desempenho fracos, censurando o oficial de comando imediato de Marshall, General William Sibert, e o chefe de gabinete de Sibert, que chegara apenas dois dias antes. Marshall, então capitão, decidiu que era hora do que ele chamava de uma "jogada de sacrifício". Ele se aproximou do general e tentou explicar a situação. Pershing, irado, silenciou Marshall e se afastou. Marshall então fez algo que poderia ter custado sua carreira. Colocou a mão no braço de Pershing para impedi-lo de sair. Ele contestou veementemente o superior, despejando uma enxurrada de fatos sobre as falhas do quartel-general de Pershing, sobre a falta de suprimentos, a mobilização equivocada de tropas, a falta de transporte motorizado e muitos outros obstáculos que não devem ser negligenciados.

Houve um longo silêncio e todos ficaram impressionados com a ousadia de Marshall. Pershing o encarou e respondeu na defensiva: "Bem, você tem que compreender os problemas que temos."

Marshall disparou de volta: "Sim, general, mas nós os temos todos os dias e muitos por dia, e temos que resolver cada um deles até a noite."

Pershing não disse nada e saiu furioso. Os colegas de Marshall o agradeceram e disseram que sua carreira estava terminada. Em vez disso, Pershing lembrou-se do homem mais jovem, contratou-o e se tornou seu mentor mais importante.

Marshall ficou chocado com a carta que recebeu convocando-o para se juntar ao Estado-maior em sua sede em Chaumont. Ansiava por uma promoção que o permitisse levar os homens à batalha. No entanto fez as malas imediatamente e se despediu dos homens que conhecia há mais de um ano. Em meio a relatórios de guerra, Marshall escreveu uma descrição sentimental de sua partida:

> Foi difícil preservar a compostura com aqueles homens com quem eu estive tão intimamente associado há mais de um ano na França. Fomos prisioneiros e nossas provações e tribulações nos uniram ainda mais. Posso vê-los agora — reunidos na ampla porta do castelo. Os gracejos amigáveis e as despedidas afetuosas, quando entrei no Cadillac, causaram uma profunda impressão em minha mente, e fui embora sem ousar imaginar quando e onde seria nosso próximo encontro.[18]

Seis dias depois, a 1ª Divisão juntou-se ao grande contra-ataque que levaria à retirada do exército alemão, e 72 horas depois a maioria dos homens naquela porta, e todos os oficiais de campo, comandantes de batalhão e os quatro tenentes da 1ª Divisão, foram mortos ou feridos.

Em 1918, na França, Marshall estava perto de ser promovido a general de brigada. A guerra terminou e ele levaria 18 anos para conseguir sua primeira estrela. Voltou para casa, onde passou 5 anos sob o comando de Pershing em Washington em trabalho burocrático. Serviu a seus superiores, mas recebeu poucas promoções para si mesmo.

Por tudo isso, Marshall trabalhou em sua profissão e serviu à sua instituição, o Exército dos EUA.

Instituições

HOJE, NÃO É COMUM ENCONTRAR ALGUÉM COM UMA MENTALIDADE INStitucional. Vivemos em uma era de ansiedade institucional, em que as pessoas tendem a desconfiar de grandes organizações. Isso se deve em parte porque vimos o fracasso dessas instituições e em parte porque, na era do Grande Eu, colocamos o indivíduo em primeiro lugar. Temos a tendência de valorizar a liberdade de fazer o que desejamos, administrar nossas vidas como quisermos e nunca adequar nossas próprias identidades individuais em conformidade a alguma burocracia ou organização. Tendemos a considerar que o objetivo é levar uma vida individual mais rica e completa, saltando de uma organização à outra, conforme for mais adequado às nossas necessidades. O significado é encontrado nesses atos de autocriação, nas coisas que fazemos e com as quais contribuímos, em nossas infinitas escolhas.

Ninguém quer ser um homem organizacional. Gostamos de startups, disruptores e rebeldes. Há menos prestígio concedido àqueles que tendem à perpétua reforma e reparação das instituições. Os jovens são criados para pensar que os grandes problemas podem ser resolvidos por um enxame de pequenas ONGs em rede e empreendedores sociais. Grandes organizações hierárquicas são dinossauros.

Essa mentalidade contribuiu para a decadência institucional. Como disse a editora Tina Brown, se for dito a todos que pensem fora da caixa, é de se esperar que as próprias caixas comecem a se deteriorar.

As pessoas que possuem uma mentalidade institucional, como Marshall, têm uma mentalidade muito diferente, que começa com uma consciência histórica distinta. Nessa mentalidade, a realidade primária é a sociedade, que é uma coleção de instituições que existiram ao longo do tempo e transcendem gerações. Uma pessoa não nasce em um campo aberto e em uma tela social em branco. Uma pessoa nasce em uma coleção de instituições permanentes, incluindo o exército, o sacerdócio, os campos da ciência ou qualquer uma das profissões, como ser agricultor, construtor, policial ou professor.

A vida não é como navegar por um campo aberto. É comprometer--se com algumas das instituições que foram incorporadas no terreno antes de você nascer e permanecerão aqui depois que você morrer. É aceitar os legados dos mortos, assumindo a responsabilidade de preservar e melhorar uma instituição e depois transmiti-la, melhor, à próxima geração.

Cada instituição vem com certas regras, obrigações e padrões de excelência. O jornalismo impõe hábitos que ajudam os repórteres a manter distância mental daqueles que cobrem. Os cientistas têm certos métodos que usam para avançar e verificar o conhecimento, um passo de cada vez. Os professores tratam todos os alunos da mesma forma e investem horas extras em seu desenvolvimento. No processo de nos subordinarmos às instituições de que fazemos parte nos tornamos quem somos. Os costumes da instituição estruturam a alma, facilitando ser bom. Eles guiam o comportamento suavemente dentro de certas linhas testadas pelo tempo. Ao praticar os costumes de uma instituição, não estamos sozinhos; somos admitidos em uma comunidade que transcende o tempo.

Com esse senso de escopo, o institucionalista tem profunda reverência por aqueles que vieram antes e pelas regras que temporariamente assumiu transmitir. As regras de uma profissão ou de uma instituição não são como dicas práticas sobre como melhor fazer alguma coisa. Estão profundamente entrelaçadas nas identidades das pessoas que as praticam. A relação de um professor com o ofício de ensinar, a relação de um atleta com seu esporte, o compromisso de um médico com o ofício da medicina não é uma escolha individual que pode ser facilmente renunciada quando os prejuízos psíquicos excedem os benefícios. Ela é um compromisso que molda e define a vida. Assim como encontrar uma vocação, é um compromisso com algo que transcende uma única vida.

A função social de uma pessoa define quem ela é. O compromisso entre uma pessoa e uma instituição funciona como um pacto. É uma herança a ser repassada e uma dívida a ser paga.

As tarefas técnicas de, digamos, ser um carpinteiro são infundidas com um significado profundo que transcende a tarefa em si. Há longos períodos em que dedicamos mais às instituições do que recebemos em troca, mas o serviço à instituição oferece uma série de compromissos satisfatórios e um lugar seguro no mundo. Fornece a você um meio de submergir seu ego, acalmar suas ansiedades e necessidades implacáveis.

Marshall adaptou sua vida às necessidades de sua organização. Poucas pessoas ao longo do século passado despertaram tanta reverência quanto Marshall, mesmo em sua época, mesmo entre pessoas que o conheciam bem. Havia também poucas pessoas que se sentiam inteiramente à vontade ao seu redor — incluindo Eisenhower. O preço de sua autonegação e autocontrole perfeitos era a indiferença. Enquanto vestia o uniforme, estava sempre com o cabelo impecável e nunca permitia que as pessoas entrassem na intimidade de sua própria alma. Mantinha a compostura em todas as circunstâncias.

Amor e Morte

MARSHALL TINHA UMA VIDA PRIVADA, MAS ERA COMPLETAMENTE SEPArada de sua função pública. Hoje levamos nosso trabalho para casa, retornando e-mails de trabalho em nossos telefones. Mas, para Marshall, essas eram duas esferas separadas, com diferentes emoções e padrões de conduta. A casa era um refúgio em um mundo impiedoso. A vida familiar de Marshall era centrada em sua esposa, Lily.

George Marshall cortejou Elizabeth Carter Coles, conhecida por seus amigos como Lily, durante seu último ano no IMV. Eles faziam longas viagens de carruagem e, à noite, ele arriscava a expulsão fugindo do instituto para se encontrar com ela. George era seis anos mais novo que Lily, e vários outros colegas de classe e formandos seniores do IMV — incluindo o irmão mais velho de Marshall, Stuart — fizeram o possível para conquistar sua atenção. Ela era uma morena de beleza estonteante e a beldade reinante de Lexington. "Eu estava muito apaixonado", lembrou ele, e era para valer.[19]

Eles se casaram pouco depois de sua formatura em 1902. Sentiu-se extraordinariamente sortudo por tê-la conquistado e levou essa gratidão para sempre consigo. Sua atitude em relação a Lily pode ser descrita como constante e extremamente solícita. Logo após o casamento, ele descobriu que ela sofria de uma condição da tireoide que lhe deu um coração extremamente fraco. Ela teria que ser tratada como semi-inválida a vida inteira. Eles nunca poderiam arriscar ter filhos. Sempre haveria a possibilidade de morte súbita por esforço. Mas a devoção e gratidão de Marshall por sua esposa só se aprofundaram.

Marshall tinha prazer de se colocar a serviço dela, proporciona-va-lhe pequenas surpresas, confortos e fazia elogios, sempre dando a maior atenção aos mínimos detalhes. Nunca a permitia se levantar para pegar a cesta de tricô que esquecera no andar de cima. Marshall desempenhava o papel de cavaleiro gentil a serviço de sua dama. Lily às vezes via isso com um divertimento irônico. Ela era mais forte e capaz do que ele pensava, mas lhe dava o prazer de cuidar dela.

Em 1927, quando Lily tinha 53 anos, seu problema cardíaco se agravou. Ela foi levada para o Hospital Walter Reed e, em 22 de agosto, uma operação foi realizada. Sua recuperação foi lenta, mas contínua. Marshall estava à vontade na função de cuidador, supria todas as suas necessidades, e Lily parecia estar se recuperando. Em 15 de setembro, ela foi informada de que poderia voltar para casa no dia seguinte. Ela se sentou para mandar um bilhete para a mãe. Escreveu a palavra "George", caiu e faleceu. Os médicos disseram que foi sua empolgação em voltar para casa que elevou seu pulso de forma irregular.

Marshall estava dando aulas na Escola Superior de Guerra, em Washington, naquele momento. Um soldado interrompeu a aula e o chamou ao telefone. Entraram em um pequeno escritório onde Marshall atendeu a ligação, escutou por alguns instantes e depois apoiou a cabeça nos braços sobre a mesa. O soldado perguntou se havia alguma maneira de ajudar. Marshall respondeu com formalidade silenciosa. "Não, Sr. Throckmorton, acabei de saber que minha esposa, que se juntaria a mim aqui hoje, faleceu."

A formalidade desse fraseado, a pausa para lembrar o nome do soldado (Marshall não era bom com nomes), captava perfeitamente seu autocontrole emocional, sua autodisciplina em todos os momentos.

Marshall sofreu um grande golpe com a morte da esposa. Encheu sua casa com fotografias dela, de modo que ela olhasse para ele de quase todos os pontos de vista em todos os cômodos. Lily não foi apenas sua doce esposa, mas sua confidente mais confiável e, aparentemente, sua única. Só ela teve o privilégio de ver o fardo que ele carregava e o ajudou a suportá-lo. De forma repentina e brutal, ele estava sozinho e à deriva.

O General Pershing, que perdera uma esposa e três filhas, escreveu uma nota de condolências. Marshall respondeu que sentia falta de Lily desesperadamente: "Vinte e seis anos de companhia íntima, algo que nunca tive desde que era um mero garoto, me deixaram perdido em meus melhores esforços para me ajustar às perspectivas futuras da vida. Se fosse dado à vida de clubes ou a outros convívios com homens fora da diversão atlética, ou se houvesse uma campanha ou outro dever urgente que demandasse esforço concentrado, acho que conseguiria me recuperar. No entanto encontrarei um caminho."[20]

A morte de Lily mudou Marshall. Antes taciturno, ele se tornou mais gentil e conversador, como se pudesse atrair os visitantes a permanecer e preencher as horas solitárias. Ao longo dos anos, suas cartas se tornaram mais atenciosas, mais abertamente compassivas. Apesar de seu compromisso com o serviço e de vários períodos em que o trabalho o consumia, Marshall nunca havia sido um workaholic. Cuidadoso para não forçar sua própria saúde, parava de trabalhar no fim da tarde para ir ao jardim, andar a cavalo ou dar um passeio. Sempre que possível, encorajava, até mesmo ordenava, sua equipe a fazer o mesmo.

Privacidade

MARSHALL ERA UM HOMEM RESERVADO. O QUE SIGNIFICA QUE FAZIA UMA DIStinção mais rigorosa do que muitas pessoas hoje fazem entre as esferas privada e pública, entre as pessoas que considerava íntimas e todos os outros. Era espirituoso e contava histórias engraçadas a pessoas dentro do círculo íntimo de sua confiança e afeto, mas seu comportamento com os demais era marcado pela gentileza e um certo charme reservado. Muito raramente chamava alguém pelo primeiro nome.

Esse código de privacidade é diferente do que é comum na era do Facebook e do Instagram. Seu código de privacidade, que ele compartilhava com Frances Perkins, baseia-se na noção de que essa zona de intimidade deve ser rompida apenas gradualmente, após longa reciprocidade e confiança. O conteúdo do mundo privado não deve ser instantaneamente compartilhado online ou em conversas; não deve ser tuitado.

O comportamento social polido de Marshall combinava com sua polida composição interna. O filósofo francês André Comte-Sponville argumenta que a polidez é o pré-requisito para as grandes virtudes: "A moralidade é como uma polidez da alma, uma etiqueta da vida interior, um código de deveres."[21] É uma série de práticas que fazem você ter consideração pelos outros.

Marshall era sempre atencioso, mas sua formalidade dificultava o desenvolvimento de amizades. Ele desaprovava fortemente a fofoca, não gostava de histórias grosseiras e nunca gostou das relações eloquentes com homens, nas quais Ike era especialista.

O primeiro biógrafo de Marshall, William Frye, escreveu:

> Marshall era uma daquelas pessoas controladas e disciplinadas que encontram tanto incentivo quanto recompensa dentro de si, que não exigem nem incentivo, nem aplausos de muitos homens. Essas pessoas são terrivelmente solitárias, sem o alívio que a maioria das pessoas encontra no compartilhamento fácil da mente e do coração com muitas outras. Por toda a sua autossuficiência, elas são incompletas; e, se tiverem sorte, encontrarão inteireza em uma ou duas pessoas. Geralmente, não há mais do que duas — o coração aberto para o amor e a mente, para um amigo.[22]

Reformador

MARSHALL FINALMENTE ENCONTROU TRÉGUA DE SEU LUTO COM UMA atribuição que consumiu suas energias. No final daquele ano, ele foi convidado para liderar o programa da Escola de Infantaria em Fort Benning, no estado da Geórgia. Marshall era conservador nos costumes, mas não era tradicionalista quando se tratava de operações. Durante toda sua vida combateu o que ele considerava um tradicionalismo sufocante do modo de fazer as coisas do exército. Em seus quatro anos lá, revolucionou o treinamento de oficiais e, como muitos dos oficiais mais importantes da Segunda Guerra Mundial passaram por Fort Benning durante sua estada, revolucionou também o Exército dos EUA.

Os planos de aula que herdou foram construídos com base na ridícula premissa de que, em batalha, os oficiais teriam informações completas sobre as posições de suas tropas e sobre as do inimigo. Ele os enviava em manobras sem mapas ou com mapas desatualizados, dizendo-lhes que em uma guerra real os mapas estariam ausentes ou piores que inúteis. Ele lhes dizia que, geralmente, a questão crucial é *quando* uma decisão deve ser tomada tanto quanto *qual* deve ser. Dizia que soluções medíocres empreendidas a tempo eram melhores do que soluções perfeitas realizadas tarde demais. Antes de Marshall, os professores escreviam suas aulas e simplesmente as liam para a classe. Ele proibiu essa prática. Reduziu o manual dos sistemas de fornecimento de 120 para 12 páginas, para facilitar o treinamento de uma força cidadã e permitir maior poder de decisão na cadeia de comando.

Mesmo seu sucesso e reformas não aceleraram suas promoções. O exército tinha seu próprio sistema de antiguidade. Mas, à medida que os anos 1930 avançavam e a ameaça fascista se tornava mais clara, o mérito pessoal começou a contar mais. Em determinado ponto, Marshall recebeu uma série de grandes promoções, ultrapassando os homens seniores, mas menos admirados, chegando a Washington e aos centros de poder.

O General

EM 1938, FRANKLIN ROOSEVELT REALIZOU UM ENCONTRO DE GABINETES para discutir estratégias para um aumento no arsenal bélico. FDR argumentou que a próxima guerra seria em grande parte determinada pelo poder aéreo e marítimo, e não pelas tropas terrestres. Ouviu cada um dos presentes, buscando apoio, e obteve concordância geral. Finalmente, voltou-se para Marshall, o novo vice-chefe de gabinete, e perguntou: "Você não acha, George?"

"Sinto muito, senhor presidente, mas não." Marshall defendeu as forças terrestres. FDR pareceu surpreso e encerrou a reunião. Presume-se que fora a última vez que o presidente chamou Marshall pelo primeiro nome.

Em 1939, FDR teve que substituir o chefe de gabinete que pedira demissão, o posto supremo das forças armadas dos EUA. Naquela época, Marshall era o 34º da antiguidade, mas a disputa acabou entre ele e Hugh Drum. Drum era um general talentoso, mas também um pouco vaidoso, e coordenou uma pródiga campanha para o cargo, angariou cartas de endosso e organizou uma série de artigos positivos na imprensa. Marshall se recusou a fazer campanha e debelou os esforços de outros para fazer campanha em seu nome. Mas ele tinha amigos-chave na Casa Branca; o mais importante deles era Harry Hopkins, amigo íntimo de FDR e idealizador do New Deal. FDR optou por Marshall, embora houvesse pouca simpatia entre eles.

A guerra é uma série de erros tolos e frustrações. No início da Segunda Guerra Mundial, Marshall entendeu que teria que eliminar impiedosamente os incompetentes de seus cargos. A essa altura, estava casado com sua segunda esposa, Katherine Tupper Brown, uma ex-atriz glamorosa, com uma personalidade forte e porte elegante que se tornaria companhia constante de Marshall. "Não posso me dar ao luxo do sentimento", disse ele. "Devo ser lógico e frio. O sentimento é para os outros. Não posso me permitir ficar com raiva, isso seria fatal — é muito cansativo. Minha mente precisa estar sempre clara. Não posso me dar ao luxo de parecer cansado."[23]

O processo de cortes foi brutal. Marshall encerrou as carreiras de centenas de colegas. "Ele já foi nosso querido amigo, mas arruinou meu marido", observou a esposa de um oficial sênior depois que o marido foi cortado.[24] Certa noite, ele disse a Katherine: "Eu fico tão cansado de dizer 'não', isso suga minhas energias." Organizando seu departamento enquanto a guerra se aproximava, Marshall observou: "Não é fácil dizer aos homens onde eles falharam... Meus dias parecem estar cheios de situações e problemas em que devo tomar decisões difíceis, as mais árduas."[25]

Uma das famosas proezas de Marshall foi realizada em uma coletiva de imprensa em Londres em 1944. Ele entrou na sala sem qualquer documento e começou instruindo cada repórter a fazer uma pergunta enquanto ouvia atentamente. Depois de mais de 30 perguntas, Marshall explicou em detalhes a situação da guerra, abordando as visões mais amplas, os objetivos estratégicos e os detalhes técnicos, deslocando os olhos deliberadamente para um rosto diferente a cada poucas frases. Quarenta minutos depois, ele encerrou a coletiva e agradeceu aos repórteres por seu tempo.

A Segunda Guerra Mundial teve sua parcela de generais ostentosos, como MacArthur e Patton, mas a maioria, como Marshall e Eisenhower, era antiostentação. Eram planejadores meticulosos, não astros de cinema extravagantes. Marshall odiava generais que gritavam e golpeavam mesas. Preferia o uniforme simples em vez do uniforme mais ornamentado, preferido pelos generais de hoje, com suas barretas formando um outdoor em seus peitos.

Durante esse tempo, Marshall desenvolveu uma reputação impressionante. A impressão geral foi resumida pelo correspondente de guerra da CBS, Eric Sevareid: "Um homem corpulento e simples de intelecto altíssimo, com a memória de um gênio extraordinário e a integridade de um santo cristão. A atmosfera de poder controlado que exalava fazia com que as pessoas se sentissem criaturas fisicamente frágeis, e sua devoção altruísta ao dever [estava] além de todas as influências da pressão pública ou da amizade pessoal."[26] O porta-voz da Câmara, Sam Rayburn, disse que nenhum outro norte-americano teve igual influência no Congresso: "Estamos na presença de um homem que diz a verdade como ele a vê." Como disse o secretário de Estado de Truman, Dean Acheson: "O que mais se destaca na lembrança que todos têm do General Marshall é a imensidão de sua integridade."

Essa integridade não lhe rendeu favores imediatos de ninguém. Manteve o desprezo de soldado pela política e lembrou-se de seu desgosto particular quando certa vez se encontrou com o presidente Roosevelt para lhe dizer que os planos para a invasão norte-africana estavam prontos. O presidente fechou as mãos em oração simulada e disse: "Por favor, faça antes do dia das eleições."[27] O vice-chefe de gabinete de Marshall, Tom Handy, explicou mais tarde em uma entrevista:

> Não adianta dizer que o General Marshall era um homem fácil, porque não era. Ele podia ser extremamente rígido. Mas tinha influência e poder extraordinários, especialmente sobre os britânicos e o Congresso. Eu acho que FDR invejava isso. Acho que eles sabiam, no caso de Marshall, que não havia motivo dissimulado ou egoísta. Os britânicos sabiam que ele não agia para marcar pontos para os norte-americanos ou para os britânicos, mas tentava vencer a guerra da melhor maneira. O Congresso sabia que ele era sincero com eles, sem politicagem envolvida.[28]

O momento emblemático de Marshall ocorreu no meio da guerra. Os Aliados planejavam a Operação Overlord, para a invasão da França, mas ainda não havia um comandante geral designado. Marshall ansiava secretamente pela tarefa e era consenso geral que ele era o mais qualificado. Esta seria uma das operações militares mais ambiciosas já tentadas, e quem a comandasse estaria prestando um grande serviço à causa e entraria para a história como resultado dela. Os outros líderes aliados, Churchill e Stalin, disseram a Marshall que o cargo seria dele. Eisenhower presumia que Marshall conseguiria o posto. Roosevelt sabia que, se Marshall pedisse, teria que nomeá-lo. Ele havia conquistado esse direito, sua reputação era extremamente elevada.

Mas Roosevelt confiava em Marshall para ficar perto de Washington, enquanto o comandante da Overlord precisaria ir para Londres. FDR também tinha dúvidas sobre a personalidade austera de Marshall. Comandar a Overlord significaria administrar alianças políticas, e um toque mais caloroso poderia ser útil. A controvérsia se intensificou. Vários senadores argumentaram que Marshall era necessário em Washington e não deveria ser nomeado. De sua cama de hospital, o General Pershing pediu a FDR que desse a Marshall um comando no campo.

Ainda assim, todos presumiam que Marshall comandaria. Em novembro de 1943, Roosevelt visitou Eisenhower no norte da África e disse mais ou menos o seguinte: "Você e eu sabemos quem foi o Chefe do Estado-maior durante os últimos anos da Guerra Civil, mas praticamente ninguém mais sabe... Eu odeio pensar que daqui a 50 anos praticamente ninguém saberá quem foi George Marshall. Essa é uma das razões pelas quais quero que George assuma o grande comando — ele tem o direito de consolidar seu lugar na história como um grande general."

Ainda assim Roosevelt tinha dúvidas. "É perigoso mexer em time que está ganhando",[29] disse. Ele enviou Harry Hopkins para avaliar os sentimentos de Marshall sobre a nomeação. Marshall não mordeu a isca. Disse a Hopkins que servira com honra. Não pediria nada. Preferia "seguir de bom coração qualquer decisão tomada pelo presidente".[30] Em uma entrevista para Forrest Pogue décadas depois, Marshall explicou seu comportamento: "Eu estava determinado que não deveria envergonhar o presidente de uma forma ou de outra — que ele deveria ser capaz de lidar com esse assunto perfeitamente livre para agir de acordo com o que achasse ser o melhor interesse [do país]... Fui totalmente sincero no desejo de evitar o que aconteceu em tantas outras guerras — a consideração dos sentimentos do indivíduo em vez do bem do país."[31]

FDR chamou Marshall para que fosse a seu escritório em 6 de dezembro de 1943. Roosevelt enrolou, sem jeito, por vários minutos, discutindo assuntos de menor importância. Então, perguntou a Marshall se ele queria o posto. Se Marshall tivesse simplesmente pronunciado a palavra "sim", ele supostamente conseguiria a nomeação. Ainda assim, Marshall se recusou a morder a isca. Disse a Roosevelt para fazer o que achava melhor. Insistiu que seus sentimentos pessoais não deveriam ter influência na decisão. Repetidas vezes, ele se recusou a expressar sua preferência de um jeito ou de outro.

FDR olhou para ele. "Bem, não acho que conseguiria dormir tranquilamente se você não estivesse em Washington." Houve um longo silêncio. E, então, Roosevelt acrescentou: "Então será Eisenhower."[32]

Por dentro, Marshall deve ter ficado arrasado. Um tanto sem graça, Roosevelt pediu-lhe para transmitir a decisão aos Aliados. Como chefe de gabinete, Marshall sentiu-se obrigado a escrever a ordem pessoalmente: "A nomeação imediata do General Eisenhower para comandar a operação 'Overlord' foi determinada." Generosamente guardou o pedaço de papel e enviou-o para Ike: "Prezado Eisenhower. Achei que gostaria de guardar isto como lembrança. Foi escrita apressadamente por mim quando a reunião final terminou ontem, o presidente assinou-a imediatamente. G.C.M."[33]

Foi a maior decepção profissional da vida de Marshall, e só aconteceu porque ele se recusou a expressar os próprios desejos. Mas esse, é claro, era o código pelo qual conduzia a vida.

Quando a guerra na Europa terminou, foi Eisenhower, não Marshall, que retornou a Washington como conquistador triunfante. Ainda assim, Marshall estava exultante de orgulho. John Eisenhower recordou a cena do retorno de seu pai a Washington: "Foi nesse dia que vi o General Marshall completamente à vontade. De pé atrás de Ike e evitando os flashes dos fotógrafos, ele sorriu para Ike e Mamie com uma expressão gentil e paternal. Não restara nada do normalmente distante George Marshall em seu comportamento naquele dia. Em seguida, recolheu-se aos bastidores e deixou Ike assumir o palco pelo resto do dia — em uma carreata pelas ruas de Washington e uma visita ao Pentágono."[34]

Em uma carta pessoal, Churchill escreveu a Marshall: "Não lhe coube a tarefa de comandar os grandes exércitos. Você teve que criá-los, organizá-los e inspirá-los."[35] Ofuscado pelos homens que promovera, Marshall se tornou conhecido simplesmente como o "organizador da vitória".

Últimas Tarefas

MARSHALL PASSOU SUA VIDA PÓS-GUERRA TENTANDO SE APOSENTAR. Em 26 de novembro de 1945, houve uma cerimônia simples no Pentágono, e Marshall foi dispensado do cargo de chefe do Estado-maior do exército. Dirigiu até Dodona Manor, a casa que ele e Katherine compraram em Leesburg, Virgínia. Eles caminharam pelo pátio ensolarado, ansiosos por anos de lazer e aposentadoria. Katherine subiu para descansar antes do jantar e ouviu o telefone tocar enquanto subia. Uma hora depois, desceu as escadas e encontrou Marshall pálido deitado em uma chaise longue, ouvindo o rádio. A transmissão anunciava que o embaixador dos EUA na China acabara de renunciar e que George Marshall aceitara o pedido do presidente para ocupar o seu lugar. O telefonema fora do presidente Truman pedindo a Marshall que partisse imediatamente. "Ah, George", disse ela, "como *pôde*?"[36]

O trabalho era ingrato, mas ele e Katherine permaneceram na China por 14 meses, tentando impedir uma inevitável guerra civil entre os chineses nacionalistas e os comunistas. No voo de volta para casa de sua primeira grande missão fracassada, Marshall, agora com 67 anos, foi convidado novamente pelo presidente, por telefone, para outro favor: servir como secretário de Estado. Marshall aceitou e desligou.[37] Em sua nova posição, implementou o Plano Marshall — embora nunca o tenha chamado de nada além de seu nome oficial, Plano de Recuperação Europeu —, e o desejo do Presidente Roosevelt de que Marshall fosse lembrado por muito tempo pela história se tornou realidade. Outras nomeações se seguiram: presidente da Cruz Vermelha dos Estados Unidos; secretário de defesa; chefe da delegação dos EUA na coroação de Elizabeth II. Houve altos — quando venceu o Prêmio Nobel — e baixos — quando se tornou objeto de uma campanha de ódio por Joe McCarthy e seus aliados. À medida que cada cargo era oferecido, Marshall sentia a força da obrigação. Tomou algumas boas decisões e outras ruins — ele se opôs à formação do Estado de Israel. Continuamente aceitava tarefas que não queria.

Algumas pessoas parecem ter nascido neste mundo com um senso de dívida pela bênção de estar vivo. Estão cientes da transmissão de gerações, o que receberam das pessoas que vieram antes, sua dívida com seus antepassados, suas obrigações para com um conjunto de responsabilidades morais que se estendem ao longo do tempo.

Uma das mais puras expressões dessa atitude é uma carta enviada para casa por um soldado da Guerra Civil chamado Sullivan Ballou para sua esposa na véspera da primeira batalha de Bull Run, no início da guerra. Ballou, que era órfão, conhecia bem a dor de crescer sem pai. Apesar disso, escreveu para a esposa que estava disposto a morrer para pagar sua dívida com seus antepassados:

> Se for necessário que eu sucumba no campo de batalha por meu país, estou pronto... Sei quão fortemente a civilização norte-americana agora depende do triunfo do governo, e quanto é grande nossa dívida àqueles que foram antes de nós pelo sangue e sofrimento da Revolução. E estou disposto — perfeitamente disposto — a renunciar a todas minhas alegrias nesta vida, a ajudar a manter este governo, a ajudar a pagar essa dívida.

> Mas, minha querida esposa, apesar de saber que com minhas próprias alegrias renuncio também a quase todas as suas e as substituo por preocupações e tristezas — e que depois de ter comido por longos anos o fruto amargo do orfanato, posso acabar por oferecê-lo como único sustento para meus filhos queridos —, será fraco ou desonroso, enquanto a bandeira do meu propósito tremula calma e orgulhosamente na brisa, que meu amor infinito por vocês, minha querida esposa e filhos, deva lutar uma feroz e inútil batalha com meu amor pelo país?...

> Sarah, meu amor por você é imortal, parece me ligar a você com cabos poderosos que nada além de Onipotência poderia quebrar; e, no entanto, meu amor pelo meu País me toma como um vento forte e me leva irresistivelmente com todas essas correntes para o campo de batalha... Tenho, eu sei, poucas e pequenas reclamações sobre a Divina Providência, mas algo sussurra para mim — talvez seja a oração do meu pequeno Edgar — que retornarei aos meus amados ileso. Se não o fizer, minha querida Sarah, nunca esqueça o quanto eu a amo, e, quando meu último suspiro me escapar no campo de batalha, sussurrará seu nome.

Claro, Ballou lutou no dia seguinte em Bull Run, e morreu. Como Marshall, ele tinha a sensação de que não conseguia encontrar satisfação fora de suas obrigações com a comunidade e o país.

Vivemos em uma sociedade que coloca grande ênfase na felicidade pessoal, definida como não se frustrar na realização de seus desejos.

Mas velhas tradições morais não morrem. Elas flutuam ao longo dos séculos e inspiram novas pessoas em novas condições. Marshall viveu no mundo dos aviões e da bomba nuclear, mas em muitos aspectos ele foi formado pelas tradições morais da Grécia e Roma clássicas. Sua constituição moral devia algo a Homero, à ênfase clássica na coragem e na honra. Devia algo aos estoicos, com sua ênfase na disciplina moral. Mas particularmente mais tarde na vida, também devia algo ao antigo Péricles ateniense, que personificava o estilo de liderança que chamamos de magnanimidade, ou de grande alma.

O magnânimo líder da idade de ouro da Grécia tinha uma visão superior, mas precisa, de sua própria virtude. Ele se colocava em uma categoria diferente da maioria das pessoas ao seu redor, entendendo que tinha sido abençoado por uma boa sorte incomum. Esse entendimento estremeceu suas relações com os que o cercavam. Podia ser solitário e distante, reservado e digno, exceto com alguns amigos próximos. Movia-se pelo mundo com especial cordialidade, genial para as pessoas, mas nunca expondo seus sentimentos, pensamentos e medos.[38] Ele escondia suas vulnerabilidades e detestava a ideia de depender dos outros. Como Robert Faulkner escreve em *The Case for Greatness* ["Em Defesa da Grandeza", em tradução livre], ele não é uma pessoa sociável, alguém que sabe trabalhar em grupo ou um membro da equipe: "Ele não coloca seu esforço em uma tarefa conjunta, especialmente se tiver que assumir um papel secundário. Nem está ansioso por reciprocidade."[39] Ele gosta de conceder favores, mas tem vergonha de recebê-los. Ele era, como disse Aristóteles: "Incapaz de liderar sua vida para servir a qualquer outra pessoa."[40]

O líder magnânimo não tem um conjunto normal de relações sociais. Há um resquício de tristeza, como há em muitas pessoas grandiosamente ambiciosas que renunciam à companhia em prol de seus objetivos elevados. Nunca se pode permitir ser tolo ou simplesmente feliz e livre. Ele é como mármore.

O líder magnânimo recebe um chamado de sua própria natureza a realizar algum grande benefício para seu povo. Ele se mantém em um padrão mais elevado e se torna uma instituição pública. A magnanimidade só pode realmente ser expressa na vida pública ou política. A política e a guerra são os únicos teatros grandes, competitivos e pretensiosos o suficiente para suscitar os mais altos sacrifícios e obter os mais altos talentos. O homem que se abriga apenas nos reinos do comércio e da vida privada é, por definição, menos importante do que aquele que entra na arena pública.

Na época de Péricles, o líder de grande alma deveria se comportar com firmeza e sobriedade. Precisava ser mais judicioso e autodisciplinado do que os temperamentais heróis homéricos. Acima de tudo, deveria oferecer algum benefício público em grande escala. Deveria salvar seu povo em um momento de perigo ou transformá-lo para atender às necessidades de uma nova era.

O homem de grande alma pode não ser um bom homem — pode nem sempre ser gentil, compassivo, atencioso e agradável —, mas é um grande homem. Ele conquista grandes honras porque é digno delas. Atinge um estilo diferente de felicidade, definido pela popularizadora do pensamento grego, Edith Hamilton, como "o exercício de poderes vitais ao longo de linhas de excelência em uma vida que lhes oferece escopo".

Morte

EM 1958, MARSHALL DEU ENTRADA NO HOSPITAL DE WALTER REED PARA a remoção de um cisto no rosto. Sua afilhada, Rose Wilson, veio visitá-lo, e se chocou com o quanto parecia ter envelhecido.

"Tenho muito tempo para lembrar agora", disse ele, recordando-se de uma época em que, quando garoto, foi deslizar na neve com o pai em Uniontown. "Coronel Marshall", ela respondeu, "sinto muito que seu pai não tenha vivido tempo suficiente para saber que grande filho ele tinha. Ele ficaria muito orgulhoso de você".

"Acha mesmo?", respondeu Marshall. "Gostaria de acreditar que ele teria se orgulhado."

A saúde de Marshall se agravou. Cada canto do planeta parecia responder à doença do general. Chegaram mensagens de Winston Churchill e do General Charles de Gaulle, de Mao Tse-tung e Chiang Kai-shek, de Joseph Stalin e do General Dwight Eisenhower, do Marechal Tito e do Marechal Bernard Montgomery.[41] Milhares de cartas de pessoas comuns. O Presidente Eisenhower foi visitá-lo três vezes. Truman o visitou. Winston Churchill, então com 84 anos, também. A essa altura, Marshall estava em coma, e Churchill não pôde fazer mais do que ficar na porta, chorando, enquanto olhava para o pequeno corpo do homem que um dia conhecera.

Marshall morreu em 16 de outubro de 1959, pouco antes do seu 80º aniversário. O General Tom Handy, seu antigo vice-chefe de gabinete, perguntara-lhe uma vez sobre os preparativos para o funeral, mas Marshall o interrompeu. "Você não precisa se preocupar com isso. Deixei todas as instruções necessárias."[42] Essas instruções foram abertas após a sua morte. Eram impressionantes: "Enterre-me sem pompas, como qualquer oficial comum do Exército dos EUA que tenha honrado seu país. Sem alardes. Nada de cerimonial elaborado. O sepultamento deve ser breve; restrinja a lista de convidados à família. E, acima de tudo, faça tudo em silêncio."[43]

Seguindo suas ordens, não houve funeral de Estado. Não houve velório sob a cúpula do Capitólio. Seu corpo foi velado na Capela de Belém da Catedral Nacional por 24 horas para que os amigos pudessem prestar suas homenagens. No funeral, estavam presentes familiares, alguns colegas e seu velho barbeiro de guerra, Nicholas J. Totalo, que cortara o cabelo do general no Cairo, em Teerã, em Potsdam e, mais tarde, no Pentágono.[44] Depois houve uma cerimônia de sepultamento muito breve e simples em Fort Myer em Arlington, Virgínia, usando o sermão-padrão da Ordem para o Enterro dos Mortos do Livro de Oração Comum, sem discursos fúnebres.

CAPÍTULO 6

DIGNIDADE

O MAIS PROEMINENTE LÍDER DE DIREITOS CIVIS NOS ESTADOS unidos na época em que o programa *Command Performance* foi ao ar era A. Philip Randolph. Ele foi o líder afro-americano que organizou e convocou passeatas, que se reuniu com o presidente e cuja fama e autoridade moral ajudaram a moldar o movimento.

Randolph nasceu em 1899, perto de Jacksonville, Flórida. Seu pai era pastor em uma Igreja Episcopal Metodista Africana (Ame), mas a igreja pagava tão pouco que a maior parte de sua renda era obtida como alfaiate e açougueiro, enquanto sua esposa trabalhava como costureira.

Randolph, que não era religioso, lembrou: "Meu pai pregava uma religião racial. Falava da condição social de seu rebanho e sempre lembrava que a igreja AME foi a primeira instituição militante negra nos EUA."[1] O patriarca dos Randolph também levava seus dois garotos para reuniões políticas organizadas por negros. Ele os apresentou a homens negros de sucesso. E contou e recontou as histórias de negros inspiradores ao longo da história: Crispus Attucks, Nat Turner, Frederick Douglass.

A família vivia a pobreza respeitável e trabalhadora. A casa era mantida impecavelmente limpa. Eles seguiam um código de propriedade, disciplina e etiqueta antiquados. Os pais de Randolph praticavam a perfeita dicção e ensinaram o filho a pronunciar cada sílaba de cada palavra para que, durante toda a vida, palavras como "responsabilidade" fossem pronunciadas como uma longa e imponente procissão: "res-pon-sa-bi-li-da-de".

Confrontados com o racismo humilhante, eles adotaram um código de refinamento moral e conduta honrada que destoava de suas circunstâncias materiais. O patriarca dos Randolph, escreveu o biógrafo Jervis Anderson: "Era, resumidamente, um cavalheiro que venceu pelos próprios esforços, guiado pelos valores de civilidade, humildade e decência, inspirado pelo serviço religioso e social, e totalmente dedicado à ideia de dignidade."[2]

Na escola, Randolph fora ensinado por duas professoras brancas da Nova Inglaterra que tinham ido ao sul para educar crianças negras desprivilegiadas e a quem Randolph mais tarde chamaria de "duas das melhores professores que já existiram". A Srta. Lillie Whitney lecionava latim e matemática, enquanto a Srta. Mary Neff lecionava literatura e teatro. Alto e atlético, Randolph destacou-se no beisebol, mas desenvolveu um amor por Shakespeare e pelo drama que perduraria por toda sua vida. Nas últimas décadas da vida de sua esposa, quando estava confinada a uma cadeira de rodas, Randolph lia Shakespeare para ela todos os dias.

A maioria das pessoas é produto de suas circunstâncias, mas os pais de Randolph, seus professores e ele mesmo criaram um sistema moral que transcendia as circunstâncias, um modo de se comportar sempre ligeiramente mais elevado, mais formal e muito mais digno do que o do mundo ao seu redor. Ao longo de toda a vida, a postura de Randolph era sempre adequada e correta. C. L. Dellums, um colega e líder trabalhista, lembrou: "Randolph aprendeu a sentar-se ereto e a andar ereto. Você quase nunca o via inclinado para trás, reclinado. Não importava o quanto a ocasião fosse descontraída, você olhava em volta e via Randolph com a postura muito ereta, como se houvesse uma tábua em suas costas."[3]

Sua voz era suave, profunda e serena. Ele tinha um sotaque que as pessoas descreviam como uma mistura de classe alta de Boston e oeste da Índia. Falava em uma cadência bíblica e usava palavras arcaicas como "deveras" e "obsequiar".[4]

Combateu qualquer tendência à frouxidão ou à preguiça moral com atos constantes de autodomínio, fossem pequenos atos de conduta pessoal ou grandes atos de renúncia. Sua equipe se admirava com o modo como as mulheres se atiravam nele durante suas viagens e a maneira gentil como ele se esquivava. "Não acho que tenha existido um homem que as mulheres suplicassem por atenção e perseguissem mais do que esse homem", Dellums recordou a um biógrafo: "Elas tentavam de tudo, menos estupro. Webster e eu tínhamos uma piada entre nós de que seguíamos o chefe para lidar com o excedente. E eram as mulheres mais bonitas… Era sempre deprimente ter que sair de lá. Já vi mulheres tentarem tudo, implorar para que ele as acompanhasse ao quarto do hotel, para um bebida ou algo assim. Ele apenas dizia: 'Desculpe, estou cansado. Eu tive um dia difícil. É melhor a gente encerrar a noite.' Às vezes eu dizia para ele: 'Chefe? Está de brincadeira?'"[5]

Ele não acreditava em autoexposição. Fora de seus escritos, que poderiam ser duros e polêmicos, ele não costumava criticar os outros. Sua formalidade muitas vezes impedia as pessoas de sentir que de fato o conheciam; até mesmo Bayard Rustin, um de seus colegas mais próximos, sempre o chamava de "Sr. Randolph". Não estava interessado em dinheiro e suspeitava que o luxo pessoal era moralmente corruptor. Mesmo mais velho e mundialmente famoso, ele ia de ônibus do trabalho para a casa todos os dias. Um dia, foi assaltado no corredor de seu prédio. Os assaltantes encontraram US$1,25 em dinheiro, e nenhum relógio ou joias de qualquer espécie. Quando alguns doadores tentaram arrecadar dinheiro para ele, para melhorar seu estilo de vida, ele os impediu dizendo: "Tenho certeza de que sabem que não tenho dinheiro e, ao mesmo tempo, não espero receber nenhum. No entanto eu não pensaria em iniciar um movimento para arrecadar dinheiro para mim e minha família. Ser pobre é o destino de algumas pessoas, e este é o meu destino, sobre o qual não tenho nenhum pesar."[6]

Essas qualidades — sua incorruptibilidade, sua formalidade reticente e, acima de tudo, sua dignidade — significavam que era impossível humilhá-lo. Suas reações e estado interno foram determinados por ele mesmo, não pelo racismo ou mesmo pela adulação que mais tarde o cercou. A importância de Randolph foi a de estabelecer um certo modelo de como ser um líder dos direitos civis. Ele exalava autocontrole e, como George C. Marshall, deixou uma série de respeitosos admiradores em seu caminho. "É difícil fazer alguém que nunca o conheceu acreditar que A. Philip Randolph deva ter sido o maior homem que viveu nos EUA neste século", escreveu o colunista Murray Kempton. "Mas é ainda mais difícil fazer qualquer um que o tenha conhecido acreditar em qualquer outra coisa."

Espírito Público

OS PRINCIPAIS DESAFIOS DA VIDA DE RANDOLPH FORAM: COMO PEGAR pessoas imperfeitas e as organizar em uma força para a mudança? Como acumular poder sem ser corrompido por ele? Mesmo no meio de uma das mais nobres empreitadas do século, o movimento pelos direitos civis, líderes como Randolph eram cheios de autodesconfiança, achando que tinham que estar atentos à própria frouxidão, à própria pecaminosidade, à sensação de que mesmo no meio do combate à injustiça ainda é possível cometer um erro terrível.

Há uma razão pela qual os líderes dos direitos civis temiam o livro do Êxodo. Os israelitas naquele livro eram um povo dividido, míope e petulante. Eram liderados por um homem, Moisés, que era manso, passivo e intemperante, e que se sentia inadequado para a tarefa. Os líderes do movimento tiveram que enfrentar os dilemas insolúveis da liderança mosaica: como conciliar paixão com paciência, autoridade com compartilhamento de poder, clareza de propósito com insegurança.[7]

A solução foi um certo tipo de espírito público. Hoje, quando usamos a expressão "espírito público", tendemos a associá-la a alguém que recolhe petições, organiza marchas e protestos, e faz ouvir a sua voz para o bem público. Mas, em épocas anteriores, significava alguém que reprimia suas próprias paixões e moderava suas opiniões a fim de alcançar um consenso maior e agregar pessoas diversas. Pensamos no espírito público como autoafirmação, mas historicamente tem sido uma forma de autogoverno e autocontrole. O reticente e às vezes frio George Washington exemplificou essa versão do espírito público.[8] Randolph também. Ele combinou o radicalismo político com o tradicionalismo pessoal.

Às vezes, seus conselheiros se cansavam de sua polidez inesgotável. Bayard Rustin disse a Murray Kempton: "De vez em quando, acho que ele permite que as boas maneiras entrem no caminho... Uma vez eu reclamei e ele respondeu: 'Bayard, devemos, com boas maneiras, aceitar a todos. Agora é a hora de aprendermos boas maneiras. Vamos precisar delas quando isso acabar, porque devemos mostrar boas maneiras depois de vencermos.'"[9]

O Radical da Alta Sociedade

RANDOLPH COMEÇOU SUA CARREIRA MUDANDO-SE DA FLÓRIDA PARA O Harlem, Chegando em abril de 1911, um mês depois do incêndio na fábrica Triangle. Tornou-se ativo em grupos teatrais e, com sua elocução e presença, parecia prestes a se tornar um ator shakespeariano, até que seus pais reprimiram a ideia. Frequentou por um breve período a City College, onde leu Karl Marx vorazmente. Ajudou a iniciar uma série de revistas raciais, levando o marxismo para a comunidade negra. Em um editorial, chamou a Revolução Russa de "a maior conquista do século XX". Ele se opôs à entrada dos EUA na Primeira Guerra Mundial, acreditando que a guerra servia apenas aos interesses dos fabricantes de munições e de outros industriais. Fez uma cruzada contra o movimento Back to Africa, de Marcus Garvey. No meio da luta, um inimigo anônimo enviou a Randolph uma caixa contendo um bilhete ameaçador e uma mão humana decepada.

Ao mesmo tempo em que era preso por violar a legislação antissedição, sua vida pessoal tornava-se ainda mais burguesa e honrada. Randolph se casou com uma mulher de classe alta de uma família proeminente do Harlem. Nas tardes de domingo, gostavam de participar de passeios semanais. As pessoas se vestiam com suas melhores roupas — meiões, bengalas, flores na lapela, polainas e chapéus elegantes — e passeavam pela avenida Lenox ou pela 135th Street, trocando cumprimentos e amenidades com os vizinhos ao longo do caminho.

No início da década de 1920, Randolph começou a focar as organizações trabalhistas. Ajudou a fundar meia dúzia de pequenos sindicatos, unificando garçons, garçonetes e outros grupos insatisfeitos. Em junho de 1925, Randolph foi abordado por alguns assistentes de vagão da Pullman que procuravam um líder carismático e instruído que pudesse criar um sindicato para eles. A Pullman Company forneceu vagões dormitórios de luxo que foram locados para as ferrovias. Os clientes eram servidos por esquadrões de homens negros uniformizados que engraxavam sapatos, trocavam lençóis e traziam comida. Depois da Guerra Civil, o fundador, George Pullman, havia contratado ex-escravos para fazer esse trabalho, acreditando que seriam uma força de trabalho dócil. Os assistentes tentaram sindicalizar-se em 1909, mas sempre foram derrotados pela empresa.

Randolph aceitou o desafio e passou os 12 anos seguintes tentando criar um sindicato de assistentes de vagões e conseguir alguns benefícios da empresa. Viajou pelo país tentando persuadir os assistentes a se unirem ao sindicato, em uma época em que o menor sinal de atividade sindical poderia custar-lhes o emprego ou resultar em uma surra. A principal ferramenta de Randolph era sua postura. Como um membro do sindicato lembra: "Ele fascinava as pessoas. Você teria que ser insensível para se afastar dele. Ao redor dele todos se sentiam como discípulos diante do mestre. Você podia até não se dar conta imediatamente, mas, ao chegar em casa sozinho, começava a pensar no que ele tinha dito e decidia que teria que ser seu seguidor, simples assim."[10]

O trabalho foi lento, mas nos 4 anos seguintes o sindicato cresceu para quase 7 mil membros. Randolph ficou sabendo que a classe trabalhadora não gostava quando ele criticava a empresa, à qual ainda se sentia leal. Eles não compartilharam sua crítica mais geral do capitalismo, então ele mudou de tática. Transformou-a em uma luta pela dignidade. Randolph também decidiu que ele rejeitaria todas as doações de brancos simpatizantes da causa. Essa seria uma vitória que os negros organizariam e venceriam por conta própria.

Em seguida, veio a Depressão, e a empresa revidou, demitindo ou ameaçando qualquer funcionário que votasse a favor da greve. Em 1932, o número de membros do sindicato caiu para 771. Escritórios haviam fechado em 9 cidades. Randolph e o pessoal da sede foram despejados por falta de pagamento de aluguel. O salário de Randolph, que era de US$10 por semana, caiu para nada. Sempre um homem polido e bem-vestido, suas roupas estavam esfarrapadas e puídas. Ativistas sindicalistas foram espancados em cidades de Kansas City a Jacksonville. Em 1930, um legalista de Oakland chamado Dad Moore escreveu uma carta assertiva um mês antes de sua morte:

> Minhas costa tão contra a parede, mas vou morrê antes de recuar um centímetro. Tô me adaptando não por mim, mas por 12 mil carregadores e empregadas domésticas, e crianças... Tô à beira da miséria, mas isso não mudou minha mente, pois, assim como a noite vem depois do dia, vamo vencê. Diga a todos os homens em seu distrito que eles devem seguir o Sr. Randolph como seguiriam Jesus Cristo.[11]

Resistência Não Violenta

A IMPRENSA NEGRA E AS IGREJAS NEGRAS SE VOLTARAM CONTRA A UNIÃO por ser excessivamente agressiva. Em Nova York, o prefeito Fiorello La Guardia ofereceu a Randolph um emprego na cidade com salário de US$7 mil por ano, mas Randolph recusou.

A maré virou em 1933 com a eleição de Franklin Roosevelt e uma mudança nas leis trabalhistas. Ainda assim, os executivos da empresa tinham dificuldade em entender o fato de que, para resolver a disputa trabalhista, teriam que se sentar como iguais com os negros assistentes de vagões e seus representantes. Somente em julho de 1935 a empresa e a liderança sindical se reuniram em uma sala em Chicago para iniciar as negociações. Chegaram a um acordo apenas 2 anos depois. A empresa concordou em reduzir o mês de trabalho de 400 para 240 horas e concordou em aumentar o pacote de pagamento total da empresa em US$1,25 milhão por ano. Assim terminou uma das batalhas trabalhistas mais longas e amargas do século XX.

A essa altura, Randolph era o mais famoso líder sindical afro-americano do país. Tendo rompido definitivamente com o marxismo de sua juventude, passou os anos seguintes em uma série de lutas brutais para expulsar as organizações dominadas pelos soviéticos do movimento trabalhista. Então, no início dos anos 1940, com o país se mobilizando para a guerra, uma nova injustiça pressionou a comunidade negra. As fábricas estavam recrutando trabalhadores em massa para construir aviões, tanques e navios, mas não estavam contratando negros.

Em 15 de janeiro de 1941, Randolph emitiu um comunicado pedindo uma marcha gigantesca em Washington caso fosse permitido que essa discriminação continuasse. "Nós, cidadãos norte-americanos negros e leais, exigimos o direito de trabalhar e lutar pelo nosso país", declarou ele. Ele criou o Comitê da Marcha sobre Washington e esperou realisticamente que eles pudessem reunir 10 mil, ou talvez 20 ou 30 mil negros para uma marcha de protesto no National Mall.

A perspectiva da marcha alarmou a liderança do país. Roosevelt pediu uma reunião com Randolph na Casa Branca.

"Olá, Phil", disse o presidente quando se encontraram. "De que turma de Harvard você é?"

"Nunca fui a Harvard, senhor presidente", respondeu Randolph.

"Eu tinha certeza de que sim. De qualquer forma, você e eu compartilhamos uma afinidade em nosso grande interesse pela justiça humana e social."

"Isso mesmo, senhor presidente."

Roosevelt iniciou uma série de piadas e anedotas políticas, mas Randolph no devido tempo o interrompeu.

"Sr. presidente, o tempo está passando. O senhor é muito ocupado, eu sei. Mas queremos falar sobre o problema dos empregos para os negros nas indústrias de defesa."

Roosevelt se ofereceu para ligar para alguns chefes de empresas e pedir que contratassem negros.

"Nós queremos que o senhor faça mais do que isso", respondeu Randolph. "Queremos algo concreto… Queremos que emita uma ordem executiva tornando obrigatório que negros sejam autorizados a trabalhar nessas fábricas."

"Bem, Phil, você sabe que não posso fazer isso. Se eu emitir uma ordem executiva para você, terei uma infinidade de outros grupos vindo aqui e me pedindo para emitir ordens executivas para eles também. De qualquer forma, eu não poderia fazer nada a menos que você cancelasse essa sua marcha. Questões como essa não podem ser resolvidas com uma marreta."

"Sinto muito, senhor presidente, a marcha não pode ser cancelada." Randolph, blefando um pouco, prometeu reunir 100 mil manifestantes.

"Você não pode trazer 100 mil negros para Washington", protestou Roosevelt, "alguém pode acabar morrendo".

Randolph insistiu. O impasse durou até que o prefeito La Guardia, que estava na reunião, entrasse em cena. "Está claro que o Sr. Randolph não cancelará a marcha, e sugiro que todos nós comecemos a buscar uma solução."[12] Seis dias antes do início da marcha, Roosevelt assinou a Ordem Executiva 8802, proibindo a discriminação nas indústrias de defesa. Randolph cancelou a marcha, em meio a muita oposição dos líderes dos direitos civis que queriam usá-la para promover outras causas, como a discriminação nas próprias Forças Armadas.

Depois da guerra, Randolph pressionou de modo mais amplo pelos direitos dos trabalhadores e contra a segregação. Seu grande poder, como sempre, derivava de sua integridade moral óbvia, seu carisma, seu exemplo como homem incorruptível a serviço de uma causa. Ele não era, no entanto, um administrador meticuloso. Tinha dificuldade em concentrar suas energias em uma única causa. A notória admiração que inspirava nas pessoas ao seu redor poderia ameaçar a eficácia organizacional. "Há, especialmente no Escritório Nacional, um grau insalubre de adoração ao Sr. Randolph como líder", observou um analista externo da organização da Marcha sobre Washington de 1941, "que paralisa a ação e impede que se trabalhe a política de um modo inteligente".[13]

Mas Randolph teve mais uma importante contribuição para o movimento dos direitos civis. Nas décadas de 1940 e 1950, estava entre os que defendiam a resistência não violenta como tática para promover a causa dos direitos civis. Influenciado por Mahatma Gandhi e algumas das primeiras táticas do movimento trabalhista, ele ajudou a formar a Liga da Desobediência Civil Não Violenta Contra a Segregação Militar em 1948.[14] Contra a maioria dos grupos de direitos civis estabelecidos, que defendiam a educação e a reconciliação em vez de confronto e disputa, Randolph defendia protestos em restaurantes e "protestos de oração". Como disse à Comissão das Forças Armadas no Senado em 1948: "O nosso seria [um movimento] de não resistência... Estaríamos dispostos a absorver a violência, conter o terrorismo, arcar com as consequências sejam quais forem."

Essa tática de não violência dependia de intensa autodisciplina e renúncia do tipo que Randolph praticara toda sua vida. Um dos assessores que influenciaram Randolph e foi influenciado por ele foi Bayard Rustin. Algumas décadas mais jovem, Rustin compartilhava muitas das qualidades de seu mentor.

Rustin

BAYARD RUSTIN CRESCEU EM WEST CHESTER, PENSILVÂNIA, E FOI CRIADO por seus avós. Já era adolescente quando descobriu que a pessoa que pensava ser sua irmã mais velha era na verdade sua mãe. Seu pai, que sofria de alcoolismo, morava na cidade, mas não desempenhava papel algum na vida de Rustin.

Rustin lembrou-se de seu avô como tendo "a postura mais correta que qualquer pessoa que você já viu. Nenhum de nós consegue se lembrar de uma única indelicadeza dele". Sua avó foi criada como *quaker* e foi uma das primeiras mulheres negras do condado a frequentar o ensino médio. Ela reforçou em Bayard a necessidade de calma, dignidade e autocontrole implacável. "Não se pode simplesmente perder a paciência" era uma das suas máximas favoritas. Sua mãe também dirigiu um acampamento bíblico de verão, com ênfase no livro do Êxodo, ao qual Bayard comparecia todos os dias. Recordou: "Minha avó estava totalmente convencida de que, quando se tratava de libertação dos negros, tínhamos muito mais a aprender com a experiência judaica do que com Mateus, Marcos, Lucas e João."[15]

No ensino médio, Rustin era um bom atleta e escrevia poesia. Como Randolph, falava com um sotaque quase britânico, que poderia parecer arrogante para aqueles que o conheciam pela primeira vez. Seus colegas de classe o provocavam por seu excessivo senso de dignidade. Um colega de escola recordou: "Ele declamava poesia bíblica. E Browning. Ele o confrontava e depois se levantava e recitava um poema."[16] Como calouro, foi o primeiro aluno negro em 40 anos a ganhar o prêmio de oratória de sua escola no ensino médio. No último ano, chegou ao time de futebol americano principal de todos os condados e foi o orador da turma. Desenvolveu uma paixão pela ópera, Mozart, Bach e Palestrina, e o romance de George Santayana, *The Last Puritan* ["O Último Puritano", em tradução livre], era um de seus livros favoritos. Por conta própria, também leu *A História da Civilização*, de Will e Ariel Durant, que, segundo ele, foi como "tomar uma lufada de algo que simplesmente destranca suas narinas, exceto que isso aconteceu no meu cérebro".[17]

Rustin foi para a faculdade na Wilberforce University, em Ohio, e depois para Cheney State, na Pensilvânia. Durante seu período na faculdade, ele se descobriu gay. Essa percepção não induziu muita turbulência emocional — ele fora criado em uma família tolerante e viveria de maneira mais ou menos aberta como homossexual durante toda a sua vida —, mas fez com que se mudasse para Nova York, onde havia pelo menos uma cultura gay underground e um pouco mais de aceitação.

Uma vez no Harlem, seguiu em várias direções ao mesmo tempo, juntando-se a organizações de esquerda e também se voluntariando para ajudar a organizar a Marcha sobre Washington de Randolph. Ele se juntou a uma organização cristã pacifista, a Fellowship of Reconciliation (FOR), e rapidamente emergiu como uma estrela em ascensão do movimento. O pacifismo era um modo de vida para Rustin; proporcionou-lhe um caminho para a virtude interior e uma estratégia para a mudança social. O caminho para a virtude interior significava suprimir a raiva pessoal e as tendências violentas internas. "A única maneira de reduzir a hediondez do mundo é reduzi-la em si mesmo", diria Rustin.[18] Como estratégia de mudança, o pacifismo, escreveu mais tarde em uma carta a Martin Luther King: "Repousa sobre dois pilares. Um é a resistência, a contínua resistência militar. O malfeitor está sujeito a pressões para que nunca lhe seja permitido descansar. O segundo é que ele projeta a boa contra a má vontade. Desta forma, a resistência não violenta é uma força contra a apatia em nosso próprio meio."[19]

Ao longo de seus 20 e tantos anos, Rustin viajou pelo FOR, instigando plateias em todo o país. Encenou atos constantes de desobediência civil, que rapidamente se tornaram lendários nos círculos pacifistas e de direitos civis. Em 1942, em Nashville, insistiu em andar na seção branca de um ônibus público. O motorista chamou a polícia. Quatro oficiais chegaram e o surraram enquanto Rustin se mantinha impassível em uma postura gandhiana. Como David McReynolds, membro do FOR, lembrou mais tarde: "Ele não era apenas o palestrante mais popular da Fellowship, mas também era um gênio em assuntos táticos. Bayard estava sendo preparado pelo FOR para se tornar um Gandhi dos Estados Unidos."[20]

Em novembro de 1943, quando recebeu sua notificação de recrutamento, Rustin decidiu que assumiria uma postura de não cooperação e seria preso em vez de servir em um dos campos de trabalho rurais como um objetor de consciência. Naquela época, um em cada seis internos em uma prisão federal era prisioneiro de consciência. Esses presos se consideravam as tropas de choque do pacifismo e dos direitos civis. Trancafiado, Rustin desafiou agressivamente as políticas segregacionistas da prisão. Insistia em comer na ala branca do refeitório. Durante o tempo livre, ele se posicionava na área "Somente para Brancos" do pavilhão. Às vezes, sua agitação o colocava em apuros com os outros prisioneiros. Em uma ocasião, um prisioneiro branco foi atrás dele, atacando-o com um esfregão, golpeando a cabeça e o corpo de Rustin. Mais uma vez, Rustin assumiu uma postura gandhiana de não resistência. Ele simplesmente repetia várias vezes: "Você não pode me machucar." Por fim, o cabo do esfregão se partiu. Rustin acabou com um pulso quebrado e hematomas na cabeça.

A notícia das façanhas de Rustin logo se espalhou para além dos muros da prisão, para a imprensa mais ampla e para os círculos ativistas. Em Washington, funcionários do Departamento Federal de Prisões, sob a liderança de James Bennett, classificaram Rustin como um "infrator notório", na mesma categoria de Al Capone. Como disse seu biógrafo John D'Emilio: "Ao longo dos 28 meses de prisão de Rustin, Bennett foi atormentado por cartas de subordinados, que imploravam conselhos sobre o que fazer com Rustin, e dos partidários de Rustin que vigiavam seu tratamento."[21]

Promiscuidade

RUSTIN SE COMPORTAVA HERODICAMENTE, MAS TAMBÉM HAVIA UMA ARrogância e uma raiva, e às vezes uma imprudência em seu comportamento que não estavam de acordo com suas crenças declaradas. Em 24 de outubro de 1944, ele se sentiu compelido a enviar uma carta ao diretor pedindo desculpas por seu comportamento em uma audiência disciplinar. "Estou muito envergonhado por ter perdido a paciência e me comportado de forma grosseira", escreveu ele.[22] Havia também uma imprudência em sua vida sexual. Rustin era gay em uma época em que a vida gay era empurrada para o submundo, em que não havia aceitação pública para gays e lésbicas. Mas havia uma inquietação na busca de Rustin por parceiros que até seus amantes consideravam perturbadora. Suas turnês de palestras antes e depois da prisão envolveram constantes rodadas de sedução. Um amante de longa data reclamou que "voltar para casa um dia e encontrá-lo na cama com outra pessoa não era minha ideia de diversão".[23] Na prisão, ele era bastante claro em relação aos seus interesses sexuais e foi várias vezes apanhado praticando sexo oral em outros prisioneiros.

As autoridades da prisão acabaram convocando uma audiência disciplinar. Pelo menos três prisioneiros testemunharam que tinham visto Rustin praticando sexo oral. A princípio, Rustin mentiu, negando veementemente as acusações. Quando as autoridades anunciaram que o colocariam em uma parte separada da prisão como punição, ele passou os braços e as pernas em torno de uma cadeira giratória, resistiu aos guardas e acabou na solitária.

A notícia do incidente se espalhou por círculos ativistas em todo o país. Alguns de seus partidários ficaram chateados ao saber que ele era gay, mas Rustin nunca escondeu isso. Grande parte da chateação era o fato de suas atividades sexuais minarem o exemplo que ele estava definindo como um objetor disciplinar e heroico. Em um movimento que exigia que seus líderes fossem pacíficos, comedidos e puros, Rustin se mostrara irado, arrogante, indolente e hedonista. A. J. Muste, o líder do FOR e mentor de Rustin, escreveu-lhe uma carta dura:

> Você é culpado de conduta imprópria, especialmente repreensível em uma pessoa que está fazendo as reivindicações de liderança e — em certo sentido — de superioridade moral que está fazendo. Além disso, você tem enganado a todos, incluindo seus próprios companheiros e amigos mais dedicados... Você ainda está longe de encarar a realidade sobre si mesmo. No eu que você foi e ainda é não há nada a respeitar, e você deve expulsar impiedosamente *tudo* que o impede de enfrentar isso. Só assim o seu eu verdadeiro poderá nascer — por meio do fogo, total angústia e humildade infantil. Você se lembra do Salmo 51: "Tem misericórdia de mim, ó Deus, segundo a tua benignidade — lava-me completamente da minha iniquidade, e purifica-me do meu pecado... contra ti somente pequei, e fiz o que é mal à tua vista... Cria em mim, ó Deus, um coração puro, e renova em mim um espírito reto."[24]

Em uma carta posterior, Muste deixou claro que não era à homossexualidade de Rustin que ele se opunha, mas à promiscuidade: "Quanto é terrível e vulgar onde não há disciplina, nenhuma forma dela, no relacionamento." Assim como um artista com a visão mais livre, o impulso criativo mais poderoso, submete-se à disciplina mais severa, também um amante deve domar seus impulsos para alcançar "a disciplina, o controle, o esforço para entender o outro".

Com a promiscuidade, continuou Muste, "chegamos perto da maldade e da negação do amor, pois, se o amor significa profundidade, significa compreensão acima do comum... significa troca de sangue vital, como isso pode acontecer entre um número indefinido de pessoas?"

Rustin inicialmente resistiu ao duro julgamento de Muste, mas por fim, após semanas em isolamento, ele se rendeu, escrevendo uma longa e sincera carta em resposta:

> Quando o sucesso era iminente em nossa campanha racial, meu comportamento impediu o progresso... Eu abusei da confiança que os negros tinham na minha liderança; eu os levei a

questionar a base moral da não violência; magoei e decepcionei meus amigos por todo o país... Sou traidor (pelo nosso modo de pensar) tanto quanto um capitão do exército que expôs voluntariamente posições militares durante uma batalha... Eu realmente me dediquei ao meu "ego". Tenho pensado em termos do meu poder, meu tempo, minha energia e em dedicá-los à grande luta. Pensei em termos de minha voz, minha capacidade, minha disposição de fazer parte da vanguarda não violenta. Eu não aceitei humildemente os dons que Deus me deu... [Isso] levou, eu vejo agora, primeiro à arrogância e ao orgulho, e depois à fraqueza, à artificialidade e ao fracasso.[25]

Poucos meses depois, Rustin teve permissão de viajar para casa, acompanhado por um guarda, para visitar seu avô moribundo. No caminho de casa, Rustin encontrou-se com Helen Winnemore, uma colega ativista e velha amiga. Winnemore disse a Rustin que o amava e queria ser sua companheira de vida, para lhe dar um relacionamento heterossexual, ou pelo menos uma fachada, para que ele pudesse continuar seu trabalho. Em uma carta para seu amante de longa data, Davis Platt, Rustin resumiu a oferta que Winnemore havia feito, parafraseando suas palavras:

> Agora, como acredito que uma vez redimido seu poder para o serviço e redenção dos outros será enorme, e como acredito que sua maior necessidade imediata é de amor verdadeiro, real compreensão e confiança, eu lhe digo sem vergonha do amor que sinto por você, do meu desejo de estar com você na luz e nas trevas, de dar tudo o que possuo, para que a bondade dentro de você viva e floresça. Os homens devem enxergar sua potencial bondade e glorificar seu criador. Esse, Bayard, ela prosseguiu dizendo, esse é o amor que tenho por você e ofereço alegremente não por mim mesma ou por você sozinho, mas por toda a humanidade, que se beneficiaria com o que sua integração significaria — e depois por um longo tempo ficamos em silêncio.[26]

Rustin ficou tocado pela oferta de Winnemore. "Nunca ouvi esse amor altruísta na boca de uma mulher. Nunca senti uma oferta mais simples e completa." Ele não aceitou a proposta de Winnemore, mas a considerou um sinal de Deus. A lembrança de sua conversa trouxe-lhe "uma alegria que está quase além do entendimento — um lampejo de luz na direção certa — uma nova esperança... de uma reavaliação repentina... uma luz na estrada que eu sei que deveria viajar".[27]

Rustin prometeu conter sua arrogância, o espírito de raiva que prejudicara suas atividades pacifistas. Ele também repensou sua vida sexual. Aceitou fundamentalmente a crítica de Muste à sua promiscuidade. Rustin trabalhou em seu relacionamento com seu amante de longa data, Davis Platt, trocando uma série de cartas longas e detalhadas com ele, na esperança de que um relacionamento de amor verdadeiro servisse de barricada contra a luxúria e a promiscuidade.

Rustin permaneceu na prisão até junho de 1946. Após a sua libertação, imediatamente retomou a atividade no movimento pelos direitos civis. Na Carolina do Norte, ele e alguns ativistas sentaram-se à frente de um ônibus segregado e foram espancados e quase linchados. Em Reading, na Pensilvânia, conseguiu arrancar um pedido de desculpas de um gerente do hotel depois que um funcionário lhe negou um quarto. Em St. Paul, Minnesota, conduziu um protesto sentado até receber um quarto. Em um trem de Washington para Louisville, sentou-se no meio do vagão-restaurante, do café da manhã até a hora do almoço, enquanto os garçons se recusavam a servi-lo.

Quando A. Philip Randolph cancelou uma campanha de resistência, Rustin criticou severamente o seu mentor por ter emitido uma declaração que não era nada além de uma "impostura expressa de forma insípida e evasiva".[28] Ele ficou rapidamente envergonhado de si mesmo e evitou Randolph ao longo dos dois anos seguintes. Quando finalmente se reencontraram: "Eu estava tão nervoso que tremia, esperando que ele despejasse sua ira sobre mim." Randolph riu do episódio e eles voltaram às boas.

Rustin continuou fazendo turnês de palestras ao redor do mundo, novamente uma estrela. Ele também continuou a seduzir os homens em todas as paradas. Em determinado momento, Platt o expulsou de seu apartamento. Então, em 1953, durante um discurso em Pasadena, ele foi preso pouco depois das 3h da manhã — estava praticando sexo oral em dois homens em um carro quando dois policiais do condado se aproximaram e o prenderam por ato obsceno.

Ele foi condenado a 60 dias de prisão e sua reputação nunca se recuperaria totalmente. Teve que se dissociar de suas organizações ativistas. Tentou, sem sucesso, conseguir um emprego como publicitário em uma editora. Um assistente social sugeriu que ele conseguisse um emprego limpando banheiros e corredores em um hospital.

Bastidores

ALGUMAS PESSOAS TENTAM SE RECUPERAR DE UM ESCÂNDALO CONTINUANDO de onde pararam e simplesmente seguindo a vida. Algumas pessoas se desnudam e recomeçam de baixo. Rustin acabou entendendo que seu novo papel era servir à sua boa causa, mas em segundo plano.

Ele se reengajou lentamente no movimento pelos direitos civis. Em vez de ser o principal orador, líder e organizador, sempre ficaria principalmente nas sombras, trabalhando nos bastidores, sem receber crédito, direcionando os louros para os outros, como a seu amigo e protegido, Martin Luther King Jr. Rustin escreveu para King, divulgou ideias por intermédio de King, apresentou-o a líderes trabalhistas, incentivou-o a falar sobre questões econômicas e de direitos civis, ensinou-o sobre confronto não violento e a filosofia de Gandhi, e organizou uma ação atrás da outra em nome de King. Desempenhou um papel significativo no boicote aos ônibus de Montgomery. King escreveu um livro sobre o boicote, mas Rustin lhe pediu que retirasse todas as referências ao seu papel na ação. Quando solicitado a assinar alguma declaração pública em defesa desta ou daquela posição, ele geralmente recusava.

Até mesmo esse papel nos bastidores era frágil. Em 1960, Adam Clayton Powell, o pastor e então congressista da cidade de Nova York, deixou claro que, se King e Rustin não se curvassem às suas exigências sobre um determinado assunto tático, ele os acusaria de ter um caso sexual. Randolph persuadiu King a ficar ao lado de Rustin, já que a acusação era obviamente falsa. King hesitou. Rustin entregou sua renúncia da Southern Christian Leadership Conference na esperança de que King a rejeitasse. Em vez disso, King calmamente a aceitou, para desgosto de Rustin. King também abandonou Rustin pessoalmente, deixando de lhe pedir conselhos, enviando ocasionalmente um bilhete gentil como um disfarce para sua decisão de se afastar.

Em 1962, Rustin completou 50 anos, em grande parte, desconhecido. De todos os principais líderes dos direitos civis, Randolph foi quem permaneceu mais firmemente ao seu lado. Um dia, quando estavam sentados no Harlem, Randolph começou a relembrar a Marcha sobre Washington da era da Segunda Guerra Mundial que nunca aconteceu. Rustin sentiu imediatamente que era hora de realizar esse sonho e organizar uma "mobilização em massa" na capital da nação. As marchas e protestos em todo o sul começaram a abalar as fundações da velha ordem, acreditava Rustin. A eleição de John F. Kennedy tornou Washington relevante mais uma vez. Era hora de forçar a ação federal por meio do confronto em massa.

No início, as principais organizações de direitos civis, como a Urban League e a NAACP, eram céticas ou completamente hostis. Eles não queriam ofender legisladores ou membros da administração. Uma marcha de confronto poderia reduzir seu acesso aos que estão no poder e diminuir sua capacidade de exercer influência internamente. Além disso, há muito havia uma diferença básica de perspectiva dentro dos movimentos de direitos civis que envolvia não apenas um debate sobre estratégia, mas também uma profunda diferença de opinião sobre a moralidade e a natureza humana.

Como David L. Chappell argumenta em seu livro *A Stone of Hope* ["Uma Pedra de Esperança", em tradução livre], havia realmente dois movimentos de direitos civis. O primeiro era do norte e altamente instruído. As pessoas desse grupo tendem a ter uma visão otimista da história e da natureza humana. Sem pensar muito nisso, elas percebiam o arco da história como uma ascensão gradual, um acúmulo contínuo de mais conhecimento científico e psicológico, uma conquista constante de maior prosperidade, um crescimento constante de legislação progressista e uma suave progressão da barbárie à decência.

Eles acreditavam que o racismo era uma violação tão clara dos documentos fundadores dos EUA que o principal trabalho para o ativista dos direitos civis era apelar à razão e aos melhores anjos da natureza das pessoas. À medida que os níveis educacionais aumentavam, que a consciência aumentava, que a prosperidade e as oportunidades econômicas se espalhavam, mais e mais pessoas gradualmente percebiam que o racismo era errado, que a segregação era injusta, e se levantariam para combatê-los. Educação, prosperidade e justiça social se elevariam juntos. Todas as coisas boas são compatíveis e se reforçam mutuamente.

As pessoas dessa vertente tendiam a acreditar em diálogo em vez de confronto, consenso em vez de agressão e civilidade em vez de força política.

Havia uma segunda vertente, argumenta Chappell, que emergiu da tradição profética bíblica. Seus líderes, incluindo King e Rustin, citavam Jeremias e Jó. Neste mundo, eles argumentavam, os justos sofrem enquanto os injustos prosperam. Estar certo não necessariamente leva a ser vitorioso. O homem é um pecador no âmago do seu ser. Ele racionalizará as injustiças que o beneficiam. Ele não desistirá de seus privilégios, mesmo que você consiga persuadi-lo de que são injustos. Mesmo pessoas do lado correto de uma causa podem ser corrompidas por sua própria justiça, podem transformar um movimento altruísta em um instrumento para servir sua própria vaidade. Podem ser corrompidas por qualquer poder que alcancem e ser corrompidas por sua própria impotência.

O mal, King declarou, é "desenfreado" no Universo. "Apenas o otimista superficial que se recusa a encarar as realidades da vida não consegue ver esse fato patente."[29] As pessoas nessa vertente realista, que eram em sua maioria do sul e religiosas, tinham desprezo pela fé do norte no progresso natural gradual. "Esse tipo particular de otimismo foi desacreditado pela lógica brutal dos acontecimentos", continuou King. "Em vez de progresso garantido em sabedoria e decência, o homem enfrenta a possibilidade sempre presente de rápida recaída não apenas ao animalismo, mas a uma crueldade calculada como nenhum outro animal pode praticar."[30]

Os otimistas, membros dessa vertente argumentaram, praticam a idolatria. Adoram ao homem e não a Deus, e, quando adoram a Deus, é um Deus que meramente possui qualidades humanas em forma extrema. Como resultado, superestimam o poder da boa vontade humana, o idealismo e a compaixão e suas próprias intenções nobres. Elas são muito lenientes consigo mesmas, complacentes demais com suas próprias virtudes e ingênuas demais com a resolução de seus oponentes.

Randolph, King e Rustin tinham essa visão mais austera de sua luta. Os defensores da segregação não dariam trégua, e as pessoas de boa vontade não seriam persuadidas a agir se houvesse algum risco para elas mesmas. Os próprios ativistas dos direitos civis não podiam confiar em sua própria boa vontade ou em sua própria força de vontade, porque muitas vezes acabariam pervertendo sua própria causa. Se houvesse qualquer progresso, era necessário não apenas estar engajado, como era preciso se render totalmente ao movimento, ao custo da própria felicidade e realização, e, possivelmente, da vida. Essa atitude naturalmente alimentou uma determinação feroz, que muitos de seus aliados seculares mais otimistas não podiam igualar. Segundo Chappell: "Os ativistas dos direitos civis se alimentavam de fontes não liberais para suprir a determinação de que os liberais careciam, mas precisavam."[31] A lente bíblica não protegeu os realistas da dor e do sofrimento, mas explicou que a dor e o sofrimento eram inevitáveis e redentores.

Uma consequência dessa atitude foi que os realistas proféticos eram muito mais agressivos. Eles tomaram como óbvio que, dada a natureza pecaminosa do homem, as pessoas não poderiam ser alteradas meramente pela educação, pela conscientização e pela ampliação das oportunidades. Era errado depositar a fé em processos históricos, instituições humanas ou bondade humana. Como Rustin colocou, os negros norte-americanos "encaram a ideia da classe média de mudanças educacionais e culturais de longo prazo com medo e desconfiança".[32]

Em vez disso, a mudança ocorre por meio de pressão e coerção implacáveis. Ou seja, esses realistas bíblicos não eram tolstoianos, eram ghandianos. Eles não acreditavam em simplesmente oferecer a outra face ou tentar conquistar as pessoas apenas com amizade e amor. A não violência lhes forneceu uma série de táticas que permitiram que permanecessem em ofensiva constante. Isso permitiu que eles encenassem incansáveis protestos, marchas, ocupações e outras ações que forçariam seus oponentes a fazer coisas contra sua própria vontade. A não violência permitiu que os realistas bíblicos expusessem agressivamente a vilania de seus inimigos, para fazer com que os pecados de seus inimigos trabalhassem contra eles à medida que eram expostos de formas cada vez mais brutais. Eles obrigaram seus inimigos a cometerem más ações porque eles mesmos estavam dispostos a absorver o mal. Rustin endossou a ideia de que um comportamento extremo era necessário para fazer ruir o *status quo*. Ele via Jesus como "esse fanático que impôs nos pilares de uma sociedade estável sua insistência no amor".[33] Ou, como disse Randolph: "Sinto-me moralmente obrigado a perturbar e a incomodar a consciência dos Estados Unidos de Jim Crow."[34]

Mesmo em meio a esses confrontos, Randolph, Rustin e os outros ativistas dos direitos civis estavam em seus melhores momentos, conscientes de que corriam o risco de serem corrompidos por suas próprias ações agressivas. Em seus melhores momentos, entendiam que seriam culpados de falso moralismo, porque a causa deles era justa; eles seriam culpados de presunção enquanto sua causa se movia com sucesso; eles se tornariam cruéis e tribais à medida que grupos confrontassem grupos; eles se tornariam mais dogmáticos e simplistas ao usar propaganda para mobilizar seus seguidores; ficariam mais vaidosos à medida que seu público aumentasse; seus corações endureceriam à medida que o conflito se tornasse mais terrível e seu ódio pelos inimigos se aprofundasse; eles seriam forçados a fazer escolhas moralmente maculadas à medida que se aproximassem do poder; quanto mais alterassem a história, mais seriam infectados pelo orgulho.

Rustin, que tinha sido tão indisciplinado em sua vida sexual, viu a não violência como um meio que um manifestante poderia usar para se disciplinar contra essas corrupções. O protesto não violento nessa visão é diferente do protesto normal. Exige autocontrole implacável. O discípulo de Gandhi deve entrar em revoltas raciais sem nunca atacar, deve enfrentar o perigo, mantendo-se calmo e comunicativo, deve confrontar com amor aqueles que merecem ser odiados. Isso requer autodisciplina física, marchar na direção do perigo devagar e deliberadamente, com os braços protegendo a cabeça enquanto os golpes o atingem. Exige disciplina emocional, resistir à vontade de sentir raiva, contendo o espírito de crueldade e exercendo a caridade com todos. Requer, acima de tudo, a capacidade de absorver o sofrimento. Como disse King, as pessoas que sofreram por tanto tempo tiveram que suportar mais sofrimento para acabar com sua opressão: "O sofrimento imerecido é redentor."[35]

O caminho não violento é irônico: o fraco pode triunfar suportando o sofrimento; os oprimidos não devem revidar se esperam derrotar seu opressor; aqueles que estão do lado da justiça podem ser corrompidos por sua própria justiça.

Essa é a lógica invertida das pessoas que veem ao seu redor um mundo devastado. O pensador de meados do século mais associado a essa lógica irônica é Reinhold Niebuhr. Pessoas como Randolph, Rustin e King pensaram dentro das diretrizes niebuhrianas e foram influenciados por ele. Niebuhr argumentou que, cercado por sua própria natureza pecaminosa, o homem é um problema para si mesmo. As ações humanas ocorrem em um quadro de significado muito grande para a compreensão humana. Simplesmente não conseguimos entender a longa cadeia de consequências que surgem de nossos atos ou mesmo das origens de nossos próprios impulsos. Niebuhr argumentou contra a consciência indolente do homem moderno, contra a complacência moral em todas as frentes. Lembrou aos leitores que nunca somos tão virtuosos quanto pensamos que somos, e que nossos motivos nunca são tão puros quanto em nossa própria contabilidade.

Mesmo reconhecendo nossas próprias fraquezas e corrupções, continuou Niebuhr, é necessário tomar medidas agressivas para combater o mal e a injustiça. Ao longo do caminho, é importante reconhecer que nossos motivos não são puros e acabaremos sendo corrompidos por qualquer poder que consigamos alcançar e usar.

"Tomamos e devemos continuar a tomar medidas moralmente perigosas para preservar nossa civilização", escreveu Niebuhr no meio da Guerra Fria. "Temos que exercitar nosso poder. Mas não devemos acreditar que uma nação é capaz de um perfeito desinteresse em seu exercício, nem nos tornar complacentes com determinados graus de interesse e paixão que corrompem a justiça pela qual o exercício do poder é legitimado."[36]

Comportar-se dessa maneira, continua ele, requer a inocência de uma pomba e a perspicácia de uma serpente. A ironia final é que em qualquer luta "não poderíamos ser virtuosos se fôssemos tão inocentes quanto fingimos ser".[37] Se fôssemos verdadeiramente inocentes, não poderíamos usar o poder das maneiras necessárias para alcançar bons objetivos. Mas, se você adotar uma estratégia baseada na dúvida e na desconfiança, poderá obter vitórias parciais.

Auge

INICIALMENTE RUSTIN E RANDOLPH TIVERAM DIFICULDADE PARA CONvencer líderes de direitos civis da ideia de uma Marcha sobre Washington. Mas os protestos violentos em Birmingham, Alabama, durante a primavera de 1963 mudaram o clima. O mundo inteiro viu a polícia de Birmingham atiçando cachorros contra garotas adolescentes, disparando canhões de água e atirando garotos contra os muros. As imagens mobilizaram o governo Kennedy para preparar a legislação dos direitos civis, e persuadiram quase todos no movimento dos direitos civis de que era a hora certa para uma mobilização em massa na capital do país.

Rustin, como o principal organizador da marcha, esperava ser nomeado diretor oficial. Mas, em uma reunião crucial, Roy Wilkins, da NAACP, objetou: "Ele é muito estigmatizado." King vacilou e finalmente Randolph interveio, dizendo que ele próprio seria o diretor da marcha. Isso daria a ele o direito de nomear um substituto, e ele nomearia Rustin, que seria diretor em tudo, menos no nome. Wilkins foi vencido.

Rustin supervisionou tudo, desde os sistemas de transporte e as instalações sanitárias até a montagem dos alto-falantes. Para evitar o confronto com a polícia de D.C., ele organizou um corpo de policiais negros de folga e lhes ofereceu treinamento em não violência. Eles deveriam cercar os manifestantes e evitar confrontos.

Duas semanas antes da marcha, o senador segregacionista Strom Thurmond foi ao plenário do Senado e criticou Rustin por ser um pervertido sexual. Ele publicou o registro de ocorrências da polícia de Pasadena no periódico de atas do Congresso. Como John D'Emilio aponta em sua excelente biografia *Lost Prophet* ["O Profeta Perdido", em tradução livre], Rustin instantânea e inadvertidamente se tornou um dos homossexuais mais visíveis nos Estados Unidos.

Randolph lançou-se em defesa de Rustin: "Estou consternado que haja neste país homens que, envolvendo-se no manto da moralidade cristã, mutilam as concepções mais elementares de decência humana, privacidade e humildade a fim de perseguir outros homens."[38] Como a marcha estava a apenas duas semanas de distância, os outros líderes dos direitos civis não tinham escolha senão defender Rustin também. Thurmond acabou fazendo um grande favor a Rustin.

No sábado antes da marcha, Rustin emitiu uma declaração final que resumia sua política de agressão rigidamente controlada. A marcha, declarou ele, "será pacífica, mas não subserviente. Será orgulhosa, mas não arrogante. Será não violenta, mas não tímida".[39] No dia, Randolph falou primeiro. Então John Lewis levou a gigantesca multidão à total euforia com um discurso agressivo e ardente. Mahalia Jackson cantou e King fez seu discurso "Eu tenho um sonho".

Ele terminou com o refrão da velha música espiritual: "Finalmente livres! Finalmente livres! Graças ao Deus Todo-Poderoso estamos finalmente livres!" Então Rustin, desempenhando um papel de mestre de cerimônias, subiu ao palco e reintroduziu Randolph, que liderou a multidão em uma promessa de continuar a luta: "Eu prometo que não vou relaxar até que a vitória seja conquistada… Entrego meu coração, minha mente e meu corpo inequivocamente, e sem hesitar ao sacrifício pessoal, à conquista da paz social por meio da justiça social."

Depois da marcha, Rustin e Randolph se encontraram. Como Rustin mais tarde recordaria: "Eu disse a ele: 'Sr. Randolph, parece que seu sonho se tornou realidade.' E, quando olhei em seus olhos, lágrimas escorriam por suas bochechas. Foi a única vez de que me lembro que ele não conseguiu conter seus sentimentos."[40]

Nas últimas décadas de sua vida, Rustin desbravou seu próprio caminho, trabalhando duro para acabar com o apartheid na África do Sul, contrariando o establishment dos direitos civis em Nova York durante uma greve crucial de professores em 1968, defendendo o ideal de integração contra figuras mais nacionalistas como Malcolm X. Naqueles últimos anos, ele encontrou a paz pessoal, na forma de um relacionamento de longo prazo com um homem chamado Walter Naegle. Rustin quase nunca falou sobre sua vida privada em público, mas disse a um entrevistador: "O mais importante é que depois de muitos anos de busca, finalmente encontrei um relacionamento sólido e duradouro com um indivíduo com quem tenho tudo em comum, tudo... Passei anos procurando sexo excitante em vez de procurar uma pessoa que fosse compatível."

A HISTÓRIA DE A. Philip Randolph e Bayard Rustin é a história de como as pessoas imperfeitas exercem o poder em um mundo devastado. Eles compartilhavam uma visão de mundo baseada na consciência do pecado social e pessoal, a ideia de que a vida humana é atingida por veias de escuridão. Eles aprenderam — Randolph instantaneamente, e Rustin ao longo da vida — a construir uma estrutura interna para conter os impulsos caóticos internos. Aprenderam que a pecaminosidade é combatida obliquamente por meio da doação, afastando a vida das piores tendências. Eram extremamente dignos em suas atitudes. Mas esse mesmo senso os tornou agressivos em sua estratégia externa. Eles sabiam que a mudança dramática, quando é necessária, raramente vem por meio da persuasão doce. O pecado social exige uma martelada na porta por pessoas que estão simultaneamente conscientes de que são indignas de serem tão ousadas.

Essa é uma filosofia de poder, uma filosofia de poder para pessoas que combinam extrema convicção com extremo autoceticismo.

CAPÍTULO 7

AMOR

"ACHO QUE UMA VIDA HUMANA", ESCREVEU GEORGE ELIOT, "DEVEria ser bem enraizada num pedaço de terra nativa onde pudesse receber o amor do terno apego à face da Terra, aos trabalhos que os homens realizam, aos sons e sotaques que a povoam, a tudo o que dá àquele lar primordial uma diferença familiar inconfundível em meio à futura expansão do conhecimento".[1]

A terra natal de Eliot era Warwickshire, no meio da Inglaterra, uma paisagem delicada, suave e trivial. De sua casa, ela podia ver tanto as antigas terras cultiváveis quanto as novas e sujas minas de carvão, o choque econômico que deu à era vitoriana sua intensidade especial. Ela nasceu Mary Anne Evans em 22 de novembro de 1819.

Seu pai começou como carpinteiro, mas progrediu com autodisciplina e visão para a oportunidade, e se tornou um administrador de terras muito bem-sucedido. Ele supervisionava as propriedades de outras pessoas e acabou moderadamente rico no processo. Ela o adorava. Quando ela se tornou romancista, usou suas características — conhecimento prático, sabedoria inculta, uma devoção leal ao seu trabalho — como base para vários de seus personagens mais admiráveis. Depois da morte do pai, guardou seus óculos de aro de metal como um lembrete de seus olhos atentos e sua perspectiva sobre o mundo.

Sua mãe, Christiana, enfrentou problemas de saúde durante a maior parte da infância de Mary Anne. Ela perdeu dois meninos gêmeos 18 meses após o nascimento de Mary Anne, e enviou seus filhos sobreviventes para internatos para poupar-se do esforço físico de criá-los. Mary Anne parece ter sentido profundamente a perda do afeto de sua mãe, respondendo com o que uma biógrafa, Kathryn Hughes, chama de "uma mistura exasperada de comportamento que busca atenção e autopunição".[2] Ela era, na superfície, uma menina precoce, decidida, um pouco desajeitada, mais confortável na companhia de adultos do que de outras crianças, mas havia uma profunda carência dentro dela.

Com fome de afeição e aterrorizada pela ideia de ser abandonada, ela voltou sua atenção, quando jovem, para seu irmão mais velho, Isaac. Quando ele retornava da escola para visitar, ela o seguia, atormentando-o com perguntas sobre cada detalhe de sua vida. Por um tempo ele retribuiu seu afeto e eles desfrutaram de "pequenos momentos", dias perfeitos brincando na grama e riachos. Mas então ele ficou mais velho, ganhou um pônei e perdeu o interesse pela menininha incômoda. Ela ficou chorosa e abandonada. Esse foi o padrão que dominou os primeiros 30 anos de sua vida — sua necessidade desesperada de amor e a recusa exasperada de um homem. Como seu último marido, John Cross, declarou: "Em seu desenvolvimento moral, ela mostrou, desde os primeiros anos, o traço que mais a marcou em toda a vida — a absoluta necessidade de uma pessoa que deveria ser tudo para ela, e para quem ela deveria ser tudo."[3]

Em 1835, sua mãe adoeceu com câncer de mama. Mary Anne, que fora enviada para o internato aos 5 anos para poupar a saúde de sua mãe, foi chamada aos 16 anos para cuidar dela. Não há registro de que tenha sofrido um grande pesar quando sua mãe finalmente sucumbiu à doença, mas, com o fim de sua educação formal, ela assumiu o papel de supervisionar a casa, quase como a esposa substituta de seu pai.

Em seu famoso prefácio de *Middlemarch: Um estudo da vida provinciana*, Eliot escreve sobre a crise de vocação que muitas jovens sentem. Elas experimentam um grande anseio interior, escreveu, um ardor espiritual para dedicar suas energias a alguma direção substancial, heroica e significativa. São impulsionadas pela imaginação moral, pelo desejo de fazer algo épico e justo com sua vida. Essas jovens mulheres, "alimentadas internamente", alçaram voo depois de alguma "satisfação ilimitada, algum objeto que nunca justificaria o cansaço, que reconciliaria o desespero com a consciência arrebatadora da vida além de si mesma". E, no entanto, a sociedade vitoriana oferecia tão poucos escapes para sua energia que seus "ternos batimentos cardíacos e soluços depois de não alcançarem a excelência estremecem e se dispersam entre os obstáculos, em vez de se concentrarem em um feito notável e duradouro".

Mary Anne foi impulsionada por esse ardor moral, esse perfeccionismo espiritual. No final da adolescência e início dos 20 anos, ela se tornou uma espécie de maníaca religiosa. Chegou à maturidade em uma época em que a sociedade mergulhava em grande tumulto religioso. A ciência começava a expor as falhas na descrição da criação da humanidade feita pela Igreja. A propagação da descrença tornou a moralidade um problema; muitos vitorianos se agarravam mais ferozmente a severos preceitos morais, mesmo quando suas dúvidas sobre a existência de Deus aumentavam. Entre os fiéis, houve esforços para tornar a igreja mais vibrante e mais espiritual. John Henry Newman e o Movimento de Oxford tentaram devolver o anglicanismo às suas raízes católicas, tentando restaurar um senso de reverência pela tradição e pelo ritual medieval. Os evangélicos democratizaram a fé, criando missas mais carismáticas e enfatizando a oração individual, a consciência individual e o relacionamento direto de cada pessoa com Deus.

Durante sua adolescência, Mary Anne foi dominada pelo fervor religioso e, em sua imaturidade autocentrada, passou a incorporar muitos dos aspectos mais pudicos e sem atrativos da religião. Sua fé era repleta de renúncia egocêntrica e carente de prazer ou empatia humana. Ela desistiu de ler ficção, acreditando que uma pessoa moralmente séria deveria se concentrar no mundo real e não nos imaginários. Renegou o vinho e, como administradora de sua casa, forçou os que a rodeavam à abstinência também. Adotou um modo sério e puritano de se vestir. A música, que outrora fora fonte de grande alegria, agora só era permitida quando acompanhava o culto. Nos eventos sociais, era certo que desaprovaria a humanidade vulgar e depois teria crises de choro. Em uma festa, escreveu a um amigo, "o ruído opressivo que acompanha a dança" tornava impossível para ela "manter o caráter protestante de um verdadeiro cristão".[4] Ela desenvolveu uma dor de cabeça, mergulhou em histeria e prometeu rejeitar "todos os convites de caráter duvidoso".

D. H. Lawrence escreveu certa vez: "Foi realmente George Eliot quem começou tudo. Foi ela quem começou a internalizar a ação." Em sua adolescência, Mary Anne viveu de maneira melodramática e narcisística, cheia de angústia interna e solitária, luta e resignação. Ela tentava levar uma vida de martírio e entrega. Mas acabou artificialmente limitada, amputando cada pedaço humano e terno que não se encaixasse em uma estrutura rígida. Seu comportamento era cheio de afetação; estava menos preocupada em ser santa do que em ser admirada por ser santa. Havia um constrangimento doloroso e ostensivo em suas cartas desse período, e até mesmo em sua poesia inicial: "Ah Santo! Ah se eu pudesse reivindicar / O nome honrado, privilegiado / E confiantemente assumir minha posição / Embora na mais baixa grandeza entre os santos!" Um biógrafo, Frederick R. Karl, resume a visão comum: "Exceto por sua alta inteligência, Mary Ann, em 1838, aos 19 anos, parece intolerável."[5]

Felizmente, sua mente errante não pôde ser contida por muito tempo. Ela era inteligente demais para não conseguir se observar com precisão. "Eu sinto que o meu pecado recorrente é dentre todos o mais destruidor, pois é o pai frutífero de todos eles, uma ambição, um desejo insaciável pela estima de meus semelhantes", escreveu ela em uma carta. "Este parece o centro em que nascem todas as minhas ações."[6] Em algum nível ela entendeu que sua retidão pública era apenas para chamar a atenção. Além disso, ela era curiosa demais para ficar em uma camisa de força mental autoimposta por muito tempo. Tinha muita fome de conhecimento. Sua leitura não poderia ser contida por margens tão estreitas.

Ela ainda lia comentários bíblicos, mas também estava aprendendo italiano e alemão, lendo Wordsworth e Goethe. Sua leitura se ampliou e incluiu poetas românticos, incluindo Shelley e Byron, cujas vidas certamente não se conformavam às restrições de sua fé.

Logo ela estava lendo variados temas de ciências, incluindo *The Phenomena and Order of the Solar System* ["O Fenômeno e a Ordem do Sistema Solar", em tradução livre], de John Pringle Nichol, e *Principles of Geology* ["Princípios da Geologia", em tradução livre], de Charles Lyell, um livro que preparou o caminho para a explicação da evolução de Darwin. Escritores cristãos passaram a defender o relato bíblico da criação. Ela leu seus livros também, mas o efeito não foi o desejado. Eles eram tão pouco convincentes ao refutar as descobertas da nova ciência que só serviram para reforçar as crescentes dúvidas de Mary Anne.

Ela foi profundamente influenciada por um livro intitulado *An Inquiry Concerning the Origin of Christianity* ["Uma Investigação sobre a Origem do Cristianismo", em tradução livre], de Charles Hennell, que comprou em 1841, quando tinha 21 anos. Hennell analisou cada um dos Evangelhos, tentando determinar o que poderia ser estabelecido como fato e o que seria mero embelezamento posterior. Ele concluiu que não havia evidências suficientes para provar que Jesus nasceu divinamente, que realizou algum milagre ou que ressuscitou dos mortos. Hennell concluiu que Jesus foi um "reformador e sábio de espírito nobre, martirizado por sacerdotes astutos e soldados brutais".[7]

Durante a maior parte desse tempo, Mary Anne não teve ninguém próximo de seu nível intelectual com quem pudesse discutir o que lia. Ela inventou um termo para descrever sua condição: "não compartilhativa". Ela recebia informações, mas não conseguia processá-las por meio de conversas.

Mas então ela descobriu que a irmã mais nova de Hennell, Cara, morava perto dali. O marido de Cara, Charles Bray, era um comerciante de sucesso que escrevera seu próprio tratado religioso, "The Philosophy of Necessity" [A Filosofia da Necessidade, em tradução livre]. Sustentava que o Universo era governado por regras imutáveis ordenadas por Deus, mas que Deus não agia no mundo. Era dever do homem descobrir essas regras e melhorar o mundo dentro dessas diretrizes. Bray acreditava que as pessoas deveriam passar menos tempo orando e mais tempo envolvidas na reforma social. Os Brays eram pensadores inteligentes, intelectuais e não convencionais, que continuariam a levar vidas não convencionais. Embora permanecessem casados, Charles teve seis filhos com a cozinheira, e Cara tinha uma amizade íntima e possivelmente sexual com Edward Noel, um parente de Lord Byron, que tinha três filhos e uma propriedade na Grécia.

Mary Anne foi apresentada aos Brays por um amigo em comum, talvez para trazer os Brays de volta ao rebanho do cristianismo ortodoxo. Se essa foi a intenção, não funcionou. No momento em que Mary Anne entrou em suas vidas, ela mesma já estava se afastando da fé. Os Brays imediatamente a reconheceram como um espírito afim. Ela começou a se socializar com eles mais e mais, feliz por ter finalmente encontrado colegas intelectuais. Eles não causaram sua deserção do cristianismo, mas a catalisaram.

Começava a nascer em Mary Anne a percepção de que seu crescente ceticismo lhe causaria muitos problemas. Significaria uma ruptura com o pai, o resto da família e a sociedade culta em geral. Dificultaria que encontrasse um marido. Na sociedade de seu tempo, o agnosticismo significava ostracismo. Mas ela seguiu bravamente o que seu coração e cabeça lhe diziam ser verdade. "Eu gostaria de estar entre as fileiras da gloriosa cruzada que está tentando libertar o Santo Sepulcro da Verdade da dominação usurpada", escreveu ela em carta a um amigo.[8]

Como essa sentença indica, Mary Anne não estava renunciando ao espírito da religião, mesmo quando estava prestes a renunciar ao cristianismo. Ela refutava o ensinamento cristão e a divindade de Jesus, mas não duvidava, especialmente nessa idade, da existência de Deus. Ela rejeitou o cristianismo por motivos realistas, em razão de sua repulsa por qualquer coisa abstrata ou fantástica. E só o fez após exaustiva leitura, e não de modo frio ou usando de mera racionalidade. Ela amava a vida com uma paixão tão terrena que teve dificuldade em aceitar a ideia de que este mundo era subsidiário de outro governado por leis diferentes. Chegou a achar que poderia alcançar um estado de graça, não pela rendição, mas por suas próprias escolhas morais, vivendo uma vida virtuosa e rigorosa. Com essa filosofia, Mary Anne colocou um pesado fardo sobre si mesma e sobre a própria conduta.

Em janeiro de 1842, Mary Anne disse ao pai que não o acompanharia mais à igreja. A reação do pai foi se recolher no que um biógrafo chamou de raiva fria e soturna. Ela não estava apenas desafiando seu pai e Deus, no modo de ver de seu pai; também estava escolhendo desonrar sua família e transformá-la em desgraça social. No primeiro domingo depois da recusa, seu pai foi à igreja, mas anotou de maneira simples e fria em seu diário: "Mary Anne não foi."

As próximas semanas foram passadas no que Mary Anne chamou de "Guerra Santa". Ela morava em casa, em constante desavença com o pai. Ele rompeu qualquer contato com ela, mas contra-atacou de maneiras diferentes. Ele convocou amigos e parentes para pedir que Mary Anne frequentasse a igreja, mesmo que fosse apenas por prudência. Se ela continuasse nesse caminho, eles avisaram, passaria sua vida pobre, marginalizada, isolada. Essas previsões, embora plausíveis, não tiveram efeito sobre ela. Seu pai também pediu ao pastor e a outros sábios eruditos que viessem persuadi-la pela força da razão de que o cristianismo era a verdadeira doutrina. Eles vieram, argumentaram e foram derrotados. Mary Anne já lera todos os livros que citaram para justificar seus argumentos e já tinha todas as respostas.

Finalmente, seu pai decidiu se mudar com a família. Se Mary Anne acabaria inadequada para o casamento, não adiantava manter a casa grande que fora alugada na esperança de lhe arranjar um marido.

Mary Anne tentou retomar o diálogo com o pai por meio de uma carta. Primeiro, deixou claro por que não podia mais ser cristã. Ela disse que considerava os Evangelhos "histórias que misturam verdade e ficção, e, embora eu admire e aprecie muito do que acredito ter sido o ensino moral do próprio Jesus, considero o sistema de doutrinas construído sobre os fatos de sua vida… mais desonroso para Deus e mais pernicioso em sua influência na felicidade individual e social".

Seria uma hipocrisia exagerada, disse a ele, comparecer à adoração na casa de uma doutrina que achava perniciosa. Escreveu que gostaria de continuar vivendo com o pai, mas se ele quisesse que ela fosse embora: "Eu posso alegremente fazer isso se você desejar e partirei com profunda gratidão por toda a ternura e bondade que você nunca se cansou de demonstrar. Assim, longe de reclamar, eu me submeterei alegremente se, como uma punição apropriada pela dor que lhe causei de maneira involuntária, você decidir se apropriar de qualquer provisão que tenha pretendido fazer para meu sustento futuro para destinar a seus outros filhos que você considera mais merecedores."

Na alvorada de sua vida adulta, Mary Anne não estava apenas renunciando à fé de sua família. Estava disposta a sair para o mundo sem lar, sem herança, sem marido e sem perspectivas. Concluiu sua carta com uma declaração de amor: "Como uma última defesa de alguém que não tem ninguém para falar por si, posso dizer que, se alguma vez o amei, é agora, se alguma vez procurei obedecer às leis do meu Criador e seguir o dever aonde quer que isso me leve, tenho agora essa convicção, e a consciência disso me apoiará, embora todos os seres na Terra me olhem com desdém."

Essa carta, notável para uma mulher tão jovem, mostra muitos dos traços que o mundo mais tarde veria em George Eliot: uma intensa honestidade intelectual, um árduo desejo de viver de acordo com a rigidez de sua consciência, uma incrível bravura em face da pressão social, o desejo de fortalecer seu caráter fazendo as difíceis escolhas necessárias, mas também um pouco de egoísmo, uma tendência a se lançar como a estrela de seu próprio melodrama, um intenso desejo pelo amor dos homens, mesmo quando sua atitude coloca esse amor em risco.

Depois de alguns meses, eles chegaram a um consenso. Mary Anne concordou em acompanhar seu pai à igreja, contanto que ele e todos os outros entendessem que ela não era cristã nem acreditava nas doutrinas da fé.

Parece uma total rendição, mas não foi. O pai de Mary Anne deve ter percebido a crueldade em sua rejeição à filha. E cedeu. Enquanto isso, Mary Anne começou a enxergar e lamentar o forte viés de autoexaltação por trás de seu protesto. Ela percebeu que sentia um prazer secreto em ser o centro de um escândalo na cidade. E se arrependeu da dor que causava ao pai.

Além disso, ela sabia que havia um certo hedonismo na maneira como adotara uma postura intransigente. Um mês depois, escreveu uma carta para uma amiga dizendo que lastimava sua "impetuosidade ao sentir e julgar". Mais tarde, disse que lamentava profundamente esse conflito com o pai, que poderia ter sido evitado com um pouco de sutileza e concessão. Sim, ela tinha a obrigação de seguir sua consciência individual, concluiu, mas era seu dever moral silenciar seus próprios impulsos, considerando o efeito deles nos outros e na estrutura social da comunidade. Na época em que Mary Anne Evans se tornou a romancista George Eliot, ela era uma inimiga declarada desse tipo de busca por ovação pública. Na meia-idade, era meliorista e gradualista, acreditava que as pessoas e a sociedade eram melhor transformadas por meio de uma distensão lenta, não por uma ruptura súbita. Era capaz de atitudes corajosas e radicais de acordo com suas próprias convicções, como veremos, mas também acreditava na importância das sutilezas e convenções sociais. Acreditava que a sociedade é mantida unida por um milhão de restrições à vontade individual, que enredam o indivíduo dentro de um mundo moral comum. Passou a acreditar que quando as pessoas se comportam com base no desejo individual intransigente podem desencadear um contágio egoísta naqueles que as rodeiam. Mascarava seu próprio caminho radical com toda a aparência de respeitabilidade. Ela se tornou uma livre-pensadora corajosa com uma fé no ritual, no hábito e na convenção. A Guerra Santa com o pai foi importante para lhe ensinar essa lição.

Dentro de alguns meses, Mary Anne e seu pai se reconciliaram. Sua admiração por ele e sua dependência moral foram expressas em uma carta que escreveu pouco depois da morte do pai, sete anos após a Guerra Santa: "O que serei sem meu pai? Parece que parte da minha natureza moral se foi. Eu tive uma visão horrível de mim mesma ontem à noite, tornando-me terrena, sensual e diabólica por falta daquela influência purificadora e restritiva."

Carência

INTELECTUALMENTE, MARY ANNE ERA MADURA. A LEITURA INTENSIVA que fez ao longo de sua adolescência produziu uma impressionante profundidade de conhecimento e capacidade de observação e julgamento. No âmbito da mente, Mary Anne estava bem no meio da jornada de sua vida, a transformação que a levaria de uma adolescente egoísta a uma adulta cuja maturidade era medida por uma capacidade insuperável de penetrar nos sentimentos de outras pessoas.

Emocionalmente, porém, ela ainda era uma espécie de caso perdido. Quando tinha 22 anos a piada em seu círculo era que Mary Anne se apaixonou por todos os homens que conheceu. Essas relações seguiam um padrão geral. Desesperada por afeto, ela se atirava em um homem, geralmente casado ou não disponível. Deslumbrado por sua conversa, ele retribuía a atenção. Confundindo seu envolvimento intelectual com amor romântico, ela se envolvia emocionalmente, esperando que o amor preenchesse algum vazio em si mesma. Por fim, ele a rejeitava ou fugia, ou a esposa a obrigava a sair de cena. Mary Anne acabava mergulhada em lágrimas ou paralisada por enxaquecas.

As incursões românticas de Mary Anne poderiam ter sido bem--sucedidas se ela fosse convencionalmente bonita, mas como Henry James, na época um homem jovem e bonito, relatou, ela era "magnificamente feia — deliciosamente medonha". Uma série de homens simplesmente não conseguia ignorar a mandíbula larga e as feições de cavalo sem grandes atrativos, embora os espíritos mais refinados acabassem por ver sua beleza interior. Em 1852, uma visitante norte--americana, Sara Jane Lippincott, descreveu o efeito que sua conversa teve em sua aparência: "A senhorita Evans certamente me impressionou a princípio como extremamente comum, com sua mandíbula agressiva e seus evasivos olhos azuis. Nem nariz, nem boca, nem queixo eram do meu agrado; mas, à medida que ela se interessava e se empenhava em conversar, uma grande luz emanava de seu rosto, até o ponto de parecer transfigurado, e a doçura de seu raro sorriso era algo indescritível."[9]

Os homens surgiam. Mary Anne se apaixonava. Os homens partiam. Ela teve uma paixão por um instrutor de música e por Charles Hennell, o autor. Envolveu-se com um jovem chamado John Sibree, que estava estudando para o sacerdócio. Sibree não retribuiu seu afeto, mas depois de conversar com ela desistiu de sua carreira no clero, embora não tivesse mais nada na vida a que recorrer.

Mais tarde, teve um relacionamento de uma intensidade perturbadora com um artista de meia-idade, casado e baixinho, chamado François d'Albert Durade. Certa vez, e por apenas um dia, ela desenvolveu uma paixão por um homem que realmente era solteiro, mas perdeu o interesse por ele no dia seguinte.

Amigos convidavam Mary Anne para se hospedar em suas casas. Em pouco tempo ela se envolvia em algum tipo de intimidade apaixonada com a figura masculina da família. Dr. Robert Brabant era um médico muito mais velho e culto que deu a Mary Anne acesso à sua biblioteca e lhe pediu que viesse morar com sua família. Em pouco tempo eles estavam completamente envolvidos. "Estou em um pequeno paraíso aqui e o Dr. Brabant é o arcanjo", escreveu ela em uma carta para Cara, "não haveria tempo hábil para contar todas as suas qualidades encantadoras. Nós lemos, conversamos e caminhamos juntos, e eu nunca me canso de sua companhia". Em pouco tempo a esposa do Dr. Brabant deu um ultimato. Ou Mary Anne saía de casa ou ela o abandonaria. Mary Anne teve que fugir em desonra.

O imbróglio mais estranho aconteceu na casa de John Chapman, editor da revista *Westminster Review,* na qual Mary Anne depois trabalhou como escritora e editora. Chapman já morava com a esposa e uma amante quando Mary Anne se mudou. Em pouco tempo as três mulheres competiam pelo afeto de Chapman. Como diz o biógrafo de Eliot, Frederick R. Karl, a situação tinha todos os ingredientes de um dramalhão doméstico, com batidas de portas, casais se esgueirando para passear, sentimentos feridos e cenas iradas e cheias de lágrimas. Se houvesse muita calma um dia, Chapman agitava o drama, mostrando uma carta de amor de uma mulher para uma das outras. Por fim, a esposa e a amante formaram uma aliança contra Mary Anne. Mais uma vez ela teve que fugir em meio a sussurros de escândalo.

Os biógrafos costumam argumentar que a ausência de amor materno criou um buraco no coração de Mary Anne, que ela tentou desesperadamente preencher pelo resto de sua vida. Mas também havia um certo narcisismo, o amor pelo próprio amor, o amor pela sua própria nobreza, pelo prazer de sentir o ímpeto da própria paixão. Ela criou um drama de si mesma e se entregou a ele, apreciando a atenção, desfrutando de sua própria capacidade de profundidade emocional e saboreando a sensação de sua própria importância épica. As pessoas que se veem como o centro do seu sistema solar muitas vezes ficam arrebatadas pelo próprio sofrimento terrível, mas também delicioso. Pessoas que se veem como um pedaço de um universo maior e uma história mais ampla raramente o fazem.

Mais tarde, ela escreveu: "Ser poeta é ter uma alma tão rápida de discernir, que nenhuma nuance de característica lhe escapa, e tão rápida para sentir, que o discernimento é apenas uma mão tocando uma variedade de acordes de emoção finamente ordenados — uma alma em que o conhecimento passa instantaneamente para o sentimento, e o sentimento volta como um novo órgão de conhecimento." Mary Anne tinha esse tipo de alma. Sentimento, e ação, e pensamento eram a mesma coisa. Mas ela não tinha ninguém para dirigir sua paixão, e nenhum trabalho para lhe dar disciplina e forma.

Ação

EM 1852, AOS 32 ANOS, MARY ANNE SE APAIXONOU PELO FILÓSOFO Herbert Spencer, o único dos homens até então em sua vida que se aproximava de sua capacidade intelectual. Eles costumavam ir juntos ao teatro e conversavam constantemente. Spencer gostava de sua companhia, mas não podia superar seu próprio narcisismo e a feiura de Mary Anne. "A falta de atração física foi fatal", escreveu Spencer décadas depois. "Por mais forte que minha razão quisesse, meus instintos não respondiam."

Em julho, ela escreveu uma carta que era ao mesmo tempo suplicante e ousada. "Aqueles que me conheceram melhor já disseram que quando eu amo alguém de todo coração toda minha vida gira em torno desse sentimento, e acho que têm razão", declarou ela. Ela pediu que ele não a abandonasse: "Se você se envolver com outra pessoa, eu morrerei, mas até lá, se ao menos tivesse você perto de mim, poderia reunir coragem para trabalhar e tornar a vida valiosa. Não lhe peço para sacrificar qualquer coisa — eu ficaria muito feliz e satisfeita e nunca o incomodaria... Você descobrirá que posso me contentar com muito pouco, basta me libertar do pavor de perdê-lo."

Por fim, acrescentou um final apoteótico: "Suponho que nenhuma mulher escreveu uma carta como essa, mas não me envergonho disso, pois estou consciente de que, à luz da razão e do verdadeiro refinamento, sou digna de seu respeito e ternura, seja o que for que homens grosseiros ou mulheres de mente vulgar possam pensar de mim."[10]

Essa carta representa um momento crucial na vida de Eliot, com sua mistura de vulnerabilidade e forte afirmação. Após os anos de carência desconexa, uma certa força começava a penetrar em sua alma e ela se tornou capaz de reafirmar sua própria dignidade. Pode-se dizer que este foi o momento em que Eliot assumiu as rédeas, o momento em que começou o processo pelo qual deixaria de ser levada por suas carências e começaria a viver de acordo com seus próprios critérios internos, desenvolvendo gradativamente uma capacidade de ação e de dirigir a própria vida.

A carta não resolveu seus problemas. Spencer ainda a rejeitou. Ela permaneceu insegura, especialmente sobre sua escrita. Mas sua energia interna foi despertada. Ela exibiu crescente coesão e, por vezes, uma incrível coragem.

Esse momento de ação pode acontecer, para muitas pessoas, surpreendentemente tarde na vida. Às vezes vemos falta de ação entre os desfavorecidos. Suas vidas podem ser tão assoladas pela dificuldade econômica, chefes arbitrários e perturbações gerais que perdem a fé na ideia de que uma ação leva a resultados previsíveis. Você pode oferecer programas para melhorar suas vidas, mas eles podem não conseguir usufruir de seus benefícios, porque não têm confiança de que podem controlar seus próprios destinos.

Entre os privilegiados, especialmente os jovens, você vê pessoas que foram criadas para serem máquinas em busca de aprovação. Elas podem ser ativas, ocupadas e inquietas, mas por dentro geralmente se sentem passivas e sem controle. Suas vidas são dirigidas por expectativas de outras pessoas, critérios externos e definições de sucesso que não se encaixam realmente nelas.

A capacidade de ação não é automática. Tem que ser criada, com vontade e esforço. Não é apenas a confiança e a vontade de agir. É ter dentro de si gravados os critérios internos para guiar a ação. O momento de ação pode acontecer em qualquer idade ou nunca. Eliot começou a mostrar sinais de ação emocional quando estava com Spencer, mas só amadureceu depois de conhecer George Lewes.

Amor Verdadeiro

A HISTÓRIA DO AMOR DE GEORGE ELIOT POR GEORGE LEWES É QUASE sempre contada a partir de sua perspectiva, como a grande paixão que deu coerência à sua alma, que a tirou da condição de menina desesperada e autocentrada e lhe proporcionou o amor que ansiava e o apoio emocional e segurança de que precisava. Mas a história também pode ser contada a partir da perspectiva de Lewes, como o elemento central em sua jornada da fragmentação à integridade.

Lewes veio de uma longa linhagem de caos familiar. Seu avô era um ator cômico que se casou três vezes. Seu pai era casado com uma mulher em Liverpool e teve quatro filhos, depois saiu e montou uma nova casa com outra mulher em Londres, com quem teve três filhos antes de desaparecer para sempre nas Bermudas.

Cresceu moderadamente pobre e se educou indo para a Europa e deixando-se guiar pelos principais autores continentais como Spinoza e Comte, que na época eram desconhecidos na Inglaterra. Ele retornou a Londres e se sustentou com sua caneta, escrevendo sobre qualquer assunto para qualquer um que pagasse. Em uma época que começava a favorecer a especialização e a seriedade, foi desprezado como um escritor superficial que escrevia por dinheiro.

A feminista norte-americana Margaret Fuller conheceu Lewes em uma festa na casa de Thomas Carlyle e chamou-o de "um tipo francês e espirituoso" que possuía uma "superficialidade brilhante". A maioria dos biógrafos seguiu essa linha, menosprezando-o como aventureiro e oportunista, um escritor fluente, mas superficial e não totalmente confiável.

A biógrafa Kathryn Hughes persuasivamente tem uma visão mais apurada. Lewes, ela escreve, era espirituoso e efervescente em uma sociedade que tendia à presunção melancólica. Era versado no modo de vida francês e alemão em uma sociedade que muitas vezes desconfiava de qualquer coisa que não fosse britânica. Tinha uma genuína paixão por ideias e por apresentar pensadores negligenciados ao público. Era livre-pensador e romântico em uma sociedade que vivia uma fase vitoriana fechada e rigorosa.

Lewes era famoso por ser feio (notoriamente, a única grande figura de Londres ainda menos atraente do que George Eliot), mas conversava com as mulheres com muita naturalidade e sensibilidade, e isso lhe foi muito útil. Casou-se com uma linda jovem chamada Agnes quando tinha 23 e ela 19 anos. Tinham um casamento moderno, de ideias livres, quase sempre fiéis durante os primeiros 9 anos e predominantemente infiéis depois disso. Agnes teve um longo caso com um homem chamado Thornton Hunt. Lewes aprovava esse caso, desde que ela não tivesse filhos com Hunt. Mas quando os filhos vieram ele os adotou como seus, para poupá-los da desgraça da ilegitimidade.

Na época em que conheceu Mary Anne, Lewes estava separado de Agnes (embora pareça ter acreditado que algum dia voltariam a viver juntos e o casamento deles tenha permanecido legalmente intacto pelo resto de sua vida). Ele estava no que considerava "um período muito triste da minha vida. Eu desisti de toda ambição, vivia em situação precária e pensava em um dia de cada vez".[11]

Mary Anne, por sua vez, também estava solitária, mas amadurecendo. Ela escreveu para Cara Bray: "Meus problemas são puramente psíquicos — autoinsatisfação e desespero em conseguir qualquer coisa que valha a pena." Em seu diário, adotou o sentimento que foi primeiramente escrito pela autora feminista Margaret Fuller: "Eu sempre reinarei pelo intelecto, mas a vida! A vida! Meu Deus! Ela nunca será doce?"[12]

Mas nessa fase, em seus 30 e poucos anos, ela estava menos ansiosa em relação a si mesma: "Quando somos jovens, pensamos que nossos problemas são algo poderoso — que o mundo está lá expressamente como um palco para o drama particular de nossas vidas e que temos o direito de reclamar e nos enfurecer quando somos contrariados. Fiz muito isso no meu tempo. Mas começamos finalmente a entender que essas coisas são importantes apenas para a própria consciência, que são apenas como uma gota de orvalho sobre a pétala de uma rosa da qual ao meio-dia não haverá vestígio. Esse não é um sentimentalismo exagerado, mas uma simples reflexão que me parece útil todos os dias."[13]

Lewes e Mary Anne se conheceram em uma livraria em 6 de outubro de 1851. Nessa época, ela se mudara para Londres e se estabelecera como colaboradora anônima (e mais tarde editora) da *Westminster Review*. Eles frequentavam os mesmos círculos. Ambos tinham uma amizade íntima com Herbert Spencer.

Ela não ficou impressionada a princípio, mas em pouco tempo passou a escrever a amigos que achava Lewes "amável e divertido" e relatando que ele "conquistou muito do meu apreço, apesar de mim mesma". De sua parte, Lewes parecia entender a qualidade da mulher que ele estava conhecendo. Lépido e errante em outras esferas da vida,

Lewes era absolutamente firme e confiável no que tange à sua dedicação à mulher que se tornaria George Eliot.

Nenhuma das cartas trocadas entre eles sobreviveu. Em parte porque não escreveram muitas (estavam juntos a maior parte do tempo) e também porque Eliot não queria que biógrafos na posteridade remexessem em sua vida privada e expusessem o coração vulnerável por trás de seus formidáveis romances. Então não sabemos exatamente como o amor deles floresceu. Mas sabemos que Lewes gradualmente a conquistou. Em 16 de abril de 1853, ela escreveu a um amigo: "O Sr. Lewes, em especial, é gentil e atencioso, e me conquistou muito depois de ter tido uma boa dose de meus vitupérios. Como poucas pessoas no mundo, ele é muito melhor do que parece. Um homem de coração e consciência, usando uma máscara de irreverência."

Em algum momento Lewes teria contado a ela sobre seu casamento arruinado e sua vida privada confusa. Isso provavelmente não teria chocado Mary Anne, que estava familiarizada com arranjos de vida complexos. Mas eles também discutiam muitas ideias. Interessavam-se pelos mesmos autores: Spinoza, Comte, Goethe, Ludwig Feuerbach. Por volta dessa época, Mary Anne traduziu a obra de Feuerbach *A Essência do Cristianismo*.

Feuerbach argumenta que, mesmo que a época perdesse a fé no cristianismo, ainda era possível manter a essência de sua moralidade e ética, e isso poderia ser feito por meio do amor. Ele sustenta que, pelo amor e pelo sexo com quem se ama, os seres humanos podem alcançar a transcendência e derrotar a pecaminosidade em sua própria natureza. Escreveu:

> Por que meios o homem se liberta desse estado de desunião entre si mesmo e o ser perfeito, da consciência dolorosa do pecado, do senso de distração de sua própria insignificância? Como ele neutraliza a ferroada fatal do pecado? Apenas assim; sendo consciente do amor como o mais elevado, o poder absoluto e a verdade, considerando o Ser Divino não apenas como uma lei, como um ser moral do entendimento; mas também como um ser carinhoso e até mesmo subjetivo (isto é, tendo empatia até mesmo pelo indivíduo).[14]

Mary Anne e Lewes se apaixonavam por ideias. Nos anos anteriores, foram atraídos pelos mesmos escritores, muitas vezes ao mesmo tempo. Compuseram ensaios sobre assuntos relacionados. Ambos encaravam a busca da verdade com a mesma intensidade e ambos defendiam a ideia de que o amor e a empatia humanos poderiam servir de base à sua própria moralidade, como um substituto para um cristianismo no qual eles não conseguiam realmente acreditar.

Amor Intelectual

NÃO TEMOS ACESSO AO MOMENTO EXATO NO QUAL SEUS CORAÇÕES SE apaixonaram, mas conhecemos o processo pelo qual tipos semelhantes de pessoas se apaixonaram, e isso nos traz uma amostra do que Mary Anne e Lewes devem ter sentido. Uma famosa paixão similar ocorreu entre o filósofo britânico Isaiah Berlin e a poeta russa Anna Akhmatova. O encontro de suas mentes assumiu um drama especial, porque tudo aconteceu em uma noite.

A paixão ocorreu em Leningrado em 1945. Vinte anos mais velha que Berlin, Akhmatova fora uma grande poetisa pré-revolucionária. Desde 1925, os soviéticos não lhe permitiam publicar nada. Seu primeiro marido foi executado por falsas acusações em 1921. Em 1938, seu filho foi levado prisioneiro. Por 17 meses, Akhmatova permaneceu do lado de fora da prisão, buscando, em vão, notícias dele.

Berlin não sabia muito sobre ela, mas visitava Leningrado e um amigo se ofereceu para apresentá-los. Berlin foi levado para o apartamento de Akhmatova e conheceu uma mulher ainda bonita e poderosa, mas ferida pela tirania e pela guerra. No início, a conversa deles foi contida. Falaram sobre experiências de guerra e universidades britânicas. Outros convidados chegaram e partiram.

À meia-noite eles estavam sozinhos, sentados em lados opostos da sala. Ela contou a ele sobre sua infância, casamento e a execução do marido. Começou a recitar *Don Juan* de Byron com tanta paixão que Berlin virou o rosto para a janela para esconder sua emoção. Depois recitou alguns de seus próprios poemas, desmoronando ao descrever como eles haviam levado os soviéticos a executar um de seus colegas.

Às quatro da manhã eles conversavam sobre os grandes escritores. Concordaram sobre Pushkin e Tchekhov. Berlin gostava da leveza e da inteligência de Turguêniev, enquanto Akhmatova preferia a intensidade sombria de Dostoiévski.

Aprofundaram-se cada vez mais, desnudando suas almas. Akhmatova confessou sua solidão, expressou suas paixões, falou sobre literatura e arte. Berlin tinha que ir ao banheiro, mas não se atreveu a quebrar o feitiço. Eles haviam lido as mesmas coisas, sabiam o que o outro sabia, entendiam os anseios um do outro. Naquela noite, escreve seu biógrafo Michael Ignatieff, a vida de Berlin "chegou mais perto do que nunca da imóvel perfeição da arte". Ele finalmente partiu e voltou para o hotel. Eram 11 horas da manhã. Ele se jogou na cama e exclamou: "Estou apaixonado, estou apaixonado."[15]

A noite em que Berlin e Akhmatova passaram juntos é o ideal de um certo tipo de comunicação. É a comunicação entre as pessoas que pensam que o conhecimento mais valioso não é encontrado em dados, mas nas grandes obras da cultura, no repositório herdado da sabedoria moral, emocional e existencial da humanidade. É uma comunicação em que a compatibilidade intelectual se transforma em fusão emocional. Berlin e Akhmatova puderam vivenciar esse tipo de conversa transformadora porque leram as grandes obras. Eles acreditavam que você tem que ponderar sobre as grandes ideias e os grandes livros que ensinam como experimentar a vida em toda a sua riqueza e como fazer julgamentos morais e emocionais sutis. Eram espiritualmente ambiciosos. Tinham a linguagem comum da literatura escrita por gênios que nos entendem melhor do que nós mesmos.

A noite também é o ideal de um certo tipo de vínculo. Esse tipo de amor depende de tantas coincidências que isso acontece apenas uma ou duas vezes na vida, quando acontece. Berlin e Akhmatova sentiram todas as peças encaixando-se incrivelmente bem. Eles eram iguais em muitos aspectos. Havia tanta harmonia que todas as defesas internas caíram em uma noite.

Ao lermos os poemas que Akhmatova escreveu sobre aquela noite, temos a impressão de que eles dormiram juntos, mas de acordo com Ignatieff eles mal se tocaram. Sua comunhão era principalmente intelectual, emocional e espiritual, criando uma combinação de amizade e amor. Se é verdade que os amigos enfrentam o mundo lado a lado e os amantes o vivem frente a frente, Berlin e Akhmatova pareciam de alguma forma encarnar ambas as posturas de uma só vez. Eles compartilharam e também ampliavam o entendimento um do outro.

Para Berlin essa noite foi o evento mais importante da sua vida. Akhmatova estava presa na União Soviética, sofrendo sob um regime de manipulação, medo e mentiras. O regime decidiu que ela havia se envolvido com um espião britânico e ela foi expulsa do Sindicato dos Escritores. Seu filho estava na prisão. Ela estava desolada, mas continuava grata pela visita de Berlin, falando dele fervorosamente e escrevendo em tom comovente sobre a magia transcendental daquela noite.

O amor que Eliot sentia por Lewes tinha um pouco dessa intensidade intelectual e emocional. Eles também experimentaram o amor como uma força moral que aprofunda uma pessoa, organizando as mentes humanas em torno de outras almas e elevando-as para que sejam capazes de grandes atos de serviço e devoção. E, de fato, se olharmos para o amor em sua fase mais apaixonada, vemos que muitas vezes ele faz várias coisas importantes para reorientar a alma. A primeira coisa é nos humilhar. Isso nos lembra de que não estamos nem mesmo no controle de nós mesmos. Na maioria das culturas e civilizações, o amor é descrito no mito e na história como uma força externa — um deus ou um demônio — que entra e coloniza uma pessoa, remodelando tudo dentro dela. É Afrodite ou Cupido. O amor é descrito como uma deliciosa loucura, um fogo violento, um frenesi celestial. Nós não construímos amor; nós *caímos* de amor, está fora de nosso controle. É tanto primordial quanto algo distintamente nosso, emocionante e aterrorizante, essa força eletrizante que não podemos planejar, programar ou determinar.

O amor é como um exército invasor que lembra que você não é dono de sua própria casa. Ele o conquista pouco a pouco, reorganizando seus níveis de energia, rearranjando seus padrões de sono, reorganizando seus tópicos de conversação e, no final do processo, restabelecendo os objetos de seu desejo sexual e até mesmo o foco de sua atenção. Quando você está apaixonado, não consegue parar de pensar no seu amado. Caminha em meio à multidão e pensa que o vê em uma forma vagamente familiar a cada poucos metros. Você alterna entre altos a baixos e sofre com pequenos descasos que sabe serem provavelmente triviais ou ilusórios. O amor é o tipo mais forte de exército porque não gera resistência. Quando a invasão é apenas pela metade, a pessoa invadida anseia por ser derrotada, com medo, mas de maneira total e irremediável.

O amor é uma rendição. Você expõe suas vulnerabilidades mais profundas e abdica das ilusões de autocontrole. Essa vulnerabilidade e o desejo de apoio podem se manifestar de maneiras sutis. Eliot escreveu certa vez: "Há algo estranhamente cativante para a maioria das mulheres nessa oferta de um braço firme; a ajuda não é desejada fisicamente no momento, mas o senso de ajuda, a presença de uma força que está fora delas e ainda assim é delas, atende a um contínuo desejo de fantasia."

O amor depende da disposição de cada pessoa de ser vulnerável e aprofunda essa vulnerabilidade. Funciona porque cada pessoa expõe sua nudez e a outra se apressa a conhecê-la. "Você será amado no dia em que conseguir mostrar sua fraqueza sem que a pessoa a use para afirmar sua força", escreveu o romancista italiano Cesar Pavese.

Em seguida, o amor descentraliza o ego. Ele o leva para fora do seu estado natural de amor-próprio. Torna outras pessoas mais vívidas para você do que você é para si mesmo.

A pessoa apaixonada pode pensar que está buscando felicidade pessoal, mas isso é uma ilusão. Ela realmente busca a fusão com a outra e, quando a fusão contradiz a felicidade, ela provavelmente escolhe a fusão. Se a pessoa superficial vive na pequenez do seu próprio ego, uma pessoa apaixonada descobre que as riquezas supremas não estão dentro, estão lá fora, no amado e na partilha de um destino em comum. Um casamento bem-sucedido é uma conversa de 50 anos cada vez mais próxima dessa fusão de mente e coração. O amor se expressa em sorrisos e lágrimas compartilhados e termina com a afirmação: "Se eu amo você? Eu sou você."

Muitos observadores notaram que o amor elimina a distinção entre doar e receber. Conforme os eus dos dois amantes se misturam, se mesclam e se fundem, parece mais delicioso doar aos amados do que receber. Montaigne escreve que a pessoa apaixonada que recebe um presente está realmente proporcionando ao seu amado o supremo presente: a chance de experimentar a alegria de presenteá-la. Não faz sentido dizer que um amante é generoso ou altruísta, porque um amante no frenesi do amor que oferece a sua amada está doando um pedaço de si mesmo.

Em seu famoso ensaio sobre amizade, Montaigne descreveu como uma amizade profunda ou um amor pode reorganizar as fronteiras do eu:

> Tal amizade não tem modelo senão ela mesma, e só pode ser comparada a si mesma. Não foi uma consideração especial, nem duas, nem três, nem quatro, nem mil; foi uma misteriosa quintessência de toda essa mistura que se apoderou de minha

vontade e a levou a mergulhar e se perder na sua, que a possuiu de toda sua vontade, e a conduziu, com fome e ímpeto semelhantes, a mergulhar e se perder na minha. Eu posso realmente dizer perder, pois nos deixou nada que fosse nosso, nada que fosse dela ou meu.

Em seguida, o amor infunde as pessoas com um temperamento poético. Adão I quer viver de acordo com um cálculo utilitarista — para maximizar experiências agradáveis, para se proteger contra a dor e a vulnerabilidade, para manter o controle. Adão I quer que você passe pela vida como uma unidade independente, avaliando friamente riscos e recompensas, e cuidando de seus próprios interesses. Ele elabora estratégias e calcula custos e benefícios. Quer que você mantenha o mundo à distância. Mas estar apaixonado é perder um pouco a sua mente, é ser elevado pelo pensamento mágico.

Estar apaixonado é experimentar centenas de pequenas sensações sucessivas que nunca experimentou antes, como se outra metade da vida lhe tivesse sido aberta pela primeira vez: um frenesi de admiração, esperança, dúvida, possibilidade, medo, êxtase, ciúme, mágoa e assim por diante.

O amor é submissão, não decisão. O amor exige sua rendição poética a um poder inexplicável desconsiderando os custos. O amor lhe pede para descartar o pensamento condicional e derramar o seu amor com força total, e não medi-lo em colheradas. Ele cristaliza sua visão de modo que, como disse Stendhal, sua amada brilha como uma joia cintilante. Para você, ela possui uma magia que os outros não veem. Para você, os pontos históricos em que o amor floresceu pela primeira vez assumem um significado sagrado que os outros não conseguem perceber. As datas em que os primeiros beijos e as palavras cruciais foram trocados assumem a aura dos dias santos. As emoções que sente não podem ser capturadas em prosa, mas apenas em música e poesia, olhares e toques. As palavras trocadas são tão tolas e exageradas que precisam ser mantidas em sigilo. Soariam insanas se expressadas com seus amigos e expostas ao mundo.

Você não se apaixona pela pessoa que pode ser mais útil para você — não a pessoa mais rica, a mais popular e a mais bem relacionada, não aquela com as melhores perspectivas de carreira. Adão II se apaixona pela pessoa distinta, por nenhuma outra razão além de alguma harmonia interior, inspiração, alegria e elevação, porque ele é ela e ela é ele. Além disso, o amor não busca o caminho eficiente, a certeza; por algum motivo perverso, o amor se alimenta de obstáculos e geralmente não é conquistado pela prudência. Você pode ter tentado alertar duas pessoas apaixonadas de que não deveriam se casar porque a união delas não será feliz. Mas amantes apanhados em pensamentos mágicos não veem o que os outros veem e provavelmente não mudariam seu curso, mesmo que pudessem, porque prefeririam ser infelizes juntos do que felizes separados. Eles estão apaixonados, não comprando uma ação, e o temperamento poético — parte pensamento, parte emoção radiante — guia suas decisões. O amor é um estado de necessidade poética; existe tanto em um plano superior quanto inferior à lógica e ao cálculo.

Deste modo, o amor abre a capacidade para a consciência espiritual. É um estado alterado de consciência intenso e avassalador, mas ao mesmo tempo efervescente. Nesse estado, muitas pessoas tendem a ter momentos místicos quando sentem a consciência de um mistério sem palavras além do plano humano. Seu amor lhes dá pequenos vislumbres de amor puro, amor separado dessa ou daquela pessoa em particular, mas emanando de algum reino transcendente. Essas sensações vêm em momentos fugazes. São experiências místicas intensas e efervescentes, vislumbres de um infinito além do que se pode saber com certeza.

Na sua obra-prima *My Bright Abyss* ["Meu Abismo Luminoso", em tradução livre], o poeta Christian Wiman escreve:

> Em um amor verdadeiro — de uma mãe pelo filho, um marido pela esposa, um amigo pelo amigo — há um excesso de energia que sempre quer estar em movimento. Além disso, parece não se mover simplesmente de uma pessoa para outra, mas através delas para outra coisa. ("Tudo o que eu sei agora / é que quanto mais ele me amava, mais eu amava o mundo" — Spencer Reece.) É por isso que podemos ficar tão perplexos e sobrecarregados com tal amor (e não quero dizer apenas quando nos apaixonamos; na verdade, estou falando mais de outros relacionamentos mais duráveis): ele quer ser mais do que é; grita dentro de nós para o tornarmos mais do que é.[16]

Para muitas pessoas, religiosas ou não, o amor fornece um vislumbre de algum reino além do limite do que conhecemos. Também, em um sentido mais prático, amplia o coração. Esse ato de anseio torna o coração mais aberto e mais livre. O amor é como um arado que abre o terreno duro e permite que as coisas cresçam. Ele abre a crosta na qual Adão I se apoia e expõe o solo macio e fértil de Adão II. Percebemos esse fenômeno o tempo todo: um amor leva a outro, um amor amplia a capacidade do outro.

O autocontrole é como um músculo. Se é requisitado a exercer o autocontrole muitas vezes ao longo do dia, você se cansa e não tem força suficiente para exercê-lo tanto à noite. Mas o amor é o oposto. Quanto mais ama, mais é capaz de amar. Uma pessoa que tem um filho não ama aquela criança menos quando a segunda e a terceira nascem. Uma pessoa que ama a sua cidade não ama menos o seu país. O amor se expande com o uso.

Deste modo, o amor suaviza. Todos nós conhecemos pessoas rígidas e blindadas para a vida antes de se apaixonarem. Mas no meio daquele estado doce e vulnerável de motivação seus modos mudaram. Pelas costas, as pessoas comentam que estão resplandecentes de amor. A casca de lagosta foi retirada, expondo a carne macia. Isso as deixa mais assustadas e mais expostas à dor, mas também mais gentis, mais capazes de viver a vida como uma dádiva. Shakespeare, inquestionável autoridade nesse assunto, escreveu: "Quanto mais o dou a ti, mais eu tenho, pois ambos são infinitos."[17]

E assim, finalmente, o amor leva as pessoas a servir. Se o amor começa com um movimento descendente, penetrando na vulnerabilidade do ego, expondo a nudez, termina com um movimento ascendente e ativo. Desperta muita energia e desejo de servir. A pessoa apaixonada compra pequenos presentes, busca a xícara no outro cômodo, traz um lenço de papel quando o amado está gripado, dirige por toda a cidade para pegar o amado no aeroporto. O amor é acordar noite após noite para amamentar, viver ano após ano para nutrir. É arriscar e sacrificar sua vida por seus amigos em uma batalha. O amor enobrece e transforma. Em nenhum outro estado as pessoas tantas vezes vivem como queremos que vivam. Em nenhum outro compromisso as pessoas tendem a escapar à lógica do interesse próprio e dos compromissos incondicionais que se manifestam nos atos cotidianos de cuidado.

Ocasionalmente você encontra alguém com um coração milenar. A pessoa com o coração milenar aproveitou ao máximo a apaixonada e tumultuosa fase do amor. Aqueles meses ou anos de paixão gravaram um profundo compromisso em sua mente. A pessoa ou coisa que antes amava fervorosamente agora ama calorosamente, mas de forma constante, feliz e inabalável. Ela nem sequer pensa em amar desejando algo em troca. Apenas oferece o amor como uma coisa natural. É um amor de doação, não de reciprocidade.

Esse é o tipo de amor que George Lewes sentiu por Mary Anne Evans. Ambos foram transformados e enobrecidos pelo amor um pelo outro, mas a de Lewes foi, em muitos aspectos, a transformação maior e mais enobrecedora. Ele celebrou o talento superior dela. Encorajou, incentivou e estimulou esse talento. Com mil cartas e gestos, ele se colocou em segundo lugar e ela na posição mais alta em sua mente.

A Decisão

A DECISÃO DE ESTAREM JUNTOS FOI PROFUNDA E TRANSFORMADORA. Embora ele e sua esposa morassem em casas separadas e Agnes tivesse filhos de outro homem, Lewes era oficialmente um homem casado. Se Eliot e Lewes se tornassem um casal, estariam cometendo adultério descarado aos olhos do mundo. A sociedade culta se fecharia para eles. A família os renegaria. Eles seriam excluídos, especialmente Eliot. Como disse o biógrafo de Eliot, Frederick R. Karl: "Os homens que mantinham amantes eram chamados de conquistadores, mas as mulheres nessa condição eram chamadas de prostitutas."[18]

No entanto, no fim de 1852 e início de 1853, Eliot parece ter reconhecido que Lewes era sua alma gêmea. Durante a primavera de 1853, começaram a pensar em romper com a sociedade para ficarem juntos. Em abril, Lewes entrou em colapso com tonturas, dores de cabeça e zumbidos nos ouvidos. Eliot passou esses meses traduzindo Feuerbach. Ele argumentou que, em sua verdadeira definição, um casamento não é fundamentalmente um contrato legal, é um arranjo moral, e ler seus pensamentos sobre o assunto teria ajudado Eliot a concluir que o amor que ela e Lewes compartilhavam era uma coisa mais verdadeira e superior do que o contrato legal que tinha com sua esposa de quem vivia separado.

Em última análise, ela teve que tomar uma decisão sobre o tipo de vínculo que mais tinha significado para ela, e decidiu que o amor deveria triunfar sobre as conexões sociais. Como escreveu mais tarde: "Laços tênues e facilmente rompidos são o que eu não desejo teoricamente nem poderia viver na prática. As mulheres que estão satisfeitas com esses laços não agem como eu."

Com sua genialidade para julgar o caráter, Eliot decidiu depositar sua fé em Lewes, embora nesse ponto ele não tivesse se comprometido totalmente com ela. Como ela colocou em uma carta: "Calculei o preço do passo que tomei e estou preparada para suportar, sem irritação ou amargura, a renúncia de todos os meus amigos. Não estou enganada sobre a pessoa a quem me uni. Ele é digno do sacrifício que invoquei, e minha única ansiedade é que ele seja julgado com justiça."

Todo o amor é restritivo. É a renúncia de outras possibilidades por uma única escolha. Em um brinde de casamento de 2008 a Cass Sunstein e Samantha Power, Leon Wieseltier expressou isso da melhor forma possível:

> Noivas e noivos são pessoas que descobriram pelo amor a natureza local da felicidade. O amor é uma revolução em escala, uma revisão de magnitudes; é pessoal e é particular; seu objeto é a especificidade desse homem e daquela mulher, a distinção desse espírito e dessa carne. O amor prefere o profundo ao amplo, o aqui ao lá; o que está perto ao que está longe… O amor é, ou deveria ser, indiferente à história, imune a ela — um refúgio suave e resistente a ela: quando o dia termina e as luzes se apagam, e há apenas esse outro coração, essa outra mente, essa outra face, para ajudar a repelir os demônios ou a saudar os anjos, não importa quem seja o presidente. Quando se consente em se casar, consente-se em ser verdadeiramente conhecido, o que é uma perspectiva sinistra; e, assim, a pessoa aposta no amor para corrigir a mediocridade da impressão e para invocar o perdão que é invariavelmente exigido por uma percepção precisa de si mesmo. Casamentos são exposições. Podemos ser heróis para nossos cônjuges, mas não podemos ser ídolos.

A mente de Eliot, nesse momento, parece estar em um estado de mudança convulsiva. Ela sabia que sua vida estava prestes a assumir uma nova forma irreversível. Parece ter concluído que a sua vida até o momento se baseara em uma série de escolhas erradas e que era hora de apostar tudo em uma escolha verdadeira. Ela deu o salto que W. H. Auden descreveu em seu famoso poema "Leap Before You Look" [Salte Antes de Olhar, em tradução livre]:

A sensação de perigo não deve desaparecer:
O caminho é certamente curto e íngreme
Por mais gradual que pareça daqui;
Olhe se quiser, mas você precisará saltar.

Homens durões se tornam piegas do dia para a noite
E quebram regras que qualquer tolo é capaz de cumprir;
Não é a convenção, mas o medo
O que tem a tendência de desaparecer...

As roupas consideradas certas para usar
Não serão sensatas nem baratas,
Contanto que consintamos em viver como ovelhas
E nunca mencionemos aqueles que desaparecem...

Uma solidão com dez mil braçadas de profundidade
Sustenta a cama em que deitamos, meu amor:
Embora te ame, você terá que saltar;
Nosso sonho de segurança precisa sumir.

Em 20 de julho de 1854, Eliot foi a uma doca perto da Torre de Londres e embarcou em um navio, o *Ravensbourne,* com destino à Antuérpia. Ela e Lewes começariam a vida juntos no exterior. Ela escreveu algumas cartas para uns poucos amigos informando-os de sua escolha, tentando amenizar o golpe. Eles consideraram essa jornada juntos como uma tentativa de coabitação, mas na realidade eles estavam prestes a dar início ao resto de suas vidas. Para ambos, foi um incrível ato de coragem e um incrível compromisso com o amor mútuo.

A Vida Juntos

ELES FIZERAM A ESCOLHA CERTA. A ESCOLHA REDIMIU A VIDA DE AMBOS. Eles viajaram pela Europa juntos, principalmente pela Alemanha, onde foram recebidos pelos principais escritores e intelectuais da época. Mary Anne adorava viver abertamente como a Sra. Lewes: "Eu sou mais feliz a cada dia e descubro que a domesticidade é cada vez mais agradável e benéfica para mim."[19]

Em Londres, no entanto, o relacionamento deles desencadeou uma tempestade de infâmias que definiria a vida social de Eliot para sempre. Algumas pessoas tinham prazer em pensar o pior dela, chamando-a de ladra de maridos, destruidora de lares e maníaca sexual. Outros entendiam que Lewes era efetivamente solteiro, entendiam o amor que os unia, mas ainda assim não podiam sancionar esse relacionamento porque poderia afrouxar a moral dos outros. Um ex-conhecido, que havia realizado um exame frenológico da mente de Eliot, declarou: "Estamos profundamente mortificados e angustiados; e gostaria de saber se há insanidade na família da senhorita Evans; por sua conduta, com seu cérebro, parece-me uma aberração mental mórbida."[20]

Eliot estava inabalável em sua escolha. Ela insistia em ser conhecida como Sra. Lewes porque, embora sua decisão de estar com Lewes tivesse sido um ato de rebeldia, acreditava na forma e na instituição do casamento tradicional. As circunstâncias a obrigaram a fazer algo extremo, mas ela acreditava, moral e filosoficamente, no caminho convencional. Eles viviam como marido e mulher tradicionais. E se complementavam. Ela podia ser sombria, mas ele era uma presença social radiante e engraçada. Caminhavam juntos. Trabalhavam juntos. Liam juntos. Eram fiéis, ardentes, discretos e autossuficientes. "O que de melhor existe para duas almas humanas", Eliot escreveria mais tarde em *O Triste Noivado de Adam Bede,* "do que sentirem que estão unidas por toda a vida — fortalecendo-se mutuamente a cada dificuldade, repousando uma na outra na tristeza, servindo uma à outra no sofrimento, estando uma com a outra em memórias indescritíveis e silenciosas no momento da última despedida."

Seu vínculo com Lewes custou a Eliot muitas amizades. Sua família a repreendeu — mais dolorosamente seu irmão, Isaac. Mas o escândalo também foi produtivo ao oferecer percepções mais profundas sobre si mesmos e sobre o mundo. Eles estavam sempre no limite, procurando sinais de insulto ou validação. Por estarem rompendo a convenção social, tiveram que prestar mais atenção ao que estavam fazendo, exercer especial cautela. O choque da hostilidade pública serviu de estímulo. Tornou-os conscientes de como a sociedade funcionava.

Eliot sempre foi uma observadora sensível da vida emocional de outras pessoas. Sempre devorou livros, ideias e pessoas. Todos sempre a acharam dotada de uma perceptividade impressionante — como se fosse algum tipo de bruxa com poderes mágicos. Mas agora havia algo mais em seus processos mentais. Nos meses após sua partida escandalosa com Lewes, ela parece ter finalmente aceitado seus excepcionais talentos. Tudo estava se concretizando em uma visão de mundo distinta, um modo estabelecido de ver o mundo. Talvez fosse simplesmente uma habilidade de finalmente encarar o mundo com um senso de autoconfiança. Depois de toda agitação de sua vida, Eliot finalmente conseguiu acertar no que realmente importa. Ela havia se arriscado com Lewes. Pagou um preço assustador. Suportou um batismo de fogo. Mas foi capaz de lentamente superar tudo isso. O prêmio de um amor gratificante valeu a pena. Como ela colocou em *O Triste Noivado de Adam Bede*: "Sem dúvida, uma grande angústia é capaz de fazer o trabalho de anos, e podemos sair desse batismo de fogo com uma alma cheia de novo temor e compaixão."

Romancista

LEWES, HÁ MUITO TEMPO, INCENTIVAVA ELIOT A ESCREVER FICÇÃO. ELE não tinha certeza de que ela seria capaz de inventar tramas, mas sabia que tinha um talento para descrição e caracterização. Além disso, a ficção pagava melhor do que a não ficção, e a família Lewes estava sempre em busca de dinheiro. Ele lhe pediu para tentar: "Você deve tentar escrever uma história." Uma manhã em setembro de 1856, ela estava fantasiando sobre escrever ficção quando um título surgiu em sua mente: *The Sad Fortunes of the Reverend Amos Barton* ["A Triste Sorte do Reverendo Amos Barton", em tradução livre]. Lewes ficou imediatamente entusiasmado. "Ah, que título magnífico!", elogiou.

Uma semana depois, leu para ele a primeira parte do que havia escrito. Ele soube imediatamente que Eliot era uma escritora talentosa. Ela escreveu em seu diário: "Nós dois choramos, e então ele veio até mim e me beijou, dizendo: 'Eu acho que a sua emoção é melhor do que a sua diversão.'" Ambos perceberam que Mary Anne seria uma romancista de sucesso. Ela seria George Eliot, o nome que escolheu para esconder (por um tempo) sua identidade escandalosa. A habilidade de que ele mais duvidava — se ela poderia escrever diálogos — era na verdade a área em que seu talento era mais óbvio. Lewes ainda se perguntava se ela seria capaz de criar ação e movimento em seus contos, mas ele sabia que ela tinha tudo mais que precisava.

Em pouco tempo ele era seu consultor, agente, editor, publicitário, psicoterapeuta e conselheiro geral. Ele entendeu rapidamente que o talento dela estava muito acima do seu, e parece que não sentiu nada além de um prazer altruísta na forma como ela estava prestes a ofuscá-lo.

Em 1861, as breves anotações dela no diário deixam claro o quão intimamente envolvido Lewes estava no desenvolvimento de seus enredos: ela escrevia durante o dia e depois lia o que havia escrito para Lewes. A julgar pelas suas cartas e anotações no diário ao longo dos anos, ele foi um ouvinte encorajador: "Eu li... as cenas de abertura de meu romance, e ele expressou grande prazer... Depois desse registro, li em voz alta o que havia escrito da Parte IX para George e ele, para minha surpresa, a aprovou inteiramente... Quando li meu manuscrito em voz alta para meu querido e amado marido, ele riu e chorou alternadamente e então correu até mim para me beijar. Ele é a principal bênção que tornou todo o resto possível para mim, me deu uma resposta a tudo que escrevi."

Lewes vendeu seus romances, negociando com diferentes editores. Nos primeiros anos, ele mentiu sobre quem era a verdadeira autora dos romances de George Eliot, alegando que era um amigo clérigo que desejava permanecer anônimo. Depois que a verdade veio à tona, protegeu a esposa das críticas. Mesmo depois de ter sido celebrada como uma das maiores escritoras da sua época, ele pegava os jornais primeiro, recortava e descartava qualquer artigo que pudesse mencioná-la com qualquer coisa que não fosse o elogio mais exagerado. A regra de Lewes era simples: "Nunca diga a ela o que outras pessoas dizem sobre seus livros, para o bem ou para o mal... Deixe sua mente se concentrar o máximo possível em sua arte e não no público."

Felicidade Ardente

GEORGE E MARY ANNE CONTINUARAM A SOFRER COM PROBLEMAS DE saúde e episódios de depressão, mas, em geral, eram felizes juntos. As cartas e as anotações do diário que escreveram durante seus anos juntos estão repletas de declarações de alegria e amor. Em 1859, Lewes escreveu a um amigo: "Devo a Spencer outra dívida mais profunda. Foi por meio dele que aprendi a conhecer Marian — conhecê-la foi amá-la —, e desde então minha vida tem sido um novo nascimento. A ela devo toda a minha prosperidade e felicidade. Deus a abençoe!"

Seis anos depois, Eliot escreveu: "No outro somos mais felizes do que nunca. Sou mais grata ao meu querido marido pelo seu amor perfeito, que me ajuda em tudo de bom e me mantém sob controle em todo o mal — mais consciente de que nele eu tenho a maior das bênçãos."

Sua obra-prima *Middlemarch: Um estudo da vida provinciana* trata principalmente de casamentos malsucedidos, mas há vislumbres em seus livros de casamentos felizes e amizade conjugal, como ela desfrutava. "Eu não deveria gostar de repreender alguém tão bem; e esse é um ponto a ser considerado em um marido", declara uma de suas personagens. Ela escreveu em uma carta para um amigo: "Eu sou mais feliz a cada dia e descubro que minha domesticidade é cada vez mais prazerosa e benéfica para mim. A afeição, o respeito e a simpatia intelectual se aprofundam e, pela primeira vez em minha vida, posso dizer aos momentos: 'Que durem, são tão bonitos.'"

Eliot e Lewes estavam felizes, mas não estavam alegres. Em primeiro lugar, a vida não cessou de acontecer. Um dos filhos de Lewes, do casamento anterior, foi até eles, doente terminal, e cuidaram dele até a morte. Seus frequentes episódios de problemas de saúde e depressão foram marcados por enxaquecas e tonturas. Mas, apesar de tudo, eles eram impulsionados por sua própria necessidade de se cultivarem moralmente, de serem mais profundos e mais sábios. Capturando essa mistura de alegria e ambição, Eliot escreveu em 1857: "Estou muito feliz — feliz na maior bênção que a vida pode nos proporcionar, o amor e a empatia perfeitos de uma natureza que estimula minha própria atividade saudável. Também sinto que toda a dor terrível pela qual passei nos últimos anos, em parte pelos defeitos de minha natureza, em parte por coisas externas, provavelmente foi uma preparação para algum trabalho especial que eu possa fazer antes de morrer. Essa é uma esperança abençoada, para ser exultada com emoção."

Para Eliot: "A aventura não é externa ao homem; é interna."

À medida que envelhecia, suas afeições tornaram-se mais fortes e ficaram menos perturbadas pelo egoísmo da juventude. Escrever, para ela, continuou sendo um processo agonizante. Ela tinha acessos de ansiedade e depressão com cada livro. Ela se desesperava. Recuperava a esperança. Então se desesperava novamente. Sua genialidade como escritora deriva do fato de ser capaz do sentimento mais profundo, mas também do pensamento mais perspicaz e disciplinado. Tinha que sentir e sofrer com tudo. Tinha que transformar esse sentimento em observação meticulosamente pensada. Os livros tiveram que ser paridos como crianças, dolorosamente e em meio à exaustão. Como a maioria das pessoas que escreve, ela teve que suportar o desequilíbrio básico da atividade. O escritor compartilha aquilo que é íntimo e vulnerável, mas o leitor está longe, então tudo que retorna é o silêncio.

Ela não tinha um sistema. Era antissistema. Como escreveu em *O Moinho do Rio Floss,* ela desprezava os "homens de aforismos", porque a "complexidade da nossa vida não deve ser resumida por aforismos, e nos encaixar em fórmulas desse tipo é reprimir todos os sussurros e inspirações divinas que surgem do crescente discernimento e empatia".

Ela não usou seus livros para estabelecer uma discussão ou demonstrar pontos de vista tanto quanto para criar um mundo em que os leitores pudessem mergulhar em diferentes momentos da vida e derivar nova lições a cada vez. Rebecca Mead escreveu: "Eu acho que *Middlemarch: Um estudo da vida provinciana* disciplinou meu caráter. Sei que se tornou parte da minha própria experiência e resistência. *Middlemarch* me inspirou quando eu era jovem e me instigou a sair de casa; e agora, no meio da vida, ele me sugere o que mais o lar pode significar, além de um lugar para crescer e amadurecer."[21]

Eliot criou sua própria paisagem interior. Ela era realista. Não se preocupava com o elevado e o heroico. Escreveu sobre o mundo prosaico. Seus personagens tendem a errar quando rejeitam as circunstâncias sujas e complexas da vida cotidiana por noções abstratas e radicais. Eles prosperam quando trabalham dentro do local enraizado, o hábito concreto, a realidade particular de sua cidade e família. A própria Eliot acreditava que o início da sabedoria era o estudo fiel e atento da realidade presente, uma coisa em si, uma pessoa em si, não filtrada por ideias abstratas, névoas de sentimentos, saltos de imaginação ou retiros religiosos para outros reinos.

Em seu romance inicial *O Triste Noivado de Adam Bede,* ela escreve: "Há poucos profetas no mundo; poucas mulheres sublimemente bonitas; poucos heróis. Não posso dar todo o meu amor e reverência a tais raridades: quero grande parte desses sentimentos por todos os meus semelhantes, especialmente pelos poucos em primeiro plano da grande multidão, cujos rostos conheço, cujas mãos toco, para quem tenho que abrir caminho com gentil cortesia."

Ela terminou seu último e talvez maior romance, *Middlemarch,* com um floreio que celebra os que levam uma vida humilde: "A influência do seu ser em todos à sua volta foi incrivelmente difusa: porque o bem crescente do mundo depende em parte de atos não históricos; se as coisas não vão tão mal para nós como seria possível, metade devemos àqueles que viveram fielmente uma vida anônima e repousam em túmulos que ninguém visita."

A empatia era o centro da visão moral de Eliot. Depois de uma adolescência egoísta, ela desenvolveu uma incrível capacidade de penetrar nas mentes dos outros e observá-los de diferentes pontos de vista e compreensão empática. Como colocou em *Middlemarch:* "Não existe uma doutrina geral que não seja capaz de consumir nossa moralidade se não for controlada por um hábito profundo de companheirismo direto com outros homens."

Ela se tornou, enquanto envelhecia, uma ouvinte atenta. Porque registrava as outras pessoas com tal intensidade emocional, os fatos e sentimentos de suas vidas guardados em sua memória. Ela era uma daquelas pessoas em quem nada é perdido. Apesar de ela mesma estar em um casamento feliz, escreveu seu maior livro sobre uma série de casamentos infelizes, e era capaz de descrevê-los com intensidade concreta.

"Cada limite é um começo, assim como um final", escreve ela em *Middlemarch.* Ela tem empatia até por seus personagens menos simpáticos, como Edward Casaubon, um homem sombrio, narcisista e pedante cujo talento não é tão grande quanto pensa e que lentamente percebe esse fato. Sob sua caneta perceptiva, a incapacidade de empatia e de se comunicar, especialmente dentro das famílias, é revelada como o grande veneno moral em muitas de suas histórias.

A Aventura Interna

ELIOT FOI UMA MELIORISTA. ELA NÃO ACREDITAVA EM UMA GRANDE MUdança transformacional. Acreditava na marcha lenta, constante e concreta para tornar cada dia um pouco melhor que o anterior. O desenvolvimento do caráter, como o progresso histórico, acontece melhor de maneira imperceptível, pelo esforço diário.

Seus livros tinham o objetivo de ter um efeito lento e constante sobre a vida interior de seus leitores, aumentar sua empatia, refinar sua capacidade de compreensão de outras pessoas, dar-lhes a experiência clara e perceptível. Nesse sentido, seu pai e o humilde ideal que ele representava viveram nela toda a vida. Em *O Triste Noivado de Adam Bede*, ela celebrou o homem local:

188 A ESTRADA PARA O CARÁTER

Eles ascendem, raramente como gênios, mais comumente como homens meticulosos e honestos, com a habilidade e a consciência para fazer bem as tarefas que estão diante deles. Suas vidas não têm nenhum eco incompreensível além da vizinhança onde moravam, mas é quase certo que você encontrará algum bom pedaço de estrada, algum prédio, alguma aplicação de produtos minerais, alguma melhoria na prática agrícola, alguma reforma dos abusos da paróquia cujos nomes estão associados a uma ou duas gerações depois deles.

Muitos de seus personagens, e especialmente a magnética Dorothea Brooke em *Middlemarch*, começam sua vida adulta com uma ambição moral ardente. Eles querem alcançar um grande bem, como Santa Teresa, mas não sabem o que é, qual é sua vocação ou como fazê-lo. Sua atenção está fixada em algum ideal puro, algum horizonte distante. Eliot era vitoriana; acreditava no aprimoramento moral. Mas usou seus romances para criticar tais objetivos morais elevados e sobrenaturais. Eles são muito abstratos e podem facilmente, como no caso de Dorothea, ser irrealistas e delirantes. A melhor reforma moral, ela contrapõe, está ligada ao aqui e agora, dirigida por sentimentos honestos por esse ou aquele indivíduo, e não pela humanidade como um todo. Há poder no particular e suspeita no geral. Para Eliot, a santidade não está no próximo mundo, mas está embutida em uma coisa mundana como um casamento, que prende uma pessoa, mas dá uma oportunidade concreta e diária de autossacrifício e de serviço. A santidade é inspirada pelo trabalho, a tarefa diária de fazer bem o trabalho. Ela leva a imaginação moral — o senso de dever, a necessidade de servir, o ardente desejo de dominar o egoísmo — e ela o concretiza e torna útil.

Há limites, ela ensina, em quanto podemos mudar outras pessoas ou com que rapidez podemos mudar a nós mesmos. Grande parte da vida é experienciada em um estado de tolerância — tolerando as fraquezas de outras pessoas e nossos próprios pecados, mesmo quando tentamos ter algum efeito lento e amoroso. "Esses companheiros mortais, cada um", escreveu ela em *O Triste Noivado de Adam Bede*, "devem ser aceitos como são: você não pode endireitar o nariz, nem aumentar sua sagacidade, nem retificar suas disposições; e são essas pessoas — entre as quais passa sua vida — que é necessário que deva tolerar, ter pena e amar: são essas pessoas mais ou menos feias, estúpidas e inconsistentes, cujo movimento de bondade deve ser capaz de admirar — para quem você deve guardar todas as esperanças possíveis, toda paciência possível". Essa postura é a essência de sua moralidade. É fácil dizer, mas difícil de promulgar. Ela procurou ser tolerante e receptiva, mas também rigorosa, séria e exigente. Ela amava, mas também julgava.

A palavra mais associada ao trabalho de Eliot é "maturidade". Ela é, como disse Virginia Woolf, literatura para adultos — vendo a vida de uma perspectiva mais elevada e mais imediata, mais sábia e mais generosa. "As pessoas glorificam todos os tipos de bravura, exceto a bravura que podem mostrar em nome do vizinho mais próximo", escreveu ela — um sentimento maduro, se é que já houve um.[22]

Uma mulher chamada Bessie Rayner Parkes conheceu Eliot quando ela ainda era uma mulher jovem. Ela escreveu mais tarde para uma amiga dizendo que ainda não sabia se gostaria dessa criatura, então conhecida como Mary Anne Evans. "Se você ou eu deveríamos amá-la como amiga, não sei. Não há ainda nenhum propósito moral elevado na impressão que ela dá, e é somente isso que comanda o amor. Eu acho que ela mudará. Anjos grandes demoram muito tempo para abrir suas asas, mas, quando o fazem, voam às alturas. A senhorita Evans não tem asas ou, o que eu acho que seja o caso, elas ainda estão nascendo."[23]

Mary Anne Evans percorreu um longo caminho para se tornar George Eliot. Teve que superar seu egocentrismo até a generosa empatia. Mas foi uma maturação satisfatória. Ela nunca superou seus ataques de depressão e suas ansiedades sobre a qualidade de sua própria escrita, mas podia pensar e sentir seu caminho até a mente e o coração de outras pessoas para exercitar o que ela chamou de "a responsabilidade da tolerância". Da desgraça, ela se levantou, no final de sua vida, para ser celebrada como um grande anjo.

O evento crucial nessa longa jornada foi seu amor por George Lewes, que a estabilizou, elevou e aprofundou. Os frutos de seu amor estão incorporados nas dedicatórias que fez em cada uma de suas obras:

> *O Triste Noivado de Adam Bede* (1859): Para meu querido marido, George Henry Lewes, dedico o manuscrito de um trabalho que nunca teria sido escrito, exceto pela felicidade que seu amor conferiu à minha vida.

O Moinho no Rio Floss (1860): Para o meu amado marido, George Henry Lewes, dedico este manuscrito do meu terceiro livro, escrito no sexto ano da nossa vida juntos.

Romola (1863): Para meu Marido, cujo amor perfeito foi a melhor fonte de sua percepção e força, este manuscrito é dedicado por sua devotada esposa, a escritora.

Felix Holt (1866): De George Eliot para seu querido Marido, este décimo terceiro ano de suas vidas juntos, em que o sentido aprofundado de sua própria imperfeição tem o consolo de seu profundo amor.

The Spanish Gypsy ["O Cigano Espanhol", em tradução livre] (1868): Para meu querido — cada dia mais querido — Marido.

Middlemarch: Um estudo da vida provinciana (1872): Para o meu querido Marido, George Henry Lewes, neste décimo nono ano da nossa união abençoada.

CAPÍTULO 8

AMOR ORDENADO

AGOSTINHO NASCEU NO ANO 354 NA CIDADE DE TAGASTE, ONDE hoje é a Argélia. Nasceu no final do Império Romano, em uma época em que o império estava em colapso, mas ainda parecia eterno. Sua cidade natal ficava perto do limite desse império, a 320 quilômetros da costa, em uma cultura que era uma mescla confusa de paganismo romano e fervoroso cristianismo africano. Viveu durante a primeira metade de sua vida preso na tensão entre suas ambições pessoais e sua natureza espiritual.

O pai de Agostinho, Patricius, conselheiro municipal e coletor de impostos, comandava uma família que estava em algum lugar no extremo superior da classe média. Patricius era materialista e espiritualmente inerte, e esperava que seu filho brilhante tivesse um dia a magnífica carreira que ele não teve. Um dia, ele viu seu filho adolescente nos banhos públicos e ofendeu Agostinho com comentários perversos sobre seus pelos pubianos, o tamanho do pênis ou algo assim. "Ele via em mim apenas coisas vazias", escreveu Agostinho, desdenhosamente.

A mãe de Agostinho, Mônica, sempre chamou a atenção dos historiadores — e dos psicanalistas. Por um lado, ela era uma mulher mundana e iletrada, criada em uma igreja que na época era rejeitada como primitiva. Ela frequentava os cultos todas as manhãs, fazia suas refeições em túmulos e analisava seus sonhos como presságios e guias. Por outro lado, tinha uma força de caráter e uma inflexibilidade em suas convicções sobre seus pontos de vista que o deixariam impressionado. Ela era uma força na comunidade, uma pacificadora, acima de fofocas, formidável e digna. Era capaz, como observa o magnífico biógrafo Peter Brown, de repudiar o indigno com um sarcasmo mordaz.[1]

Mônica cuidava da casa. Corrigiu os erros do marido, esperou e repreendeu suas infidelidades. Seu amor por seu filho e sua fome de governar sua vida eram vorazes, e às vezes gananciosos e não espirituais. Muito mais do que a maioria das mães, admitiu Agostinho, ela ansiava por tê-lo a seu lado e sob seu domínio. Ela o alertou a ficar longe de outras mulheres que poderiam levá-lo ao casamento. Organizou sua vida adulta em torno do cuidado de sua alma, adorando-o quando ele tendia para sua versão do cristianismo, chorando e explodindo em uma raiva delirante quando ele se desviava. Quando Agostinho se juntou a uma seita filosófica que desaprovava, ela o baniu de sua presença.

Aos 28 anos, quando Agostinho já era um adulto bem-sucedido, ele teve que enganá-la para conseguir pegar um barco para deixar a África. Ele disse a ela que estava indo para o porto ver um amigo partir e, em seguida, se esgueirou em uma embarcação com sua amante e seu filho. Enquanto partia, ele a viu chorando e gesticulando na praia, consumida, segundo ele, por "um frenesi de pesar". Ela o seguiu para a Europa, claro, orou por ele, livrou-se de sua amante e organizou um casamento arranjado com uma herdeira de dez anos de idade, esperando assim conseguir obrigar Agostinho a receber os ritos do batismo.

Agostinho entendia a natureza possessiva de seu amor, mas não conseguia desprezá-la. Ele foi um garoto sensível, apavorado com a ideia de sua desaprovação, mas mesmo na idade adulta ele se orgulhava de seu espírito e sabedoria popular. Ficou encantado quando descobriu que ela conseguia conversar com estudiosos e filósofos. Entendeu que a mãe sofreu por ele ainda mais do que ele sofreu por si mesmo, ou mais do que era capaz de sofrer por si mesma. "Não tenho palavras para expressar o amor que ela tinha por mim; e quanto era maior sua angústia agora, durante as dores do parto de meu ser espiritual, do que quando me deu à luz fisicamente."[2] Em meio a isso tudo, ela o amaria ferozmente e perseguiria sua alma. Apesar de toda a severidade autoritária, alguns dos momentos mais doces da vida de Agostinho foram momentos de reconciliação e comunhão espiritual com sua mãe.

Ambição

AGOSTINHO ERA UMA CRIANÇA FRÁGIL, QUE CRESCEU SERIAMENTE doente com dores no peito desde os sete anos e parecia prematuramente velho na meia-idade. Na escola, era brilhante e sensível, mas não cooperativo. Ele se entediava com o currículo e detestava as surras, que eram uma característica constante da disciplina escolar. Quando possível, matava aula para ver as lutas de ursos pagãs e rinhas de galo que ocorriam na arena da cidade.

Mesmo quando menino, Agostinho acabou preso entre os ideais concorrentes do mundo clássico e do mundo judaico-cristão. Como Matthew Arnold escreve em *Culture and Anarchy* ["Cultura e Anarquia", em tradução livre], a ideia principal do helenismo é a espontaneidade da consciência, enquanto a ideia dominante do que ele chama de hebraísmo é a rigidez de consciência.

Quer dizer, uma pessoa em um estado de espírito helenístico quer ver as coisas como elas realmente são e explorar a excelência e o bem que encontra no mundo. Uma pessoa nesse estado de espírito se aproxima do mundo em um espírito de flexibilidade e ludicidade. "Livrar-se da própria ignorância, ver as coisas como elas são e assim vê-las em toda sua beleza é o ideal simples e atraente que o helenismo apresenta diante da natureza humana."[3] A mente helenística tem "facilidade diáfana, clareza e radiância". É repleta de "doçura e luz".

O hebraísmo, ao contrário, "apega-se a certas alusões claras e essenciais da ordem universal, e se fixa, pode-se dizer, com grandeza inigualável de sinceridade e intensidade no estudo e na observância delas".[4] Assim, enquanto a pessoa em um estado de espírito helenístico tem medo de ficar de fora de qualquer aspecto da vida e realmente dirige a própria vida, a pessoa em um estado de espírito hebraico se concentra na verdade maior e é leal a uma ordem imortal: "A autoconquista, a autodevoção, o atendimento não de nossa vontade individual, mas da vontade de Deus, a obediência, é a ideia fundamental desta forma."[5]

A pessoa no estado de espírito hebraico, ao contrário do helenista, não está à vontade neste mundo. Ela está consciente do pecado, as forças dentro de si que a impedem de atingir a perfeição. Como Arnold coloca: "Para um mundo atingido pela inervação moral, o cristianismo ofereceu o espetáculo de um autossacrifício inspirado; para os homens que não abdicam a nada, mostra quem abdicou a tudo."[6]

Agostinho viveu nominalmente sob o domínio dos imperadores semidivinos, que então haviam se tornado figuras distantes, dignas de admiração, e eram celebradas por bajuladores da corte como "Sempre Vitoriosos" e "Restauradores do Mundo".[7] Ele aprendeu a filosofia dos estoicos, com suas vidas ideais de autossuficiência serena e supressora de emoções. Memorizou Virgílio e Cícero. "Meus ouvidos estavam inflamados por mitos pagãos, e quanto mais eu ouvia, mais queria ouvir", recordaria mais tarde.[8]

Quando chegou à adolescência, Agostinho parece ter se estabelecido como um garoto de ouro. "Fui chamado de rapaz promissor", lembrou. Ele atraiu a atenção de um nobre local, Romaniano, que concordou em patrocinar a educação do jovem e mandá-lo para centros de ensino. Agostinho ansiava por reconhecimento e admiração, e esperava realizar o sonho clássico de viver para sempre na boca das futuras gerações.

Aos 17 anos, Agostinho foi a Cártago para continuar seus estudos. Em suas memórias espirituais, *Confissões*, ele faz parecer ter sido consumido pela luxúria. "Eu vim para Cártago", diz ele sobre seus dias de estudante, "onde o caldeirão de amores ilícitos fervilhava ao meu redor". A presença de Agostinho não acalmou exatamente as coisas. Ele se descreve como um jovem tumultuado, seu sangue fervendo de paixões, luxúrias, ciúmes e desejos:

> Ainda não amava, e já gostava de ser amado, e, na minha profunda miséria, eu me odiava... Era para mim mais doce amar e ser amado, se eu pudesse gozar do corpo da pessoa amada... Mergulhei, então, no amor em que desejava ser envolvido... Na alegria, eu me via amarrado por laços de sofrimento, castigado pelo ferro em brasa do ciúme, das suspeitas, dos temores, das cóleras e das contendas.

Agostinho aparentemente foi o namorado mais exigente da história. Sua linguagem é precisa. Ele não está apaixonado por outro ser humano, ele está apaixonado pela perspectiva de ser amado. Ele é o centro. E em suas memórias ele descreve como suas luxúrias desordenadas se alimentavam de si mesmas. No Livro 8º de *Confissões*,

Agostinho inclui uma descrição quase clínica de como sua carência emocional era um vício:

Acorrentado não com os ferros de uma vontade estranha, mas por minha férrea vontade. O inimigo dominava meu querer, e dele forjava uma corrente com a qual me mantinha cativo. Da vontade perversa nasce a paixão, e desta satisfeita procede o hábito, e do hábito não contrariado provém a necessidade, e com estes anéis enlaçados entre si — por isso lhes chamei corrente — me mantinha preso em dura servidão.

Agostinho foi forçado a confrontar, de maneira muito direta, o fato de estar dividido contra si mesmo. Parte dele buscava as alegrias superficiais do mundo. Outra desaprovava esses desejos. Seus desejos estavam em desarmonia com suas outras faculdades. Ele é capaz de imaginar um modo de vida mais puro, mas não consegue chegar lá. Estava inquieto, desordenado.

Nessa escrita mais febril, Agostinho faz parecer que era algum Calígula obcecado por sexo. E através dos séculos muitas pessoas leram *Confissões* e concluíram que ele estava de fato apenas escrevendo sobre sexo. Na verdade, não está exatamente claro o quão indômito Agostinho realmente era. Se você observar o que ele realizou durante esses anos, ele parece ter sido um jovem estudioso e responsável. Destacou-se na universidade. Tornou-se professor em Cártago e subiu na hierarquia de um bom trabalho para outro. Depois se mudou para Roma e conseguiu um emprego em Milão, o verdadeiro centro do poder, na corte do imperador Valentiniano II. Foi casado pelos princípios consuetudinários, convencional naquela época, por cerca de 15 anos. Ele teve um filho com essa mulher e não a traía. Estudou Platão e Cícero. Seus pecados, assim como os deles, parecem ter consistido principalmente em ir ao teatro para assistir a peças e ocasionalmente observar as mulheres que encontrava na igreja. Considerando tudo, ele parece uma versão contemporânea de um jovem herdeiro de sucesso proveniente de uma renomada universidade, uma espécie de meritocrata típico do final do Império Romano. Em termos de carreira de Adão I, a vida de Agostinho era uma espécie de modelo de mobilidade ascendente.

Quando jovem, Agostinho pertencia a uma rigorosa seita filosófica chamada maniqueísmo. Foi um pouco como ingressar no Partido

Comunista na Rússia no início do século XX. Ele estava se juntando a um grupo de jovens inteligentes e comprometidos que acreditavam ter tomado posse de uma verdade que explicava tudo.

Os maniqueístas acreditavam que o mundo é dividido em um Reino de Luz e um Reino das Trevas. Acreditavam que há um conflito eterno entre tudo o que é bom e tudo o que é mal, e que no decorrer desse conflito porções boas ficam presas na escuridão. O espírito puro pode ser aprisionado pela carne mortal.

Como um sistema lógico, o maniqueísmo tem várias vantagens. Deus, que está do lado do bem puro, está protegido da mais tênue suspeita de ser o responsável pelo mal.[9] O maniqueísmo também ajuda a desculpar os indivíduos dos males que praticam: não fui eu, eu sou essencialmente bom, foi o Reino das Trevas operando por mim. Como disse Agostinho: "Alegrou meu orgulho estar acima da culpa e, quando pratiquei uma má ação, não confessar que eu mesmo fizera aquilo." Finalmente, uma vez que se aceitasse suas premissas, o maniqueísmo era um sistema lógico muito rigoroso. Tudo no Universo poderia ser explicado em passos racionais.

Os maniqueístas achavam fácil sentir-se superior a todos os outros. Além disso, eles se divertiam juntos. Agostinho se lembraria de "conversas e risos e procrastinações mútuas; leituras compartilhadas de livros com frases doces, brincadeiras alternando-se com discussões sérias e acaloradas, para apimentar nosso acordo geral com a dissidência; ensinando e sendo ensinado alternadamente; a tristeza pela ausência de alguém e a alegria de seu retorno".[10] Eles também praticavam o ascetismo para se purificarem da matéria maligna. Eram celibatários e comiam apenas certos alimentos. Evitavam o contato com a carne tanto quanto possível e eram servidos por "ouvintes" (incluindo Agostinho) que faziam tarefas de limpeza para eles.

A cultura clássica colocou grande ênfase nos debates vencedores, nas demonstrações de proezas retóricas. Agostinho, vivendo uma vida mais de cabeça do que coração, descobriu que podia usar argumentos maniqueístas para vencer debates facilmente: "Eu sempre costumava ganhar mais discussões do que era bom para mim, argumentando com cristãos não qualificados que tentavam defender sua fé em debates."[11]

Caos Interior

EM SUMA, AGOSTINHO ESTAVA VIVENDO O SONHO ROMANO, MAS ESTAVA infeliz. Por dentro ele se sentia fragmentado. Suas energias espirituais não tinham nada a que se apegar. Elas se dissipavam, evaporavam. Sua vida de Adão II estava um caos. "Eu fui jogado de um lado para outro", escreveu em *Confissões*. "Eu me derramei, fui levado a fluir em todas as direções e transbordei."

Em uma idade extraordinariamente jovem, conquistou o marco definitivo do sucesso. Teve a chance de falar diante da corte imperial. Descobriu que era um mero vendedor de palavras vazias. Contava mentiras e as pessoas o amavam por isso, contanto que as mentiras fossem bem elaboradas. Não havia nada em sua vida que amasse verdadeiramente, nada que merecesse a mais alta forma de devoção: "Eu estava faminto por dentro, privado de alimento interior." Sua fome de admiração o escravizou em vez de encantá-lo. Ele estava à mercê das opiniões fáceis de outras pessoas, sensível à menor crítica, sempre procurando o próximo degrau na escada de ouro. Essa busca frenética dos vícios resplandecentes aniquilou sua tranquilidade.

O sentimento de fragmentação de Agostinho tem seu corolário moderno no modo como muitos jovens contemporâneos são atormentados por um medo frenético de ficar de fora. O mundo lhes proporcionou uma superabundância de coisas legais para fazer. Naturalmente, eles têm fome de aproveitar todas as oportunidades e saborear cada experiência. Querem todas as coisas boas à sua frente. Eles querem dizer sim a todos os produtos do mercado. Estão com medo de perder qualquer coisa que pareça emocionante. Mas, ao não renunciar a nenhum delas, eles se dispersam. E pior, eles se transformam em caçadores, gananciosos por todas as experiências e focados exclusivamente em si mesmos. Se vive dessa maneira, você se torna um estrategista perspicaz, fazendo uma série de cautelosos semicomprometimentos sem realmente se render a um propósito maior. Você perde a capacidade de dizer cem "não" por causa de um impressionante e gratificante "sim".

Agostinho sentiu-se cada vez mais isolado. Se você organiza sua vida em torno de seus próprios desejos, outras pessoas se tornam objetos para a satisfação deles. Tudo é friamente instrumental. Assim como uma prostituta é transformada em um objeto para a satisfação do orgasmo, um colega de trabalho é transformado em objeto para fins de rede de contatos, um estranho é transformado em objeto para fazer uma venda, um cônjuge é transformado em um objeto com o propósito de lhe proporcionar amor.

Usamos a palavra "luxúria" para nos referirmos ao desejo sexual, mas um significado mais amplo e melhor é o desejo egoísta. Um verdadeiro amante se deleita em servir à sua amada. Mas a luxúria é toda recebida. A pessoa na luxúria tem um vazio que precisa ser preenchido pelos outros. Por não estar disposto a realmente servir aos outros e construir um relacionamento recíproco completo, ele nunca preenche o vazio emocional interno. A luxúria começa e termina com um vazio.

Em determinado momento, Agostinho chamou seu relacionamento de 15 anos com sua esposa de classe mais pobre "uma mera barganha de amor lascivo". Ainda assim, o relacionamento deles não poderia ter sido totalmente vazio. É difícil imaginar uma pessoa que vivesse no intenso registro emocional de Agostinho levando um relacionamento íntimo de 15 anos superficialmente. Ele amava o filho que tiveram juntos. Indiretamente celebrou a tenacidade de sua esposa em um tratado intitulado "What Is Good in Marriage" [O que É Bom no Casamento, em tradução livre]. Quando Mônica interveio e se livrou da mulher para que Agostinho pudesse se casar com uma garota rica de uma classe social apropriada, ele parece ter sofrido: "Ela era um obstáculo ao meu casamento, a mulher com quem vivi por tanto tempo foi arrancada do meu lado. Meu coração, ao qual ela fora enxertada, estava dilacerado, ferido, derramando sangue."

Agostinho sacrificou a mulher por sua posição social. A mulher sem nome foi mandada de volta para a África sem o filho, onde ao que se sabe prometeu permanecer celibatária pelo resto de sua vida. A pessoa escolhida para ser a esposa oficial de Agostinho tinha apenas dez anos de idade, dois anos abaixo da idade legal para o casamento, então Agostinho tomou outra concubina para satisfazer seus desejos nesse ínterim. Até esse ponto de sua vida, este era seu comportamento-padrão: abrir mão de compromissos sacrificiais em favor de status e sucesso.

Um dia, enquanto caminhava em Milão, observou um mendigo que claramente tinha acabado de fazer uma boa refeição e beber um pouco. O homem estava brincando e alegre. Agostinho percebeu que, embora ele mesmo trabalhasse e se esforçasse o dia todo, repleto de ansiedades, o mendigo, que não fazia nenhuma dessas coisas, era mais feliz do que ele. Talvez ele estivesse sofrendo porque almejava objetivos maiores, considerou. Não, na verdade não, ele estava procurando os mesmos prazeres terrestres daquele mendigo, mas não encontrava nenhum deles.

Aos 20 e tantos anos, Agostinho se tornara completamente alienado. Vivia uma vida árdua que não fornecia qualquer dos alimentos de que precisava. Ele tinha desejos que não levavam à felicidade e ainda assim os seguia. O que diabos estava acontecendo?

Autoconhecimento

AGOSTINHO REAGIU À ESSA CRISE OLHANDO PARA DENTRO DE SI. VOCÊ pensaria que alguém que ficou chocado com seu próprio egocentrismo imediatamente se encaminharia na direção da abnegação. Seu conselho seria simples: ignore a si mesmo, preste atenção a outras pessoas. Mas o primeiro passo de Agostinho foi empreender uma expedição quase científica em sua própria mente. É difícil pensar em outro personagem da história ocidental até aquele momento que tenha feito uma escavação tão completa de sua própria psique.

Ao olhar para dentro de si mesmo, viu um vasto universo além de seu próprio controle. Ele se vê com uma profundidade e complexidade que quase ninguém havia observado antes: "Quem pode mapear as várias forças em jogo em uma alma, os diferentes tipos de amor... O homem é uma grande profundidade, ó Senhor; você pode contar seus fios de cabelo... mas os fios de sua cabeça são mais fáceis de contar do que seus sentimentos, os movimentos de seu coração." O vasto mundo interno é diverso e em constante mudança. Ele percebe a dança de pequenas percepções e sente grandes profundidades abaixo do nível de consciência.

Agostinho era fascinado, por exemplo, pela memória. Às vezes, lembranças dolorosas surgem na mente espontaneamente. Ele se impressionava com a capacidade da mente de transcender o tempo e o espaço. "Mesmo quando estou na escuridão e no silêncio, em minha memória posso produzir cores se quiser... Sim, consigo distinguir o odor dos lírios do das violetas, embora não cheire nada."[12] O próprio escopo das memórias de uma pessoa o surpreendia:

> Grande é realmente o poder da memória, prodigiosamente grande, meu Deus! É um santuário amplo e infinito. Quem

o pôde sondar até suas profundezas? É um poder próprio de meu espírito, que pertence à minha natureza; mas eu não sou capaz de compreender inteiramente o que sou. Será o espírito demasiado estreito para se conter a si mesmo? Onde, então, está o que ele não pode conter de si? Estaria fora dele, e não nele? Como então não o contém? Esta ideia me provoca grande admiração, e me enche de espanto.

Pelo menos duas grandes conclusões surgiram dessa expedição interna. Primeiro, Agostinho veio a perceber que, embora as pessoas nasçam com qualidades magníficas, o pecado original perverteu seus desejos. Até este ponto de sua vida, Agostinho desejava fervorosamente certas coisas, como fama e status. Essas coisas não o fizeram feliz. E ainda assim ele continuou desejando-as.

Deixados por conta própria, muitas vezes desejamos as coisas erradas. Seja em torno da bandeja de sobremesas ou no bar da madrugada, sabemos que devemos escolher uma coisa, mas acabamos escolhendo outra. Como a Bíblia diz em Romanos: "Porque não faço o bem que quero, mas o mal que não quero, esse faço."

Que tipo de criatura misteriosa é um ser humano, pensou Agostinho, que não pode realizar sua própria vontade, que sabe seu interesse no longo prazo, mas busca o prazer no curto prazo, que faz tanto para estragar sua própria vida? Isso levou à conclusão de que as pessoas são um problema para elas mesmas. Devemos nos considerar com desconfiança: "Eu temo imensamente minhas partes ocultas",[13] escreveu.

Pequenas e Insignificantes Corrupções

EM CONFISSÕES AGOSTINHO USOU UMA TRAVESSURA DE SUA ADOLEScência para ilustrar esse fenômeno. Em uma noite tediosa quando tinha 16 anos, Agostinho estava com seus amigos e decidiram roubar algumas peras de um pomar próximo. Eles não precisavam das peras. Não estavam com fome. E não eram peras particularmente saborosas. Eles apenas as roubaram maliciosamente e as jogaram para os porcos por diversão.

Olhando em retrospecto, Agostinho ficou surpreso com a falta de propósito e a insensatez do ato. "Também eu quis roubar, e roubei não forçado pela necessidade, mas por penúria, fastio de justiça... de iniquidade... Era hedionda, e eu a amei; amei minha morte, amei meu pecado; não o objeto que me fazia cair, mas minha própria queda. Ó torpe minha alma, que saltando para fora do santo apoio, te lançavas na morte, não buscando na ignomínia senão a própria ignomínia?"

Leitores casuais de *Confissões* sempre se perguntaram por que Agostinho ficou tão exaltado com uma travessura de infância. Eu costumava pensar que o roubo das peras era um substituto para um crime mais hediondo que os adolescentes cometeram naquela noite, como molestar uma garota ou algo assim. Mas, para Agostinho, a falta de propósito do crime faz parte de sua torpe normalidade. Nós cometemos essas pequenas perversidades o tempo todo, como parte da ordem complacente da vida.

Seu ponto mais amplo é que o tropismo em direção ao amor errado, em direção ao pecado, está no centro da personalidade humana. As pessoas não apenas pecam, nós temos um estranho fascínio pelo pecado. Se soubermos que alguma celebridade cometeu um ato escandaloso, ficamos um pouco desapontados quando o rumor não é verdadeiro. Se deixarmos crianças gentis por conta própria sem nada para fazer, em pouco tempo elas encontrarão uma maneira de se meter em encrenca. (O escritor britânico G. K. Chesterton certa vez observou que a realidade do pecado pode ser vista em uma adorável tarde de domingo quando crianças entediadas e inquietas começam a torturar o gato.)

Mesmo instituições gentis, como camaradagem e amizade, podem ser distorcidas se não estiverem ligadas a um chamado superior. A história do roubo das peras é também a história de uma amizade podre. Agostinho percebe que ele provavelmente não teria feito isso se estivesse sozinho. Foi o desejo de camaradagem, de admiração mútua que instigava os garotos a fazer o que fizeram. Nós tememos tanto a exclusão do grupo que estamos dispostos a fazer coisas que acharíamos inconcebíveis em outras circunstâncias. Quando desapegadas dos propósitos corretos, as comunidades podem ser mais bárbaras que os indivíduos.

A Presença de Deus

A SEGUNDA GRANDE OBSERVAÇÃO QUE FLUI DA EXPEDIÇÃO INTERNA DE Agostinho é que a mente humana não se contém, mas se estende em direção ao infinito. Não é apenas a podridão que Agostinho encontra dentro de si, mas também insinuações de perfeição, sensações de transcendência, emoções, pensamentos e sentimentos que se estendem além do finito e chegam a outro domínio. Se você quisesse resumir a atitude de Agostinho aqui, poderia dizer que seus pensamentos entram e abraçam o mundo material, mas depois voam para além e o superam.

Como Reinhold Niebuhr colocou, o estudo da memória de Agostinho levou-o à "compreensão de que o espírito humano em sua profundidade e altura atinge a eternidade, e que essa dimensão vertical é mais importante para a compreensão do homem do que sua capacidade racional de formar conceitos gerais".[14]

O caminho para dentro conduz para cima. Uma pessoa entra em si mesma, mas acaba direcionada para o infinito de Deus. Ele sente a natureza de Deus e sua criação eterna, mesmo em sua própria mente, um pequeno pedaço de criação. Séculos mais tarde, C. S. Lewis faria uma observação afim: "Na mais profunda solidão há uma estrada para fora do eu, um intercâmbio com algo que, recusando-se a identificar-se com qualquer objeto dos sentidos, ou qualquer coisa de que tenhamos necessidades biológica ou social, ou qualquer coisa imaginada, ou qualquer estado de nossa mente, proclama-se puramente objetiva." Somos todos formados dentro dessa ordem objetiva eterna. Nossas vidas não podem ser entendidas individualmente, abstraídas dela. O pecado — o desejo de roubar as peras — parece fluir do passado pela natureza humana e em cada indivíduo. Ao mesmo tempo, o anseio por santidade, o esforço para se elevar, o desejo de viver uma vida de bondade e significado, também são universais.

O resultado é que as pessoas só conseguem se entender observando as forças que as transcendem. A vida humana aponta para além de si mesma. Agostinho olha para dentro de si e entra em contato com certos sentimentos morais universais. Ele está simultaneamente ciente de que pode conceber a perfeição, mas também está muito além de seus poderes alcançá-la. Deve haver um poder superior, uma ordem moral eterna.

Como disse Niebuhr: "O homem é um indivíduo, mas ele não é autossuficiente. A lei de sua natureza é o amor, uma relação harmoniosa entre vida e vida em obediência ao centro divino e fonte de sua vida. Essa lei é violada quando o homem procura tornar-se o centro e a fonte de sua própria vida."

Reforma

AGOSTINHO COMEÇOU A REFORMAR SUA VIDA. SEU PRIMEIRO PASSO FOI abandonar os maniqueístas. Não lhe parecia mais verdadeiro que o mundo era nitidamente dividido em forças de puro bem e puro mal. Em vez disso, cada virtude vem com seu próprio vício — autoconfiança com orgulho, honestidade com brutalidade, coragem com imprudência e assim por diante. O eticista e teólogo Lewis Smedes, expressando um pensamento agostiniano, descreve a natureza matizada de nosso mundo interior:

> Nossas vidas interiores não são divididas como dia e noite, com a luz pura de um lado e a escuridão total do outro. Na maioria das vezes, nossas almas são lugares sombreados; vivemos na fronteira em que nossos lados obscuros bloqueiam nossa luz e lançam uma sombra sobre nosso interior… Nem sempre podemos dizer onde a nossa luz termina e a sombra começa ou onde a nossa sombra termina e a escuridão começa.[15]

Agostinho também passou a acreditar que os maniqueístas estavam infectados com orgulho. Ter um modelo de realidade fechado, que explica tudo, apelava à vaidade; dava-lhes a ilusão de que dominavam intelectualmente todas as coisas. Mas isso os tornava insensíveis ao mistério e incapazes de se humilhar diante das complexidades e emoções que, como disse Agostinho, "tornam o coração profundo". Eles possuíam razão, mas não sabedoria.

Agostinho ficou entre os mundos. Ele queria viver uma vida verdadeira. Mas não estava pronto para abdicar de sua carreira, do sexo ou de algumas de suas atividades mundanas. Ele queria usar os métodos antigos para alcançar melhores resultados. Isso quer dizer que começaria com a suposição fundamental que sempre foi a base de sua ambiciosa vida meritocrática: você é o principal impulsionador de sua vida. O mundo é maleável o suficiente para ser moldado por você. Para levar uma vida melhor, você só precisa trabalhar mais, ter mais força de vontade ou tomar decisões melhores.

Isso é mais ou menos como muitas pessoas tentam reorganizar a vida hoje. Encaram a vida como um dever de casa ou um projeto escolar. Elas dão um passo atrás, leem livros de autoajuda como *Os Sete Hábitos das Pessoas Altamente Eficazes*. Aprendem as técnicas para um maior autocontrole. Seu relacionamento com Deus é estabelecido da mesma forma que elas buscariam uma promoção ou um título — por meio da conquista: lendo certos livros, frequentando as missas regularmente, praticando disciplinas espirituais como a oração regular, fazendo seu dever de casa espiritual.

Orgulho

MAS EM DETERMINADO MOMENTO AGOSTINHO PASSOU A ACREDITAR QUE não é possível reformar a si mesmo gradualmente. Ele concluiu que não se pode realmente levar uma vida boa usando métodos antigos. Isso porque o método é o problema. A falha crucial em sua antiga vida era a crença de que poderia ser o condutor de sua própria jornada. Enquanto você acreditar que é o capitão de sua própria vida, estará se afastando cada vez mais da verdade.

Não é possível levar uma vida boa dirigindo a si mesmo, para começar, porque você não tem a capacidade de fazê-lo. A mente é um cosmo tão vasto e desconhecido que você nunca conseguirá se conhecer sozinho. Suas emoções são tão mutáveis e complexas que você não é capaz de ordenar sua vida emocional sozinho. Seus apetites são tão infinitos que você nunca poderá satisfazê-los por conta própria. Os poderes da autoilusão são tão profundos que você raramente é honesto por completo consigo mesmo.

Além disso, o mundo é tão complexo e o destino é tão incerto que você nunca pode de fato controlar suficientemente outras pessoas ou o meio ambiente para ser o dono do seu próprio destino. A razão não é poderosa o bastante para construir sistemas ou modelos intelectuais que lhe permitam entender com precisão o mundo ao seu redor ou prever o que está por vir. Sua força de vontade não é forte o suficiente para policiar com sucesso seus desejos. Se você realmente tivesse esse tipo de poder, as resoluções de ano-novo funcionariam. As dietas funcionariam. As livrarias não estariam cheias de livros de autoajuda. Você precisaria de apenas um e funcionaria. Você seguiria seus conselhos, resolveria os problemas da vida e o resto do gênero se tornaria obsoleto. A existência de mais e mais livros de autoajuda é prova de que eles raramente funcionam.

O problema, Agostinho passou a acreditar, é que, se você acha que pode organizar sua própria salvação, está agravando o próprio pecado que o afasta da salvação. Acreditar que pode ser o capitão de sua própria vida é sofrer o pecado do orgulho.

O que é orgulho? Hoje em dia, a palavra "orgulho" tem conotações positivas. Significa sentir-se bem consigo mesmo e com as coisas associadas a você. Quando a usamos negativamente, pensamos na pessoa arrogante, alguém cheio de si e egoísta, ostentando e se exibindo. Mas isso não é realmente o cerne do orgulho. Essa é apenas uma maneira pela qual a doença do orgulho se apresenta.

Por outra definição, orgulho é construir sua felicidade em torno de suas realizações, usando seu trabalho como medida de seu valor. É acreditar que você pode chegar à realização por conta própria, impulsionado por seus próprios esforços individuais.

O orgulho pode vir na forma de um ego inflado. O tipo de orgulho de Donald Trump. Esse tipo de pessoa quer que as pessoas tenham uma prova visível de sua superioridade. Quer estar na lista VIP. Na conversa, ela se vangloria e se gaba. Precisa ver sua superioridade refletida nos olhos de outras pessoas. Acredita que esse sentimento de superioridade acabará por lhe trazer paz.

Essa versão é familiar. Mas há outras pessoas orgulhosas que têm baixa autoestima. Sentem que não atingiram o seu potencial. Elas se sentem indignas. Querem se esconder e desaparecer, camuflar-se no ambiente e cuidar de suas próprias feridas. Nós não as associamos ao orgulho, mas elas ainda estão, no fundo, sofrendo da mesma doença. Ainda estão relacionando a felicidade à realização; só que se atribuem uma nota 2 em vez de 10. Elas tendem a ser tão solipsistas e, à sua maneira, egocêntricas, mas de um modo autopiedoso e isolador, e não assertivo e ostentador.

Um dos principais paradoxos do orgulho é que ele geralmente combina extrema autoconfiança com extrema ansiedade. A pessoa orgulhosa muitas vezes parece autossuficiente e egoísta, mas é, na realidade, sensível e instável. A pessoa orgulhosa tenta estabelecer sua autoestima obtendo uma grande reputação, mas é claro que isso a torna completamente dependente da fofoca e da multidão instável para ter identidade própria. A pessoa orgulhosa é competitiva. Mas há sempre outras pessoas capazes de fazer melhor. A pessoa mais implacável e competitiva na disputa define o padrão que todos os outros devem cumprir ou ficar para trás. Todos os demais têm que ser tão obsessivamente impulsionados ao sucesso quanto ela. Ninguém pode ser seguro. Como Dante colocou, o "ardor de ofuscar / queimou em meu peito com uma espécie de raiva".

Com fome de exaltação, a pessoa orgulhosa tem a tendência de se tornar ridícula. As pessoas orgulhosas têm uma tendência incrível de se transformar em palhaços, com um penteado que não engana ninguém, com acessórios de banheiro dourados que não impressionam ninguém, com histórias envolvendo pessoas importantes que não inspiram ninguém. Todo homem orgulhoso, escreve Agostinho, "presta atenção a si mesmo, e quem agrada a si mesmo parece ótimo para si mesmo. Mas quem agrada a si mesmo agrada ao insensato, pois ele próprio é um tolo quando está agradando a si mesmo".[16]

O orgulho, observa o pastou e escritor Tim Keller, é instável porque outras pessoas estão distraídas ou intencionalmente tratando o ego do homem orgulhoso com menos reverência do que ele acha que merece. Ele continuamente tem seus sentimentos feridos. Está perpetuamente criando uma fachada. O autocultuador gasta mais energia tentando mostrar o fato de que é feliz — postando fotos dos melhores momentos de sua vida em destaque no Facebook e outras mídias — do que realmente sendo feliz.

De repente, Agostinho chegou à conclusão de que a solução para o problema viria apenas depois de uma transformação mais fundamental do que qualquer outra que já tentara antes, uma renúncia à própria ideia de que ele poderia ser a fonte de sua própria solução.

Elevação

AGOSTINHO MAIS TARDE ESCREVE QUE DEUS SALPICOU AMARGURA E desgosto em toda sua vida para atraí-lo para Deus. "Quanto mais envelhecia, mais me afundava no vazio, pois não conseguia conceber qualquer conteúdo, exceto o tipo que via com esses olhos." Ou, conforme sua famosa frase: "Inquieto está o nosso coração enquanto não repousa em Ti."

A dor de Agostinho durante seus anos de ambição, pelo menos como ele a descreve mais tarde, não é apenas a dor de alguém egocêntrico e instável. É a dor de alguém egocêntrico e instável, mas que tem uma sensação profunda de que existe uma maneira melhor de viver, se conseguisse descobrir qual. Como outros convertidos colocaram, eles estão tão enraizados em Deus que, mesmo quando não O encontraram, sentem sua falta. Estão conscientes de uma ausência divina, que os arrebata por dentro, e essa ausência é evidência de uma presença. Agostinho tinha uma ideia do que precisava para sentir paz, mas ainda assim, perversamente, estava desmotivado para realmente buscá-la.

Para passar de uma vida fragmentada para uma vida coesa, de uma vida oportunista para uma vida comprometida, é necessário bloquear certas possibilidades. Agostinho, como a maioria de nós nessa situação, não queria abdicar de suas opções e renunciar às coisas que o faziam se sentir bem. Sua inclinação natural era pensar que suas ansiedades poderiam ser resolvidas se ele obtivesse mais das coisas que desejava, não menos. Então, acabou em um precipício emocional entre uma vida religiosa para a qual temia se sacrificar e uma outra mundana que detestava, mas não renunciaria. Ele ordenou a si mesmo que se decentralizasse e colocasse Deus no centro de sua vida. Mas se recusou a obedecer a si mesmo.

Ele se preocupava com sua reputação, em ter que desistir do sexo, sentindo que, para ele, o celibato seria uma parte necessária de uma vida religiosa devotada. "Essa controvérsia em meu coração era apenas eu contra mim mesmo." Olhando para trás, lembrou: "Eu estava apaixonado pela ideia da vida feliz, mas temi encontrá-la em seu verdadeiro lugar e procurei fugir dela."

Sua solução geral era procrastinar. Torne-me virtuoso, mas ainda não.

Em *Confissões,* Agostinho retrata a cena em que a procrastinação finalmente chegou ao fim. Ele estava sentado em um jardim conversando com um amigo, Alípio, que lhe contou algumas histórias sobre monges no Egito que desistiram de tudo para servir a Deus. Agostinho ficou surpreso. As pessoas que não faziam parte do sistema educacional de elite realizavam coisas incríveis enquanto os formandos desse sistema viviam para si mesmos. "O que nos aflige?", clamou Agostinho. "Os incultos se elevam e tomam o céu à força e nós, com este nosso aprendizado, mas sem coração, nos revolvemos em carne e osso."

Nessa febre de dúvida e autocensura, Agostinho se levantou e se afastou enquanto Alípio olhava em silêncio atordoado. Agostinho começou a andar pelo jardim e Alípio se levantou e o seguiu. Agostinho sentiu seus ossos clamando para acabar com essa vida autodividida, parar de perambular de um lado para o outro. Ele se irritou, bateu na testa, cerrou os punhos e se curvou, agarrando os joelhos. Parecia que Deus golpeava suas entranhas, infligindo uma "severa misericórdia", redobrando as chibatadas de medo e vergonha que o afligiam. "Seja feito agora, seja feito agora", gritou para si mesmo.

Mas seus desejos mundanos não desistiriam tão facilmente. Pensamentos fervilhavam em sua cabeça. Era como se puxassem suas vestes. "Você vai nos expulsar? Nunca experimentará nossos prazeres novamente?" Agostinho hesitou, pensando: "Será que realmente acho que posso viver sem esses prazeres?"

Então surgiu em sua mente um pensamento, o ideal da dignidade da castidade e do autocontrole. Em *Confissões,* ele reveste esse pensamento em termos metafóricos, como uma visão de uma mulher. Ele não a descreve como uma deusa ascética e puritana. Pelo contrário, ela é uma mulher mundana e fecunda. Ela não está renunciando à alegria e à sensualidade; está oferecendo versões melhores. Ela representa todas as almas que já renunciaram aos prazeres do mundo pelos prazeres da fé. "Então, não serás capaz de fazer o mesmo que eles?", pergunta ela. "Por que te apoias em ti?"

Agostinho corou, ainda indeciso. "Caiu sobre mim enorme tormenta, trazendo copiosa torrente de lágrimas." Levantou-se e afastou--se de Alípio novamente, querendo ficar sozinho com seu choro. Desta vez Alípio não o seguiu, deixou Agostinho ir. Agostinho se lançou debaixo de uma figueira, deixando fluir suas lágrimas. Então, ouviu uma voz que soou como a voz de um menino ou uma menina de outra casa vizinha ao jardim. Dizia: "Toma e lê, toma e lê." Agostinho sentiu uma sensação de resolução imediata. Ele abriu uma Bíblia próxima e leu a primeira passagem que seus olhos encontraram: "Não caminheis em glutonarias e embriaguez, não nos prazeres impuros do leito e em leviandades, não em contendas e rixas; mas revesti-vos de nosso Senhor Jesus Cristo, e não cuideis de satisfazer os desejos da carne."

Agostinho não precisou ler mais nada. Sentiu uma luz inundando seu coração e destruindo todas as sombras. Percebeu uma repentina mudança de vontade, um súbito desejo de renunciar aos prazeres finitos e mundanos e de viver para Cristo. Parecia ainda mais doce estar distante das coisas doces e superficiais. O que ele antes tanto se aterrorizava em perder agora era um deleite dispensar.

Naturalmente, foi logo até Mônica e contou a ela o que havia acontecido. Podemos imaginar seus gritos de alegria, seus louvores a Deus por atender a toda uma vida de orações. Como disse Agostinho: "De tal forma me converteste a Ti… E assim converteste seu pranto em alegria, muito mais fecunda do que havia desejado, e muito mais preciosa e pura do que a que podia esperar dos netos nascidos de minha carne."

A cena no jardim não é realmente uma cena de conversão. Agostinho já era um cristão de certa espécie. Depois do jardim, ele não tem de imediato uma visão totalmente formada do que uma vida em Cristo significa. A cena no jardim é uma cena de elevação. Agostinho diz não a um conjunto de desejos e prazeres e eleva-se a um conjunto mais elevado de alegrias e prazeres.

Ação

ESSA ELEVAÇÃO NÃO É APENAS UMA RENÚNCIA AO SEXO — EMBORA NO caso de Agostinho pareça envolver isso. É uma renúncia de todo o *éthos* do culto próprio. A fórmula básica do mundo de Adão I é que o esforço produz recompensa. Se você trabalha duro, joga pelas regras e cuida das coisas sozinho, pode ser a causa da sua própria vida boa.

Agostinho chegou à conclusão de que tudo isso era incompleto. Ele não se retirou do mundo. Passou o resto de sua vida como um bispo politicamente ativo, engajando-se em controvérsias públicas brutais e às vezes ferozes. Mas seu trabalho público e esforço foram embutidos em uma total rendição. Ele chegou a concluir que o caminho para a alegria interior não é por meio do arbítrio e da ação, mas sim da entrega e receptividade a Deus. A questão, de acordo com esse ponto de vista, é abdicar, ou pelo menos suprimir, sua vontade, sua ambição, seu desejo de alcançar a vitória por conta própria. O ponto é reconhecer que Deus é o principal condutor aqui e que ele já tem um plano para você. Deus já tem verdades que quer que você viva.

Além do mais, Deus já justificou sua existência. Você pode ter a sensação de que está sendo julgado nesta vida, que precisa trabalhar, alcançar e deixar sua marca para obter um bom veredicto. Alguns dias você fornece evidências para a defesa de que é uma pessoa digna.

Outros, você oferece evidências para a acusação de que não é. Mas, como disse Tim Keller, no pensamento cristão, o julgamento já terminou. O veredito chegou antes mesmo de você começar sua apresentação. Isso é porque Jesus foi julgado por você. Ele recebeu a condenação que você merece.

Imagine a pessoa que você mais ama no mundo sendo pregada na cruz como penalidade pelos pecados que você mesmo cometeu. Imagine as emoções que passariam pela sua mente enquanto observasse isso. Essa é, na mente cristã, apenas uma versão em miniatura do sacrifício que Jesus fez por você. Como diz Keller: "Deus imputa a atuação perfeita de Cristo a nós como se fosse nossa, e nos adota em sua família."[17]

O problema com a mentalidade obstinada é, como Jennifer Herdt colocou em seu livro *Putting On Virtue* ["Vestindo a Virtude", em tradução livre]: "Deus quer nos dar um presente e nós queremos comprá-lo."[18] Continuamente queremos alcançar a salvação e o significado por meio do trabalho e da realização. Mas a salvação e o significado são realmente conquistados, neste modo de vida, quando você ergue a bandeira branca da rendição e permite que a graça inunde sua alma.

A postura implícita aqui é de submissão, braços erguidos, abertos e estendidos, rosto inclinado para cima, olhos mirando o céu, calmos com uma espera paciente, mas apaixonada. Agostinho quer que você adote esse tipo de postura renunciada. Essa postura flui da consciência da necessidade, da própria insuficiência. Só Deus tem o poder de ordenar o seu mundo interior, não você. Só Deus tem o poder de orientar seus desejos e remodelar suas emoções, não você.[19]

Essa postura de receptividade, para Agostinho e muito do pensamento cristão desde então, começa com o sentimento de pequenez e pecaminosidade que se aproxima da impressionante presença de Deus. A humildade vem com lembretes diários de sua própria fraqueza. A humildade alivia o terrível estresse de tentar ser superior o tempo todo. Ela inverte sua atenção e eleva as coisas que tendemos a desprezar.

Ao longo de sua juventude, Agostinho escalava em sua jornada; saiu de Tagaste, mudou-se para Cártago, Roma e Milão em busca de círculos mais prestigiosos, uma companhia mais resplandecente. Ele viveu, como fazemos hoje, em uma sociedade totalmente dirigida por classes, lutando para subir. Mas no cristianismo, pelo menos em sua forma ideal, o sublime não está no prestigioso e no grandioso, mas no cotidiano e no humilde. Está na lavagem dos pés, não nos arcos triunfais. Quem se exalta será humilhado. Quem se humilha será exaltado. Uma pessoa deve descer para se elevar. Como disse Agostinho: "Onde há humildade, há majestade; onde há fraqueza, há poder; onde há morte, há vida. Se quiser obter estas, não despreze aquelas."[20]

O herói desse tipo de vida humilde não é avesso aos prazeres do louvor, mas as mesquinhas distinções que você obtém para si mesmo não traduzem realmente seu valor essencial como ser humano. Deus possui talentos tão abrangentes que, em relação a eles, a diferença entre o mais brilhante vencedor do Prêmio Nobel e o mais tímido idiota é simplesmente uma questão de grau. Toda alma é igual no sentido mais importante.

O cristianismo agostiniano exige um tom de voz diferente, não o comando peremptório do mestre para o servo, mas a postura de vir de baixo, chegando a cada relacionamento por baixo e esperando servir a algo superior. Não é que as realizações mundanas e a reivindicação pública sejam automaticamente ruins, elas apenas são obtidas em um planeta que é apenas um local de descanso para a alma e não nosso destino final. O sucesso aqui, adquirido com maldade, pode tornar o sucesso final menos provável, e esse sucesso final não é alcançado por meio da competição com os outros.

Não é certo dizer que Agostinho tinha uma visão inferior da natureza humana. Ele acreditava que cada indivíduo é feito à imagem de Deus e possui uma dignidade que merece o sofrimento e a morte de Jesus. É mais correto dizer que ele acreditava que os seres humanos são incapazes de viver bem sozinhos, como indivíduos autônomos — incapazes de ordenar seus desejos por conta própria. Eles podem encontrar essa ordem e esse amor adequado apenas submetendo sua vontade a Deus. Não é que os seres humanos sejam patéticos; eles apenas permanecerão inquietos até que repousem Nele.

Graça

O PENSAMENTO DE AGOSTINHO E OS ENSINAMENTOS CRISTÃOS EM GERAL desafiam o código do autocultuador de mais uma forma crucial. Na opinião de Agostinho, as pessoas não recebem o que merecem; a vida seria infernal se o fizessem. Em vez disso, as pessoas recebem muito mais do que merecem. Deus nos oferece graça, que é o amor sem merecimento. A proteção e o cuidado de Deus vêm precisamente porque você não o merece e não pode consegui-lo. A graça não vem porque você se saiu bem no seu trabalho ou fez grandes sacrifícios como pai ou como amigo. A graça vem até você como parte do dom de ser criado.

Uma das coisas que você tem que fazer para receber a graça é renunciar à ideia de que é capaz de consegui-la. Tem que renunciar ao impulso meritocrático de poder obter uma vitória para Deus e ser recompensado pelo seu esforço. Então é preciso se abrir para isso. Você não sabe quando a graça virá até você. Mas as pessoas que são abertas e sensíveis a ela atestam ter experimentado a graça nos momentos mais improváveis e mais necessários.

Paul Tillich coloca desta forma em sua coleção de ensaios, *Shaking the Foundations* ["Sacudindo as Fundações", em tradução livre]:

> A graça nos atinge quando estamos sofrendo e inquietos. Ela nos atinge quando caminhamos pelo vale escuro de uma vida sem sentido e vazia... Ela nos atinge quando nossa repugnância por nosso próprio ser, nossa indiferença, nossa fraqueza, hostilidade, falta de direção e compostura se tornaram intoleráveis para nós. Ela nos atinge quando, ano após ano, a desejada perfeição da vida não aparece, quando as velhas compulsões reinam dentro de nós há décadas, quando o desespero destrói toda alegria e coragem. Às vezes, nesse momento, uma onda de luz invade nossa escuridão e é como se uma voz estivesse dizendo: "Você é aceito. *Você é aceito,* aceito por algo maior que você, cujo nome não conhece. Não pergunte o nome agora; talvez descubra depois. Não tente fazer nada agora; talvez mais tarde você faça muito. Não procure por nada; não faça nada; não pretenda nada. *Simplesmente aceite o fato de que você é aceito.*" Se isso acontece conosco, experimentamos a graça. Depois de tal experiência, podemos não ser melhores do que antes e podemos não acreditar mais do que antes. Mas tudo é transformado. Naquele momento, a graça domina o pecado e a reconciliação atravessa o abismo da alienação. E nada é exigido dessa experiência, nenhum pressuposto religioso, moral ou intelectual, nada além de aceitação.[21]

Aqueles de nós na cultura dominante estão acostumados com a ideia de que as pessoas são amadas porque são gentis, engraçadas, atraentes, inteligentes ou atenciosas. É surpreendentemente difícil receber um amor que não se merece. Mas, uma vez que você aceite o fato de ser aceito, existe um grande desejo de ir ao encontro desse amor e retribuir essa dádiva.

Se você está loucamente apaixonado por uma pessoa, naturalmente procura encantá-la o tempo todo. Quer lhe comprar presentes. Quer ficar do lado de fora da janela dela cantando músicas ridículas. Essa é uma réplica da maneira como aqueles que se sentem tocados pela graça buscam deleitar a Deus. Eles têm prazer em tarefas que possam agradá-lo. Trabalham incansavelmente em tarefas que acham que podem glorificá-lo. O desejo de se elevar e encontrar o amor de Deus pode despertar poderosas energias.

E quando as pessoas se elevam e procuram encontrar Deus, seus desejos mudam lentamente. Na oração, as pessoas gradualmente reformam seus desejos para que cada vez mais eles reflitam as coisas que acreditam encantarem a Deus, em vez de as coisas que costumavam achar que os deleitariam.

A conquista definitiva do eu, nessa visão, não é vencida pela autodisciplina ou em uma batalha terrível dentro de si mesmo. Ela é vencida a partir de seu interior, estabelecendo uma comunhão com Deus e fazendo as coisas que parecem naturais para retribuir o amor de Deus.

Esse é o processo que produz uma transformação interna. Um dia você se vira e percebe que tudo em seu interior foi realinhado. Os velhos amores não empolgam mais. Você ama coisas diferentes e é orientado em direções diferentes. Tornou-se um tipo diferente de pessoa. Não chegou a esse ponto simplesmente seguindo este ou aquele código moral, ou adotando uma disciplina militar ou determinados hábitos. Você fez isso porque reordenou seus amores, e, como Agostinho diz repetidas vezes, você se torna o que ama.

Ambição Humilde

CHEGAMOS, PORTANTO, A UMA DIFERENTE TEORIA DA MOTIVAÇÃO. RECApitulando o processo agostiniano, ele começa com o mergulho no interior para ver a vastidão do cosmo interno. O mergulho interior leva para fora, em direção a uma consciência da verdade externa e de Deus. Que leva à humildade, pois nos sentimos pequenos em contraste com

o poder supremo. Que leva a uma postura de entrega, de autoesvaziamento, ao abrirmos espaço para Deus. Que abre o caminho para você
receber a graça de Deus. Esse dom desperta um imenso sentimento de
gratidão, um desejo de amar, de retribuir e de encantar. E isso, por sua
vez, desperta grandes energias. Ao longo dos séculos, muitas pessoas
foram poderosamente motivadas a deleitar a Deus. Essa motivação
tem sido tão poderosa quanto outras grandes motivações, o desejo
por dinheiro, fama e poder.

A genialidade dessa concepção é que, à medida que as pessoas se
tornam mais dependentes de Deus, sua capacidade de ambição e ação
aumenta. A dependência não gera passividade; aumenta a energia e a
realização.

Os Velhos Amores

APÓS SUA "CONVERSÃO" NO JARDIM, AGOSTINHO NÃO VIVEU UMA VIDA
fácil e tranquila. Ele experienciou uma explosão inicial de otimismo,
mas depois veio a constatação de que sua própria pecaminosidade
ainda existia. Seus falsos amores não desapareceram magicamente.
Como diz seu biógrafo Peter Brown: "O passado ainda está muito
presente: suas emoções poderosas e complexas acabaram de morrer;
ainda podemos sentir seus contornos através da fina camada de novos
sentimentos que cresceram sobre elas."[22]

Quando Agostinho escreveu *Confissões,* que é, em certo sentido,
um livro de memórias de sua juventude, ele não as escreve como lembranças agradáveis. Ele as escreve como uma reavaliação necessária,
ocasionada por tempos difíceis. Como Brown escreve: "Ele deve ba-
sear seu futuro em uma visão diferente de si mesmo: e como poderia
obter essa visão, exceto pela reinterpretação de apenas aquela parte de
seu passado, que culminou na conversão, na qual ele tinha até recentemente depositado essas grandes esperanças?"[23]

Agostinho está lembrando aos crentes que o centro de suas vidas
não está neles mesmos. O mundo material é belo e deve ser saboreado
e apreciado, mas os prazeres deste mundo são mais deliciosos quando
saboreados no contexto mais amplo do amor transcendente de Deus.
As orações e meditações de Agostinho são repletas de celebrações do
mundo que está além do mundo. Em uma de suas mais belas medi-

tações, por exemplo, Agostinho pergunta: "Mas, que amo eu, quando te amo?"

> Não amo a beleza do corpo, nem o esplendor fugaz, nem a claridade da luz, tão cara a estes meus olhos, nem as doces melodias das mais diversas canções, nem a fragrância de flores, de unguentos e de aromas, nem o maná, nem o mel, nem os membros tão afeitos aos amplexos da carne. Nada disso amo quando amo o meu Deus. E, contudo, amo uma luz, uma voz, um perfume, um alimento, um abraço de meu homem interior, onde brilha para minha alma uma luz sem limites, onde ressoam melodias que o tempo não arrebata, onde exalam perfumes que o vento não dissipa, onde se provam iguarias que o apetite não diminui, onde se sentem abraços que a saciedade não desfaz. Eis o que amo quando amo o meu Deus!

Isso é viver a vida em um contexto mais amplo. Como diz a teóloga Lisa Fullam: "A humildade é uma virtude de autocompreensão no contexto, adquirida pela prática de outra centralidade."

Silêncio

DEPOIS DE SUA RENÚNCIA NO JARDIM, AGOSTINHO SE ARRASTOU ATÉ O final do período letivo, ensinando a retórica em que não mais acreditava. Então ele, sua mãe, seu filho e um grupo de amigos foram passar 5 meses na casa de campo de um amigo milanês cuja esposa era cristã. A vila ficava em Cassiciacum, a 30 quilômetros ao norte de Milão. Eles participaram de uma série de colóquios, que se assemelhavam a um grupo de estudiosos meditando juntos sobre coisas profundas. Agostinho se encantou com o fato de Mônica ter inteligência inata suficiente para acompanhar e até liderar as conversas. Então ele decidiu voltar para casa na África, onde poderia viver uma vida reclusa de oração e contemplação com sua mãe.

Eles seguiram para o sul — pela mesma estrada, os biógrafos nos lembram, que sua amante viajara quando foi despachada dois anos antes. Foram impedidos por um bloqueio militar e chegaram somente até a cidade de Ostia. Um dia, em Ostia, Agostinho olhava pela janela que dava para um jardim (muitos eventos em sua vida aconteciam nos jardins) e conversava com a mãe. A essa altura, Mônica tinha uma sensação clara de que sua morte se aproximava. Ela tinha 56 anos.

Agostinho descreve a conversa deles, dizendo que juntos experimentaram "o maior deleite dos sentidos terrenos, na mais pura luz material... em respeito à doçura daquela luz". Mas na intimidade entre mãe e filho, eles começaram a falar sobre Deus, e "passaram gradualmente por tudo que é corpóreo, até mesmo o próprio céu quando o sol, a lua e as estrelas brilham sobre a terra". Dessas coisas materiais, "chegamos às nossas próprias mentes e fomos além delas para o reino do espírito puro".

Ao descrever sua fala, Agostinho inclui uma frase longa que é difícil de analisar, mas inclui, em algumas traduções, a palavra "silenciado" repetidamente — o tumulto da carne foi silenciado, as águas e o ar foram silenciados, todos os sonhos e visões superficiais foram silenciados, línguas foram silenciadas, tudo que morre foi silenciado, o eu foi silenciado ao mover-se para além do eu em uma espécie de silêncio. Mãe ou filho faz uma exclamação: "Nós não nos criamos, aquele que nos criou nunca morre." Mas depois de dizer isso, essa voz também é silenciada. E "Aquele que os criou, somente Ele fala, não por meio de homens ou mulheres, mas por si mesmo". E Agostinho e Mônica ouviram a palavra de Deus "não por meio de qualquer língua de carne, nem de vozes de anjos, nem de som de trovões, nem de um enigma sombrio de analogia", mas ouviram "seu próprio Ser". E eles suspiraram depois de um momento de pura compreensão.

Agostinho descrevia aqui um momento perfeito de elevação: silenciado... silenciado... silenciado... silenciado. Todos os clamores do mundo escorregam para o silêncio. Então, um desejo de louvar o criador os domina, mas mesmo essa exaltação é silenciada em meio à kenosis, ao autoesvaziamento. E então vem a visão infundida da sabedoria eterna, que Agostinho chama de "alegres profundidades escondidas". Imagina-se mãe e filho perdidos de alegria neste encontro épico. Após os anos de lágrimas e raiva, controle e fuga, ruptura e reconciliação, busca e manipulação, amizade e luta, eles finalmente alcançaram algum tipo de união voltada para o exterior. Eles se juntam e se dissolvem juntos na contemplação do que ambos agora amam.

Mônica diz a ele: "Filho, de minha a parte, não tenho mais prazer em nada nesta vida... Havia uma coisa pela qual eu desejava permanecer por um tempo nesta vida, para que pudesse ver você como um cristão católico antes de morrer. Meu Deus fez isso por mim mais do que em abundância."

SER CURADO É SER exposto. O curso correto é exterior. C. S. Lewis observou que, se você entrar em uma festa tentando conscientemente causar uma boa impressão, provavelmente não conseguirá fazê-lo. Isso acontece apenas quando você está pensando nas outras pessoas na sala. Se começar um projeto de arte tentando ser original, provavelmente não será.

E assim é com a tranquilidade. Se tentar alcançar a paz interior e um senso de santidade, não conseguirá. Isso acontece apenas obliquamente, quando sua atenção está focada em algo externo. Ocorre apenas como um subproduto de um estado de abnegação, quando suas energias estão focadas em algo maior.

Para Agostinho, essa é a mudança crucial. O conhecimento não é suficiente para a tranquilidade e a bondade, porque não contém a motivação para ser bom. Apenas o amor impulsiona a ação. Nós não nos tornamos melhores porque adquirimos novas informações, mas sim porque adquirimos amores melhores. Nós não nos tornamos o que sabemos. A educação é um processo de formação do amor. Quando você frequenta uma escola, ela deve lhe oferecer coisas novas para amar.

Alguns dias depois, Mônica adquiriu uma doença fatal, à qual levou apenas nove dias para sucumbir. Ela disse a Agostinho que não era mais importante que ela fosse enterrada na África, porque nenhum lugar era longe de Deus. Ela disse a ele que, em todas as suas atribulações, nunca o ouvira proferir uma palavra ríspida para ela.

No momento de sua morte, Agostinho se inclinou e fechou seus olhos. "Uma imponderável tristeza fluiu em meu coração e transbordou em lágrimas." Naquele momento, Agostinho, mesmo depois de renunciar totalmente ao estoicismo clássico, sentia que deveria exercer o autocontrole e não ceder ao choro. "Mas meus olhos, sob a forte restrição da mente, retiveram seu fluxo e fiquei de olhos secos. Aquela luta foi muito difícil para mim... Porque agora tinha perdido o grande conforto dela, minha alma estava ferida e minha própria vida despedaçada, pois tinham se tornado uma vida — a dela e a minha juntas."

Os amigos de Agostinho se reuniram em torno dele, enquanto ele ainda tentava reprimir sua dor: "Eu estava muito envergonhado por essas emoções humanas exercerem tanto poder sobre mim... Senti um novo pesar pela minha dor e por isso sofri uma dupla tristeza."

Agostinho foi tomar banho para aplacar sua cisão interna, depois adormeceu e acordou se sentindo melhor. "E então, pouco a pouco, comecei a recuperar meu antigo sentimento sobre Sua serva, lembrando-me de quão amorosa e devota era sua conversa comigo, da qual fiquei repentinamente privado. E encontrei consolo em chorar à Sua vista, tanto sobre ela como por ela, sobre mim e por mim mesmo."

MÔNICA VIVEU EM UM mundo em que o Império Romano dominava a Europa e uma filosofia racionalista dominava o pensamento. Em sua escrita, Agostinho a usa como um exemplo de fé contra o puro racionalismo, a implacabilidade espiritual contra a ambição mundana. Ele passou o resto de sua vida como um bispo lutando, pregando, escrevendo, brigando e debatendo. Ele alcançou a imortalidade que buscava em sua juventude, mas o fez de uma maneira inesperada. Começou com a crença de que poderia controlar sua própria vida. Teve que renunciar a isso, para mergulhar em uma postura de abertura e rendição. Então, depois desse recuo, ele estava aberto o bastante para receber a graça, sentir gratidão e se elevar. Essa é a vida com uma forma de avanço-recuo-avanço. Vida, morte e ressurreição. Descer para a dependência para alcançar alturas imensuráveis.

CAPÍTULO 9

EXAMINANDO A SI MESMO

SAMUEL JOHNSON NASCEU EM LICHFIELD, INGLATERRA, EM 1709. SEU pai era um livreiro sem sucesso. Sua mãe era uma mulher sem instrução que achava, no entanto, que casara abaixo de sua posição social. "Meu pai e minha mãe não eram felizes juntos", lembra Johnson. "Eles raramente conversavam; porque meu pai não suportava falar de seus assuntos; e minha mãe, não conhecendo os livros, não sabia falar de mais nada… Dos negócios, ela não tinha uma concepção distinta; e, portanto, seu discurso era composto apenas de queixa, medo e suspeita."[1]

Johnson era um bebê frágil que surpreendeu a todos sobrevivendo à provação do parto. Ele foi imediatamente entregue a uma ama de leite que acabou infectando-o com tuberculose ganglionar, o que o deixou permanentemente cego de um olho, com baixa visão no outro e surdo em um dos ouvidos. Mais tarde, ele desenvolveu varíola, que deixou seu rosto permanentemente marcado. Seus médicos, na tentativa de amenizar sua doença, fizeram uma incisão, sem anestesia, no braço esquerdo. Mantiveram a ferida aberta com crina de cavalo por seis anos, extraindo periodicamente os fluidos que associavam à doença. Eles também cortaram as glândulas em seu pescoço. A operação foi mal feita e Johnson passou a vida com cicatrizes profundas que percorriam o lado esquerdo do rosto, desde a orelha até a mandíbula. Fisicamente, lembrava um ogro, era grande, feio e cheio de cicatrizes.

Ele lutou veementemente contra suas doenças. Um dia, quando criança, ele voltava da escola para casa, mas não conseguia enxergar a sarjeta e temia tropeçar nela. Ficou de quatro e rastejou pela rua, olhando atentamente para o meio-fio para poder medir seus passos. Quando uma professora se ofereceu para lhe ajudar, ele se enfureceu e a espancou furiosamente.

Durante toda a sua vida, Johnson suspeitou da autoindulgência a que acreditava que os doentes crônicos eram propensos. "A doença produz muito egoísmo", escreveu ele no final de sua vida. "Um homem com dor busca alívio." Ele reagiu à sua doença, observa Walter Jackson Bate, com "um poderoso senso de autoexigência, um sentimento de total responsabilidade pessoal... O que é de especial interesse para nós agora é a rapidez com que uma criança pequena — ao descobrir as diferenças físicas entre si e os outros — começou a tatear o seu caminho para a independência e o desrespeito desafiador pelas limitações físicas que sempre o acompanhariam".[2]

A educação de Johnson foi severa e completa. Ele foi para uma escola que o treinou no currículo clássico, que era o núcleo da educação ocidental desde a Renascença até o século XX — Ovídio, Virgílio, Horácio, os atenienses. Aprendeu latim e grego. Quando demonstrava preguiça, apanhava. Os professores exigiam que os garotos se debruçassem sobre a cadeira e depois os golpeavam com uma vara como punição. "E isso eu faço para salvá-lo da forca", diziam.[3] Mais tarde na vida, Johnson teria algumas queixas sobre as surras. Mas ele acreditava que a vara ainda era mais gentil do que a pressão psicológica e a manipulação emocional — o tipo de persuasão que muitos pais usam hoje em dia.

A educação mais importante de Johnson foi autodidata. Embora nunca tenha conseguido um relacionamento afetuoso com seu pai idoso, ele leu o estoque de livros do pai, devorando os de viagens, romances e histórias, com um gosto especial por contos ousados de bravura. Leu avidamente. Aos nove anos estava lendo *Hamlet* quando se deparou com a cena do fantasma. Correu freneticamente para a rua, aterrorizado e desesperado, para se lembrar do mundo dos vivos. Sua memória era apurada. Era capaz de ler uma oração uma ou duas vezes e recitá-la pelo resto de sua vida. Parecia se lembrar de tudo que leu, citando autores obscuros em conversas décadas depois de lê-los. Quando era pequeno, seu pai o exibia em jantares, forçando-o a recitar para deleite dos presentes. O jovem Sam odiava a vaidade de seu pai.

Quando Johnson tinha 19 anos, sua mãe recebeu uma pequena herança, o suficiente para pagar por um único ano em Oxford. Johnson prontamente aproveitou pelo menos essa oportunidade. Chegou a Oxford plenamente consciente de sua capacidade, ardendo de ambição, ansiando, como diria mais tarde, por um nome e a "agradável esperança da fama sem fim". Mas, acostumado à sua vida autodidata independente e sentindo-se financeira e socialmente inferior a muitos dos estudantes ao seu redor, ele era incapaz de seguir as regras de Oxford. Em vez de se submeter ao sistema torpe, lutou contra ele, reagindo ao mais leve indício de autoridade com violenta agressividade. "Eu era louco e violento", recordaria mais tarde. "Era amargura o que confundiam com rebeldia. Eu era miseravelmente pobre e pensava que desbravaria meu caminho com minha literatura e minha inteligência; então desprezava todo poder e toda autoridade."[4]

Johnson foi reconhecido como um estudante brilhante, ganhando elogios por sua tradução para o latim de um poema de Alexander Pope; o próprio Pope disse que não sabia qual era melhor, a versão em latim ou a original. Mas ele também era rebelde, rude e preguiçoso. Disse ao seu tutor que deixara de assistir a suas aulas porque preferia ir andar de trenó. Trabalhava em um padrão "tudo ou nada" que usaria toda a sua vida. Ficava em completa indolência durante dias, olhando fixamente para o mostrador de relógio, mas incapaz de saber as horas, e depois entrava em um nível frenético de atividade e produzia um trabalho em um único manuscrito magistral, pouco antes do prazo final.

Johnson tornou-se cristão em Oxford, até certo ponto. Sentou-se um dia com o livro teológico de William Law intitulado *A Serious Call to a Devout and Holy Life* ["Um Sério Chamado para uma Vida Devota e Sagrada", em tradução livre], esperando, segundo ele, "achar o livro chato (como geralmente são esses livros) e talvez rir disso. Mas achei em Law um oponente superior, e essa foi a primeira ocasião em que pensei seriamente em religião, depois de me tornar capaz de um questionamento racional". O livro de Law, como a escrita moral posterior de Johnson, é concreto e prático. Ele inventa personagens para construir retratos satíricos de tipos que negligenciam seus interesses espirituais. Enfatiza que as atividades mundanas falham em satisfazer o coração. O cristianismo realmente não mudou Johnson, mas acentuou algumas de suas características — tornou-o extremamente desconfiado da autoindulgência, rigoroso em suas exigências morais de si mesmo.

Consciente de sua própria capacidade mental, fixou sua atenção ao longo de toda vida na parábola bíblica dos talentos e na lição de que o "mau e negligente servo", que não usou plenamente os talentos que lhe foram concedidos, será lançado "nas trevas exteriores; ali haverá pranto e ranger de dentes". O Deus de Johnson era rigoroso, mais do que um Deus que ama ou cura. Johnson passou a vida com a sensação de ser perpetuamente julgado, ciente de sua inadequação, temendo sua própria condenação.

Depois daquele ano em Oxford, o dinheiro de Johnson acabou e ele voltou a Lichfield em desonra. Sofreu o que parece ter sido um surto de depressão severa. Como seu cronista, James Boswell, escreveu: "Sentia-se dominado por uma horrível hipocondria, com perpétua irritação, mau humor e impaciência; além de desorientação, tristeza e desespero, que tornaram sua existência infeliz."[5]

Johnson fazia caminhadas de 50 quilômetros para se ocupar. Provavelmente chegou a pensar em suicídio. Parecia totalmente incapaz de controlar seus movimentos corporais. Ele desenvolveu uma série de tiques e gestos que se assemelham muito, na opinião de especialistas modernos, com a síndrome de Tourette. Ele retorcia as mãos, balançava para a frente e para trás, virava a cabeça de uma maneira estranha e compulsiva. Emitia um assobio bizarro e exibia sintomas de transtorno obsessivo-compulsivo, batendo a bengala em ritmos estranhos enquanto caminhava pela rua, contando o número de passos necessários para entrar em uma sala e entrando novamente se o número não estivesse certo. Jantar com ele era um desafio. Comia como um animal selvagem, devorando grandes quantidades de comida em uma pressa desenfreada, cuspindo-a sobre sua roupa notoriamente desleixada. A romancista Fanny Burney escreveu: "[Ele] tem um rosto muito feio, é a pessoa mais desajeitada e a mais singular que já existiu ou existirá. Tem movimentos convulsivos quase o tempo todo, seja de suas mãos, lábios, pés, joelhos e às vezes todos juntos."[6] Estranhos o viam em uma taverna e o confundiam com um demente qualquer ou alguém com uma perturbação mental debilitante. Ele então os surpreendia articulando parágrafos inteiros repletos de erudição e alusão clássica. Ele parecia gostar desse efeito.

O sofrimento de Johnson continuou por anos. Ele tentou lecionar, mas um homem com seus tiques certamente geraria mais zombaria do que respeito de seus alunos. A escola que fundou, observou um historiador, foi "talvez a escola privada mais malsucedida da história da educação". Casou-se com Elizabeth Porter quando ele tinha 26 e ela, 46 anos, o que muitos consideravam um estranho casal. Os biógrafos nunca conseguiram decifrar Porter, a quem ele chamava de Tetty. Ela era bonita ou abatida? Era filosófica ou frívola? Ela, por mérito próprio, viu nele um sinal da grandeza futura sob o exterior áspero, e ele, de sua parte, permaneceria fiel a ela durante toda sua vida. Ele era um amante muito terno e grato, com uma grande capacidade de empatia e afeto, mas eles passaram muitos daqueles anos separados, levando vidas distintas. Foi ela quem forneceu o capital para começar a escola, e muito desse dinheiro foi perdido.

Até seus 20 e tantos anos, sua vida fora uma calamidade constante. Em 2 de março de 1737, Johnson partiu para Londres com seu ex-aluno David Garrick (que viria a se tornar um dos atores mais famosos da história britânica). Johnson se estabeleceu perto de Grub Street e começou a ganhar a vida como escritor freelancer. Escrevia sobre qualquer assunto e gênero: poesia, drama, ensaios políticos, crítica literária, artigos de fofoca, ensaios casuais e assim por diante. A vida de um escritor freelancer de Grub Street era precária, caótica, desgrenhada e frequentemente miserável. Um poeta, Samuel Boyse, empenhou toda a sua roupa e sentou-se nu em sua cama, só com um cobertor. Abriu um buraco grande o suficiente para enfiar o braço e escrevia poemas em folhas de papel equilibradas no joelho. Quando escrevia um livro, empenhava as primeiras páginas para arrecadar dinheiro para pagar por comida e poder concluir as seguintes.[7] Johnson nunca de fato chegou em um ponto tão baixo, mas na maior parte do tempo, especialmente nos primeiros anos, mal conseguia se sustentar.

Durante esse período, entretanto, Johnson realizou um dos feitos mais surpreendentes da história do jornalismo. Em 1738, a Câmara dos Comuns aprovou uma lei segundo a qual seria uma "violação de privilégio" publicar discursos parlamentares. A revista *Gentleman's Magazine* decidiu publicar relatos dissimuladamente fictícios dos discursos, para que o público soubesse o que estava acontecendo. Durante dois anos e meio, Johnson foi o único autor, embora tenha pisado no Parlamento apenas uma vez. Uma fonte dizia a ele quem falou e em que ordem, que posições gerais eles tomaram e os argumentos que defenderam. Johnson, então, criava discursos eloquentes, como poderiam ter sido feitos. Esses discursos eram tão bem escritos que os próprios oradores não os desmentiam. Eles foram considerados transcrições autênticas pelo menos durante os 20 anos seguintes. Até 1899, ainda apareciam em antologias de melhor oratória do mundo, creditadas aos supostos oradores e não a Johnson.[8] Certa vez, ao entreouvir os presentes em um jantar festivo comentarem o brilhantismo de um discurso de William Pitt, o Velho, Johnson os interrompeu: "Esse discurso escrevi em um sótão na Rua Exeter."[9]

Johnson tinha uma vida que nos é familiar hoje, mas mais incomum em sua época, em que ele era continuamente obrigado a contar com as próprias habilidades. Sem um comércio estabelecido, como agricultura ou ensino, separado do convívio com sua família próxima, foi obrigado a viver como uma espécie de freelancer contando apenas com a própria inteligência. Todo o seu destino — sua segurança financeira, sua posição na comunidade, suas amizades, suas opiniões e seu significado como pessoa — foi determinado pelas ideias que povoavam sua mente.

Os alemães têm uma palavra para essa condição: *Zerrissenheit* — "condição de estar caindo aos pedaços", em tradução livre. Essa é a perda de coerência interna que pode advir de uma existência multitarefa, puxada em inúmeras direções. Isso é o que Kierkegaard chamou de "a vertigem da liberdade". Quando as restrições externas são afrouxadas, quando uma pessoa pode fazer o que quer, quando há milhares de escolhas e distrações, então a vida pode perder coerência e direção se não houver uma forte estrutura interna.

A fragmentação interna de Johnson foi exacerbada por sua própria natureza. "Tudo sobre seu caráter e modos era violento e vigoroso", observou Boswell — a maneira como falava, comia, lia, amava e vivia. Além disso, muitas de suas qualidades eram conflituosas entre si. Atormentado por tiques e maneirismos, ele não conseguia controlar totalmente o próprio corpo. Atormentado pela depressão e pela instabilidade, não conseguia controlar totalmente a própria mente. Era uma pessoa intensamente social que durante toda sua vida advertia contra os perigos da solidão, mas ele estava preso em uma profissão literária que exigia longos períodos de isolamento. Viveu efetivamente a vida de solteiro, mas tinha um impulso sexual muito intenso e lutou toda a sua vida com o que considerava "pensamentos profanos". Ele tinha um curto período de atenção. "Li poucos livros inteiros", confessou. "Eles geralmente são tão repulsivos que não consegui."[10]

Imaginação

ELE TAMBÉM FOI ATORMENTADO PELA PRÓPRIA IMAGINAÇÃO. NÓS, NA ERA pós-romântica, tendemos a considerar a imaginação como uma faculdade inocente e infantil que nos fornece criatividade e visões doces. Johnson via a imaginação como algo a ser temido tanto quanto estimado. Era pior no meio da noite. Naquelas horas escuras, sua imaginação o atormentava, trazendo à tona terrores noturnos, ciúmes, sentimentos de inutilidade e vãs esperanças e fantasias de louvor superficial e admiração. A imaginação, na visão mais sombria de Johnson, oferece visões ideais de experiências como o casamento, que acabam nos decepcionando quando não se realizam. É a responsável pela hipocondria e por outras ansiedades que existem apenas em nossas cabeças. Convida-nos a fazer comparações invejosas, imaginando cenas em que triunfamos sobre nossos rivais. A imaginação simplifica nossos infinitos desejos e nos leva a fantasiar que podem ser realizados. Isso nos rouba muito do prazer de nossas conquistas, obrigando-nos a pensar nas coisas deixadas por fazer. Isso nos distrai dos prazeres do momento, avançando para possibilidades futuras não alcançadas.

Johnson sempre ficou impressionado, confuso e aterrorizado com a natureza fugaz da mente. Somos todos parecidos com Don Quixote, observou, lutando contra os vilões de nossa própria imaginação, vivendo dentro de ideias de nossa própria invenção, e não na realidade como ela realmente é. O cérebro de Johnson estava perpetuamente em movimento, em desacordo consigo mesmo. Como escreveu em um de seus ensaios sobre os aventureiros: "Temos menos motivos para nos surpreender ou ofender quando descobrimos que os outros diferem de nós em opiniões porque muitas vezes diferimos de nós mesmos."

Johnson simplesmente não se rendeu a esses demônios mentais; ele lutou contra eles. Era combativo, com os outros e consigo mesmo. Quando um editor o acusou de protelar, Johnson, um homem grande e forte, empurrou-o no chão e colocou o pé em seu pescoço. "Ele era insolente e eu o venci, era um idiota e eu lhe disse isso."

Seus diários são repletos de autocrítica e promessas de melhor organizar seu tempo. Em 1738 escreveu: "Ó senhor, capacita-me… para redimir o tempo que perdi com a preguiça." Em 1757: "Deus Todo-Poderoso. Permita-me expulsar a preguiça." Em 1769: "Eu pretendo me levantar e espero me levantar… às oito e depois às seis."[11]

Nos momentos em que conseguia superar a indolência e colocar a caneta no papel, sua produção era torrencial. Era capaz de produzir 12 mil palavras, ou 30 páginas de livros, em uma sessão. Nessas explosões, escrevia 1.800 palavras por hora, ou 30 palavras por minuto.[12] Às vezes, o contínuo ficava de pé ao seu lado e levava cada página ao prelo assim que era concluída para que ele não pudesse voltar e revisá-la.

Seu biógrafo moderno, Walter Jackson Bate, nos lembra de que, embora a produção de Johnson como freelancer surpreenda pela quantidade e qualidade, nas duas primeiras décadas nem uma única peça foi publicada em seu nome. Isso foi em parte sua decisão e, em parte, as regras da imprensa do Grub Street na época. Mesmo na meia-idade, não fizera nada do que sentisse orgulho ou que achasse que estava próximo da plena capacidade de seus talentos. Era pouco conhecido, atormentado pela ansiedade e emocionalmente dividido. Sua vida, como disse, tinha sido "radicalmente miserável".

A imagem familiar que temos de Johnson vem da magistral obra de Boswell, *Vida de Samuel Johnson*. Boswell foi um epicurista e acólito que conheceu Johnson apenas em sua velhice. O Johnson de Boswell é tudo menos miserável. Ele é alegre, espirituoso, íntegro e atraente. No relato de Boswell encontramos um homem que conseguiu alguma integração. Mas isso era uma interpretação. Por meio da escrita e do esforço mental, ele construiu uma visão de mundo coerente. Conseguiu trazer para si mesmo um pouco de coerência sem simplificação. Ele se tornou confiável.

Johnson também usou sua escrita para tentar servir e elevar seus leitores. "É sempre um dever do escritor melhorar o mundo", Johnson escreveu certa vez e, na maturidade, encontrou um caminho.

Humanismo

COMO ELE FEZ ISSO? BEM, ELE NÃO FEZ MAIS DO QUE QUALQUER UM DE nós faz. Grande parte do que falamos sobre caráter hoje é individualista, como todas nossas conversas, mas o caráter é formado em comunidade. Johnson chegou à maturidade em uma época em que a Grã-Bretanha abrigava um talentoso grupo de escritores, pintores, artistas e intelectuais, que iam de Adam Smith a Joshua Reynolds e Edmund Burke. Cada um elevou os padrões de excelência para os outros.

Eles eram humanistas, seu conhecimento derivava de sua leitura profunda dos grandes textos canônicos da civilização ocidental. Eles eram heroicos, mas praticavam uma forma intelectual de heroísmo, não militar. Tentaram ver o mundo claramente, resistindo às autoilusões causadas pela vaidade e perversidade de sua própria natureza. Buscavam um tipo de sabedoria moral prática que lhes desse integridade e propósito.

Johnson foi o representante final do tipo. Ele, como descreveu o biógrafo Jeffrey Meyers, era "uma massa de contradições: preguiçoso e enérgico, agressivo e terno, melancólico e bem-humorado, sensato e irracional, consolado, mas atormentado pela religião".[13] Ele lutou contra esses impulsos dentro de si, como James Boswell colocou, como um gladiador romano no Coliseu. Lutou contra "as feras selvagens na arena, prontas para se lançarem sobre ele. Depois da batalha, ele as levou de volta para suas tocas; mas não as matou, e elas ainda o atacavam". Durante toda a sua vida, ele combinou a resistência intelectual de Aquiles com a fé compassiva de um rabino, sacerdote ou mulá.

JOHNSON PROCESSOU O MUNDO da única maneira que pôde: com seu olho (que mal funcionava), com sua conversa e com sua caneta. Os escritores não são exatamente conhecidos por seu caráter moral superior, mas Johnson mais ou menos fez da escrita sua estrada para a virtude.

Ele escrevia na taverna e no café. Johnson — corpulento, desgrenhado e feio — era um homem incrivelmente sociável. Usava suas conversas para pensar, proferindo uma barragem implacável de máximas morais e espirituosas, uma mistura de Martin Luther e Oscar Wilde. "Não há como argumentar com Johnson", disse certa vez o escritor e dramaturgo Oliver Goldsmith, "pois, quando sua pistola não dispara, ele o derruba com uma coronhada". Johnson usaria qualquer argumento que viesse à mente e muitas vezes mudava totalmente de lado em uma discussão se pensasse que isso tornaria a controvérsia mais agradável. Muitos de seus ditos mais famosos parecem ter surgido espontaneamente durante uma conversa na taverna ou foram polidos para dar a aparência de espontaneidade: "O patriotismo é o último refúgio de um canalha... Provisões decentes para os pobres são o verdadeiro teste da civilização... Quando um homem sabe que será enforcado em 15 dias, sua mente se concentra maravilhosamente... Quando um homem está cansado de Londres, está cansado da vida."

Seu estilo literário tinha a estrutura dinâmica das boas conversas. Ele demonstrava um ponto, em seguida o equilibrava com um contraponto, que por sua vez seria equilibrado por outro contraponto. As máximas acima, citadas por todos, dão um falso ar de certeza aos pontos de vista de Johnson. Seu estilo de conversação comum era levantar um tópico — digamos, um jogo de cartas — listar as virtudes e vícios associados a ele e, em seguida, escolher experimentalmente um lado. Ao escrever sobre o casamento, mostra sua tendência a ver todo bem relacionado a um mal: "Eu desenhei em uma página do meu livro um esquema de todas as virtudes e vícios femininos, com os vícios que margeiam todas as virtudes, e as virtudes aliadas a todos os vícios. Considerei que a sagacidade era sarcástica e a magnanimidade imperiosa; que a avareza era frugal e a ignorância subserviente."

Johnson era um dualista fervoroso, acreditando que apenas tensões, paradoxos e ironias poderiam capturar a complexidade da vida real. Ele não era um teórico, então não tinha problemas com antíteses — coisas que não parecem combinar, mas na verdade o fazem. Como o crítico literário Paul Fussell observou, os *mas* e *todavias* que pontilhavam sua prosa tornaram-se a essência de seus escritos, parte de seu sentido de que, para entender qualquer coisa, é preciso olhar para ela de muitos pontos de vista, vendo todas as suas partes contraditórias.[14]

Certamente, temos a sensação de que ele passou muito tempo apenas passando o tempo, envolvendo-se no tipo de pequenas aventuras estúpidas que grupos de amigos aprontam quando estão juntos. Quando lhe disseram que alguém havia se afogado em um certo trecho do rio, Johnson pulou no rio para ver se conseguiria sobreviver. Quando lhe disseram que uma arma poderia explodir se fosse carregada com pólvora demais, Johnson imediatamente colocou sete bolas no cano de uma arma e a disparou contra a parede.

Ele se jogou na vida de Londres. Entrevistou prostitutas. Dormiu em parques com poetas. Não acreditava que o conhecimento fosse melhor realizado como um empreendimento solitário. Segundo escreveu: "A felicidade não é encontrada na autocontemplação; só é percebida quando é refletida do outro." Ele buscou o autoconhecimento obliquamente, testando suas observações contra a realidade de um mundo que podia ver concretamente à sua frente. "Encaro como perdidos os dias em que não conheço uma pessoa nova", observou ele. Ele temia a solidão. Sempre era o último a deixar o pub, preferindo caminhar pelas ruas durante a noite com seu libertino amigo Richard Savage à ir para casa, para a solidão de seus aposentos assombrados.

"O verdadeiro estado de cada nação", observou ele, "é o estado da vida comum. Os costumes de um povo não são encontrados em escolas de ensino ou nos palácios da grandeza". Johnson socializou com pessoas em todos os níveis. No final da vida levava mendigos para sua casa. Ele também entreteve e insultou lordes. Depois que Johnson completou arduamente seu ótimo dicionário, Lorde Chesterfield tentou, tardiamente, levar o crédito como seu patrono. Johnson repreendeu-o na nota de repúdio mais fabulosa já escrita, que chega ao clímax com a passagem:

Não é um patrono, meu senhor, aquele que olha com indiferença para um homem que se afoga e, quando ele atinge o fundo, oferece toda a ajuda? A atenção que teve o prazer de despender aos meus trabalhos, se fosse mais cedo, teria sido gentil; mas foi adiada até que eu estivesse indiferente e não pudesse apreciá-la; até que eu estivesse solitário e não pudesse compartilhá-la; até que eu fosse conhecido e não a quisesse.

Honestidade Absoluta

JOHNSON NÃO ACREDITAVA QUE OS PRINCIPAIS PROBLEMAS HUMANOS pudessem ser resolvidos pela política ou pela reorganização das condições sociais. Ele é, afinal, o autor do famoso verso: "Quão pequena, de tudo que os corações humanos devem suportar, / É aquela parte que leis e reis podem causar ou curar." Ele não era um metafísico ou filósofo. Gostava de ciência, mas achava que era uma preocupação secundária. Ele desconsiderou aqueles que levavam vidas de pesquisas pedantes cercadas de "poeira aprendida", e tinha uma profunda desconfiança dos sistemas intelectuais que tentavam explicar toda a existência em uma estrutura lógica. Ele deixou seus interesses vagarem por toda a superfície da vida, onde quer que seus interesses naturais o levassem, fazendo conexões como generalistas, de um campo a outro. Johnson endossou a noção de que "quem pode falar apenas sobre um assunto, ou atuar apenas em um mesmo departamento, raramente é desejado, e talvez nunca o seja, enquanto o homem de conhecimento geral muitas vezes pode se beneficiar e sempre agradar".[15]

Ele não era místico. Construiu sua filosofia em bases sólidas, a partir da leitura de história e literatura e da observação direta — focando incansavelmente o que ele chamaria de "o mundo vivo". Como Paul Fussell observou, ele refutou todo determinismo. Rejeitou a noção de que o comportamento é moldado por forças impessoais ferrenhas. Ele sempre se concentrava com seu olhar abrasador na particularidade de cada indivíduo. Ralph Waldo Emerson mais tarde observou que "as almas não são salvas em lotes".[16] Johnson acreditava fervorosamente na complexidade misteriosa e na dignidade inerente de cada um.

Ele era, apesar de tudo, um moralista, no melhor sentido do termo. Acreditava que a maioria dos problemas era moral. "A felicidade da sociedade depende da virtude", escreveu. Para ele, como outros humanistas da época, o ato humano essencial é o ato de tomar decisões morais árduas. Ele, como outros humanistas, acreditava que a literatura poderia ser uma força substancial para o aperfeiçoamento moral. A literatura fornece não apenas novas informações, mas novas experiências. Pode ampliar o alcance da consciência e ser uma oportunidade de avaliação. A literatura também pode instruir por meio do prazer.

Hoje, muitos escritores veem a literatura e a arte apenas em termos estéticos, mas Johnson os via como empreendimentos morais. Ele esperava ser considerado um dos escritores que dão "ardor à virtude e confiança à verdade". Acrescentou: "É sempre dever do escritor melhorar o mundo." Como Fussell coloca: "Johnson, então, concebe a escrita como algo muito parecido com um sacramento cristão, definido no catecismo anglicano como 'um sinal exterior e visível de uma graça interior e espiritual dada a nós'."

Johnson vivia em um mundo de escritores freelancers, mas não se permitia escrever mal — ainda que precisasse escrever rapidamente e por dinheiro. Em vez disso, perseguia o ideal de absoluta honestidade literária. "O primeiro passo para a grandeza é ser honesto" era uma das máximas de Johnson.

Ele tinha uma visão inferior, mas empática, da natureza humana. Dizia-se na época grega que Demóstenes não era um grande orador apesar da gagueira; ele era um ótimo orador *porque* gaguejava. A deficiência se tornou um incentivo para aperfeiçoar a habilidade associada. O herói se fortalece em seu ponto mais fraco. Johnson foi um grande moralista por causa de suas deficiências. Concluiu que nunca as derrotaria. Passou a compreender que sua história não seria o tipo de história de virtude que domina o vício que as pessoas gostam de contar. Seria, na melhor das hipóteses, uma história de virtudes que aprendem a conviver com os vícios. Ele escreveu que não procurou curas para suas falhas, mas paliativos. Essa consciência de luta permanente fez com que ele tivesse empatia pelas falhas dos outros. Ele era um moralista, mas sensível.

A Compaixão do Homem Ferido

SE VOCÊ QUER SABER QUE VÁRIOS VÍCIOS ATORMENTAVAM SAMUEL Johnson, basta olhar os assuntos de seus ensaios: culpa, vergonha, frustração, tédio e assim por diante. Como Bate observa, um quarto de seus ensaios na série Rambler diz respeito à inveja. Johnson entendeu que ele era particularmente propenso a se ressentir do sucesso de outras pessoas: "O erro reinante da humanidade é que não estamos contentes com as condições em que as boas coisas da vida são concedidas."

A virtude intelectual redentora de Johnson era a clareza de espírito. Isso deu a ele sua grande facilidade para fazer observações consolidadas e dignas de citações. A maioria delas revela uma perspicácia psicológica sobre a falibilidade humana:

- Um homem de talento raramente é arruinado, salvo por si mesmo.
- Se você estiver ocioso, não seja solitário; se você é solitário, não seja ocioso.
- Há pessoas que gostaríamos muito de largar, mas por quem não gostaríamos de ser largados.
- Toda censura de si é uma exaltação oblíqua. Serve para mostrar o quanto se pode prescindir.
- O principal mérito do homem consiste em resistir aos impulsos de sua natureza.
- Nenhum lugar oferece uma convicção mais notável da vaidade das esperanças humanas do que uma biblioteca pública.
- Pouquíssimos podem se gabar dos corações que ousaram abrir para si mesmos.
- Leia suas composições, e, onde quer que você encontre uma passagem que ache particularmente boa, apague.

- Todo homem naturalmente se convence de que é capaz de cumprir suas promessas; não se convence de sua imbecilidade a não ser pelo passar do tempo e pela frequência do experimento.

Por intermédio de seus ensaios morais, Johnson foi capaz de impor ordem ao mundo, ancorar suas experiências na estabilidade da verdade. Ele ainda precisava se manter em ordem para alcançar uma percepção objetiva do mundo. Quando as pessoas estão deprimidas, muitas vezes se sentem dominadas por uma tristeza abrangente e difícil de definir. Mas Johnson salta diretamente para a dor, a imobiliza, disseca e desarma parcialmente. Em seu ensaio sobre a tristeza, ele observa que a maioria das paixões o leva à extinção das próprias paixões. A fome leva ao alimento e à saciedade, o medo leva à fuga, a luxúria leva ao sexo. Mas a tristeza é uma exceção. A tristeza não o direciona para sua própria cura. A tristeza cresce da tristeza.

Isso porque a tristeza é "aquele estado de espírito em que nossos desejos estão fixos no passado, sem olhar para o futuro, um desejo incessante de que algo fosse diferente do que tem sido, um desejo atormentador e perturbador de algum prazer ou posse perdidos". Muitos tentam evitar a tristeza vivendo vidas acanhadas. Muitos tentam aliviar a tristeza forçando-se a ir a eventos sociais. Johnson não aprova esses estratagemas. Em vez disso, ele aconselha: "O antídoto seguro e geral contra a tristeza é a atividade... A tristeza é uma espécie de ferrugem da alma, à qual toda nova ideia contribui em sua passagem para eliminar. É a putrefação da vida estagnada e é remediada por exercício e movimento."

Johnson também usa seus ensaios como exercícios de autoconfrontação. "A vida é um combate para Johnson", escreve Fussell, "e o combate é moral".[17] Johnson escreve ensaios diretamente sobre os tópicos que o atormentam: desespero, orgulho, fome de novidades, tédio, gula, culpa e vaidade. Ele não tem ilusões de que possa ensinar a si mesmo a virtude. Mas ele pode traçar e planejar maneiras de treinar sua vontade. Por exemplo, a inveja era de fato o pecado assediador de sua juventude adulta. Ele entendeu seus próprios talentos e também entendeu que outros estavam tendo sucesso enquanto ele falhava.

Ele inventou uma estratégia para derrotar a inveja em seu coração. Disse que, em geral, não acreditava que um vício deva ser curado por outro. Mas a inveja é um estado de espírito tão maligno que o domínio de quase qualquer outra qualidade é preferível. Então ele escolheu o orgulho. Disse a si mesmo que invejar o outro é admitir sua inferioridade e que é melhor insistir no mérito superior do que sucumbir à inveja. Quando tentado a invejar outro, ele se convencia de sua posição superior.

Então, voltando a uma direção mais bíblica, ele pregou caridade e misericórdia. O mundo está tão repleto de pecado e tristeza que "não há ninguém para ser invejado". Todo mundo tem algum problema profundo em suas vidas. Quase ninguém desfruta verdadeiramente de suas próprias realizações, já que seus desejos estão sempre avançando e torturando-os com visões de bens não possuídos.

A Estabilidade da Verdade

O QUE JOHNSON DISSE DO ENSAÍSTA JOSEPH ADDISON PODERIA SER aplicado a si mesmo: "Ele era um homem em cuja presença nada censurável estava fora de perigo; era rápido em observar o que estava errado ou ridículo e não se dispunha a expor isso."

Por meio desse processo de observação e exame extenuantes, Johnson transformou sua vida. Quando jovem, era doente, deprimido e fracassado. No final da meia-idade, não apenas suas realizações mundanas eram admiradas nacionalmente, mas ele era reconhecido como um homem de grande alma. O biógrafo Percy Hazen Houston explicou como um homem de tão miserável e dolorosa educação poderia olhar o mundo com julgamentos temperados com tolerância e misericórdia:

> A determinação havia adentrado sua alma, e ele abordou questões de conduta humana à luz de uma experiência terrível, que permitia penetrar nos motivos humanos com certeza e compreensão. Vividamente consciente da mesquinhez de nossas vidas e dos estreitos limites do conhecimento humano, ele se contentou em deixar o mistério das causas finais ao poder mais superior; pois os propósitos de Deus são inescrutáveis, e o objetivo do homem nesta existência primitiva deveria ser buscar leis pelas quais ele possa se preparar para encontrar a misericórdia divina.[18]

Johnson pensou muito e chegou a estabelecer convicções sobre o mundo complexo e defeituoso ao seu redor. Ele fez isso disciplinando-se no esforço de ver as coisas como elas são, com seriedade, autocrítica e ardor moral.

Montaigne

O MÉTODO DE AUTOFORMAÇÃO DE JOHNSON POR MEIO DA INVESTIGAÇÃO moral pode ser esclarecido em contraste com outro grande ensaísta, o encantador escritor francês do século XVI Michel de Montaigne. Como disse uma das minhas alunas, Haley Adams, Johnson é como um rapper da Costa Leste — intenso, realista, combativo. Montaigne é como um rapper da Costa Oeste — igualmente realista, mas também descontraído, gentil, alegre. Montaigne foi um ensaísta mais importante que Johnson. Suas obras criaram e definiram a forma. E, à sua maneira, era tão moralmente sincero, tão disposto a encontrar uma maneira de se entender e buscar a virtude. Mas eles adotaram abordagens diferentes. Johnson procurou se aperfeiçoar por meio de ataques diretos e esforço sincero. Montaigne se divertia mais consigo mesmo e com suas fraquezas, e buscou a virtude por meio da autoaceitação e de doces gestos de autoaperfeiçoamento.

Montaigne não teve uma criação como a de Johnson. Cresceu em uma propriedade perto de Bordeaux como um estimado membro de uma família rica e estabelecida, com muito dinheiro, mas não de herança. Foi criado com gentileza e afeto, de acordo com um plano humanista criado pelo homem que ele achava o melhor de todos os pais, que incluía ser acordado docemente a cada manhã pelo som de um instrumento musical. A criação foi pensada para torná-lo educado, centrado e gentil. Ele frequentou um internato de prestígio e, em seguida, serviu como um conselheiro da cidade e membro do parlamento local.

A situação de Montaigne era confortável, mas sua época não. Ele era um funcionário público em uma época de uma série de guerras civis religiosas, tentando desempenhar o papel de mediador em algumas delas. Aos 38 anos, aposentou-se da vida pública. Seu objetivo era retornar à sua propriedade e levar uma vida de lazer erudito. Johnson escreveu na fervilhante vida de bares da Grub Street; Montaigne escrevia na reclusão de sua própria biblioteca, em uma grande sala decorada com aforismos gregos, romanos e bíblicos.

Seu objetivo inicial era estudar os antigos (Plutarco, Ovídio, Tácito) e aprender com sua igreja (pelo menos em público, ele era um católico romano com visões ortodoxas, embora, com uma mentalidade mais mundana do que abstrata, parecia extrair menos sabedoria da teologia do que da história). Ele pensou que poderia escrever artigos eruditos sobre guerra e alta política.

Mas sua mente não permitiu isso. Como Johnson, Montaigne suspeitava que vivia de maneira fundamentalmente errada. Uma vez que se retirou para uma vida de contemplação, percebeu que sua própria mente não permitiria a tranquilidade. Descobriu que sua mente era fragmentada, fluida e dispersa. Comparou seus pensamentos às luzes dançando no teto quando a luz do sol é refletida em uma poça de água. Seu cérebro estava constantemente correndo para todas as direções. Quando começou a pensar em si mesmo, tudo o que ele encontrou foi uma percepção momentânea, seguida por alguma percepção não relacionada, seguida por outra.

Montaigne caiu em depressão e, em seu sofrimento, tornou-se seu próprio tema literário. "Somos, agora sei, dúplices dentro de nós mesmos", escreveu ele. A imaginação corre solta. "Não consigo determinar meu tema. Ele está sempre inquieto e caminha cambaleante com uma embriaguez natural... Eu não retrato o ser. Retrato o transitório... Devo adequar minha história ao momento, pois logo posso mudar."

Montaigne percebeu como era difícil controlar a própria mente ou até o próprio corpo. Ele se desesperava até mesmo com seu próprio pênis: "que se intromete tanto quando não é solicitado e nos falha tão irritantemente quando mais precisamos". Mas o pênis não está sozinho em sua rebelião. "Peço-lhe para considerar se há uma única parte de nossos corpos que frequentemente não se recuse a trabalhar de acordo com nossa vontade, e não costume agir em desafio a ela."

Escrever, então, era um ato de autointegração. A teoria de Montaigne era que muito do fanatismo e da violência que ele via ao seu redor era causado pelo pânico e incerteza que as pessoas sentem porque não conseguem entender a indefinição dentro de si. O impulso para o esplendor mundano e a glória eterna são esforços fúteis de pessoas que estão buscando meios externos para alcançar tranquilidade interna e benevolência consigo mesmas. Como ele disse: "Todo homem corre para outro lugar no futuro, porque nenhum homem chegou a si mesmo." Montaigne usaria seus ensaios para chegar a si mesmo. Por meio da escrita, ele criaria um ponto de vista e um estilo de prosa que imporia ordem e equanimidade ao eu fragmentado interno.

Tanto Johnson quanto Montaigne estavam buscando uma autoconsciência profunda, mas usaram diferentes métodos. Johnson descrevia outras pessoas e o mundo exterior, esperando se definir obliquamente. Algumas vezes ele escrevia uma biografia de outra pessoa, mas tantas de suas próprias características ficavam à espreita que seu retrato parece autobiografia disfarçada. Montaigne começara de modo inverso. Descrevia a si mesmo e suas respostas às coisas, e por meio do autoexame esperava definir a natureza que todos os homens e mulheres compartilham, observando: "Cada homem carrega em si a configuração integral da condição humana."

Os ensaios de Johnson parecem impositivos, mas os de Montaigne são escritos em um estilo modesto, provisório e experimental. Eles não eram organizados formalmente. Não seguem uma estrutura lógica clara; eles se agregam. Ele demonstraria um ponto de vista e, se algum ponto relacionado lhe ocorresse meses depois, rabiscaria nas margens para inclusão na edição final. Esse método aleatório disfarçou a seriedade de seu empreendimento. Fazia parecer fácil, mas ele não encarava sua missão levianamente. Entendia o quanto seu projeto era original: autorrevelação completamente honesta e, por meio dela, uma visão da vida moral. Ele entendia que estava tentando criar um novo método de formação de caráter e sugerindo um novo tipo de herói, um herói com uma autocompreensão implacavelmente honesta, mas empática. A conduta era despreocupada, mas a tarefa era árdua: "Devemos realmente forçar nossa alma a ter consciência de nossa própria falibilidade." A ideia não era simplesmente expandir o conhecimento de si mesmo, brincar em sua própria mente ou se expor em nome da fama, atenção ou sucesso. Seu objetivo era confrontar a si mesmo a fim de levar uma vida coerente e disciplinada: "A grandeza da alma não é tanto pressionar para cima e para frente quanto saber como se colocar em ordem e restringir a si mesmo."

Montaigne procurou abordar seus problemas morais por meio do autoconhecimento e da autorreforma. Argumentava que esse tipo de autoconfrontação impõe exigências ainda mais duras do que as depositadas em Alexandre, o Grande, ou em Sócrates. Essas figuras operam em público e são recompensadas com glória e renome. O buscador solitário, depois do honesto autoconhecimento, trabalha em particular. Outras pessoas buscam a aprovação da multidão; Montaigne buscou o respeito próprio. "Todos podem desempenhar seu papel na farsa e desempenhar um papel honesto no palco. Mas ser disciplinado internamente, no próprio seio, onde tudo é permissível e tudo está oculto. Essa é a questão."

Montaigne interrompeu uma carreira de sucesso porque sentiu que a luta pela profundidade interna e pelo respeito próprio era mais importante. Ele fez isso enfrentando bravamente a verdade sobre si mesmo. Mesmo durante o ato de autoconfrontação, ele criou uma atitude de equilíbrio que encantou os leitores ao longo dos séculos desde então. Estava disposto a enfrentar verdades desagradáveis sobre si mesmo, sem ficar na defensiva ou tentar racionalizá-las. Na maioria das vezes, suas próprias deficiências apenas o faziam sorrir.

Em primeiro lugar, ele tinha uma visão humilde, mas segura, de si mesmo. Admite que é um homem pequeno e pouco carismático. Ao caminhar com seus empregados, as pessoas não seriam capazes de distinguir quem era o mestre e quem era o criado. Se ele tem uma memória ruim, ele lhe dirá. Se joga mal xadrez e outros jogos, ele lhe dirá. Se tem um pênis pequeno, ele lhe dirá. Se está decaindo com a idade, ele lhe dirá.

Como a maioria das pessoas, ele observa, é um pouco mercenário: "Se alguém examinasse seu coração descobriríamos que nossos desejos interiores são na maior parte nascidos e nutridos às custas dos outros." Ele observa que a maioria das coisas pelas quais lutamos é efêmera e frágil. Um filósofo pode cultivar a maior mente da história, mas uma mordida de um cão raivoso pode transformá-lo em um idiota delirante. Montaigne é o autor do provérbio de humildade "no trono mais alto do mundo ainda estamos apenas sentados em nosso próprio traseiro". Ele argumenta que "se os outros se examinassem atentamente, como eu, se descobririam, como eu, cheios de futilidade e tolices. Não consigo me livrar delas sem me livrar de mim mesmo. Estamos todos imersos nisso, um tanto quanto o outro; mas aqueles que estão cientes estão um pouco melhor, embora eu não saiba". Como Sarah Bakewell observa em seu excelente livro sobre Montaigne, *Como Viver,* essa coda final "embora eu não saiba" é típica dele.

Um dia, um de seus servos, que cavalgava atrás dele, partiu a pleno galope e bateu em Montaigne e seu cavalo. Montaigne foi jogado a dez passos de seu cavalo e ficou inconsciente, estatelado no chão, como se estivesse morto. Seus servos, aterrorizados, começaram a carregar seu corpo sem vida de volta ao castelo. Quando o fizeram, ele começou a voltar a si. Seus servos lhe contaram mais tarde como se comportara — ofegando por ar, esfregando furiosamente o peito, arrancando as roupas como se para se libertar, aparentemente em agonia. No interior, porém, a cena mental era bem diferente. "Senti infinita doçura e repouso", lembrou ele, e tive o prazer de "ficar lânguido e me deixar ir". Ele teve a sensação de ser gentilmente carregado por um tapete mágico.

Que diferença, refletiu depois Montaigne, entre a aparência exterior e a interior. Que impressionante. Uma lição vívida que extraiu é que ninguém precisa se preocupar em aprender a morrer: "Se você não sabe como morrer, não se preocupe; a natureza lhe dirá o que fazer na hora, de maneira plena e adequada. Ela fará perfeitamente o trabalho por você; não se preocupe com isso."[19]

É quase como se o temperamento de Montaigne pudesse ser reduzido a uma equação: uma visão inferior, mas precisa, da própria natureza, aliada a uma capacidade de admiração e espanto diante da excentricidade da criação, equivale a um espírito apaziguador de equilíbrio. Ele era, como Bakewell coloca, "livre para ser despreocupado".[20] Parecia manter-se equilibrado; nem exuberante quando as coisas iam bem, nem desesperado quando não iam. Criou um estilo de prosa que incorporava uma displicência graciosa e depois tentava se tornar tão calmo quanto sua escrita. "Eu procuro apenas me tornar cada vez mais indiferente e relaxado", ele escreve em um ponto, não inteiramente convincente. "Evito me sujeitar à obrigação", ele observa (ou aconselha). Ensaio após ensaio, você pode praticamente vê-lo tentando inclinar-se para a autoaceitação fácil: "Eu posso desejar, no geral, ser diferente; posso condenar meu caráter geral e implorar a Deus que me reforme por completo e que perdoe minha fraqueza natural. Mas não deveria, penso eu, dar o nome de arrependimento a isso, mais do que deveria dá-lo à minha insatisfação por não ser um anjo ou Cato. Minhas ações são controladas e moldadas para o que sou e para minha condição de vida. Não posso fazer melhor." Ele se atribuiu um slogan moderador: "Eu me contenho."

Ele era um leitor lento, então se concentrava em apenas alguns livros. Era um pouco preguiçoso, então aprendeu a relaxar. (Johnson se dava fervorosos sermões de autoaperfeiçoamento, mas Montaigne não. Johnson era repleto de severidade moral; Montaigne não.) A mente de Montaigne perambula naturalmente, então ele aproveita e aprende a ver as coisas de múltiplas perspectivas. Toda falha vem com sua própria compensação.

Os fervorosos e autoexigentes nunca admiraram Montaigne. Achavam que seu registro emocional era muito estreito; suas aspirações, muito modestas; sua determinação, muito suave. Eles têm dificuldade em refutá-lo (ele não escreve em estruturas lógicas tradicionais, então é difícil encontrar o *ponto* a ser refutado), mas concluem que seu ceticismo e autoaceitação difundidos apenas levam à satisfação pessoal, até mesmo a um certo niilismo. Eles o repudiam como o mestre do distanciamento emocional e da evitação de conflitos.

Há alguma verdade nesse ponto de vista, como Montaigne, é claro, teria sido o primeiro a admitir: "Uma noção dolorosa toma conta de mim; acho mais rápido mudá-la a subjugá-la. Eu a substituo por uma noção contrária, ou, se não puder, em todos os casos, uma diferente. A variação sempre se consolida, se dissolve e se dissipa. Se não posso combatê-la, escapo dela; e fugindo eu me esquivo. Sou cheio de truques."

O exemplo de Montaigne ensina que, se você tem expectativas realisticamente baixas, acabará satisfeito na maioria das circunstâncias. Mas ele não é apenas um camarada sereno, um rato de praia abastado do século XVI. Ele às vezes finge indiferença, e muitas vezes esconde sua intenção sincera, mas tem uma visão mais elevada da boa vida e da boa sociedade. Não se baseia na salvação final ou na justiça final, como as almas mais ambiciosas prefeririam, mas na amizade.

Seu ensaio sobre amizade é uma das peças mais comoventes que produziu. Foi escrito para celebrar o vínculo que ele compartilhava com seu querido amigo Étienne de la Boetie, que morreu cerca de cinco anos depois de se conhecerem. Ambos eram escritores e pensadores. Como diríamos agora, eram genuínas almas gêmeas.

Compartilhavam tudo nessa amizade — vontade, pensamentos, opiniões, propriedades, famílias, filhos, honra, vida. "Nossas almas caminhavam tão unidas, sentiam uma afeição tão forte uma pela outra, e com essa mesma afeição viam as profundezas dos corações uma da outra, que não apenas eu conheci a sua como ele a minha, mas eu certamente deveria ter me confiado mais livremente a ele do que a mim mesmo." Se você construísse uma sociedade perfeita, ele conclui, esse tipo de amizade seria o apogeu.

Dois Estilos de Bondade

TANTO MONTAIGNE QUANTO JOHNSON ERAM ENSAÍSTAS BRILHANTES, mestres de mudança de perspectiva. Ambos eram humanistas à sua maneira, tentando heroicamente usar a literatura para encontrar as grandes verdades que acreditavam que a mente humana é capaz de compreender, mas também fazendo isso com um senso de humildade, compaixão e caridade. Ambos tentaram fixar o caos da existência em prosa e criar um senso de ordem interna e disciplina. Mas Johnson era feito de extremos emocionais; Montaigne era emocionalmente moderado. Johnson fazia autoexigências severas; Montaigne visava uma autoaceitação indiferente e irônica. Johnson era luta e sofrimento; Montaigne, um caráter mais gentil, que ironicamente se divertia com as fraquezas do mundo. Johnson investigou o mundo para se tornar o seu eu desejado; Montaigne investigou a si mesmo para ver o mundo. Johnson é um moralista exigente em uma cidade sensual e competitiva. Ele está tentando inflamar o ardor moral e fazer com que a ambiciosa burguesia se concentre nas verdades definitivas. Montaigne é uma presença serena em um país cheio de guerra civil e fanatismo religioso. Johnson tentou elevar as pessoas para emular heróis. Montaigne temia que aqueles que tentassem superar o que é realisticamente humano acabassem afundando no subumano. Em busca de pureza eles acabam queimando as pessoas na fogueira.

Podemos cada um de nós decidir se somos um pouco mais parecidos com Montaigne ou com Johnson, ou com quem podemos aprender em que ocasião. De minha parte eu diria que Johnson, com esforço árduo, construiu uma grandeza superior. Ele era mais uma criatura do mundo ativo. O equilíbrio de Montaigne cresceu em parte do fato de ter crescido rico, com um título seguro, e poderia se retirar da bagunça da história para o conforto de sua propriedade. Mais importante, Johnson entendeu que é preciso muita pressão para esculpir um caráter. O material é resistente. Tem que haver alguma pressão, alguns cortes e entalhes afiados. Tem que ser feito em confronto com os eventos intensos do mundo real, não fugindo deles. Montaigne tinha uma natureza tão afável que talvez pudesse ser moldada pela observação gentil. A maioria de nós acabará medíocre e autoindulgente se tentar fazer isso.

Diligência

EM 1746, JOHNSON ASSINOU UM CONTRATO PARA CRIAR UM DICIONÁRIO de inglês. Assim como ele estava lentamente trazendo ordem para sua própria vida interna, ele também trazia ordem para sua linguagem. A Academia Francesa havia embarcado em um projeto semelhante no século anterior. Precisou de 40 acadêmicos e 55 anos para concluir a tarefa. Johnson e 6 funcionários a concluíram em 8 anos. Ele definiu 42 mil palavras e incluiu aproximadamente 116 mil citações ilustrativas para mostrar como as palavras eram usadas. Selecionou outras 100 mil citações que acabou não usando.

Johnson lia toda a literatura inglesa que encontrasse, marcando o uso da palavra e as citações utilizáveis. Ele as copiava em pedaços de papel e depois as reunia em uma vasta estrutura organizacional. O trabalho era tedioso, mas Johnson via uma virtude no tédio. Ele achava que o dicionário seria bom para o país e apaziguador para si mesmo. Ele iniciou o trabalho, segundo escreveu: "Com a agradável esperança de que, ainda que fosse inferior, também seria seguro. Fui atraído pela perspectiva de emprego, que, embora não fosse esplêndido, seria útil e que, embora não pudesse tornar minha vida invejável, a manteria inocente; que não despertaria nenhuma paixão, não me envolveria em nenhuma contenda, nem lançaria em meu caminho qualquer tentação para perturbar a quietude dos outros por meio de censura, ou a minha própria pela bajulação."[21]

Enquanto Johnson trabalhava no dicionário, sua esposa, Tetty, morreu. Ela sofria de problemas de saúde e bebia mais e mais com o passar dos anos. Um dia ela estava no andar de cima acamada quando houve uma batida na porta. Uma empregada atendeu e disse ao visitante que Tetty estava doente. Acontece que o homem era o filho adulto de Tetty de seu primeiro casamento. Ele se afastou dela quando ela se casou com Johnson e não a viu durante todos os anos desde então. Quando Tetty ouviu, alguns momentos depois, que seu filho estava na porta, vestiu-se e correu para encontrá-lo. Mas ele partira e ela nunca mais o veria.

Johnson ficou profundamente abatido com sua morte. Seus diários estão repletos de votos para honrar sua memória de uma forma ou de outra. "Permita-me começar e aperfeiçoar a transformação que prometi a ela... Guardarei este dia como o aniversário da morte de minha Tetty com oração e lágrimas... Determinado... a consultar minhas determinações junto ao caixão de Tetty... Pensar em Tetty, querida pobre Tetty, com os olhos cheios d'água."

O dicionário tornou Johnson famoso e, ainda que nunca tenha ficado rico, pelo menos financeiramente estável. Ele emergiu como uma das grandes figuras da vida literária britânica. Passava seus dias, como sempre, em cafés e tavernas. Pertencia ao Club, um grupo de homens que se reuniam regularmente para jantar e debater. Era provavelmente o maior grupo de amigos intelectuais e artísticos da história britânica, e talvez além dela. Seus membros incluíam não apenas Johnson, mas o estadista Edmund Burke, o economista Adam Smith, o pintor Joshua Reynolds, o ator David Garrick (ex-aluno de Johnson), o romancista e dramaturgo Oliver Goldsmith e o historiador Edward Gibbon.

Johnson socializava com os nobres e intelectuais, mas passava a vida doméstica com os desafortunados. Sua casa era perpetuamente ocupada por uma estranha coleção de indigentes e marginalizados. Um ex-escravo vivia com ele, assim como um médico depauperado e uma poetisa cega. Certa noite, ele encontrou uma prostituta doente e exausta na rua. Ele a colocou nas costas, levou-a para casa e lhe deu um lugar para morar. Os beneficiários de sua misericórdia brigavam entre si e com ele, e fizeram da casa um lugar lotado e tumultuado, mas Johnson relutou em expulsá-los.

Ele também produziu quantidades surpreendentes de escrita para amigos. O homem que disse "ninguém, a não ser um idiota, escreve a não ser por dinheiro", compôs milhares de páginas de graça. Um ex-médico de 82 anos de idade havia passado anos tentando encontrar uma maneira mais precisa de determinar a longitude enquanto estava no mar. Ele estava morrendo agora, seu trabalho não dera em nada. Johnson, sentindo compaixão pelo homem, estudou navegação e as teorias do homem e escreveu um livro, que colocou sob o nome do homem, intitulado *An Account of an Attempt to Ascertain the Longitude of the Sea* ["Um Relato de uma Tentativa de Determinar a Longitude no Mar", em tradução livre], só para dar ao homem a sensação, no final de sua vida, de que suas ideias perdurariam. Outro amigo, um homem de 29 anos chamado Robert Chambers, foi eleito professor de direito em Oxford. Chambers, infelizmente, não era nem um notório jurista nem um bom escritor. Johnson concordou em ajudá-lo escrevendo suas aulas de direito. Ele escreveu 60 aulas separadas para ele, totalizando 1.600 páginas.

Johnson trabalhou fervorosamente quase até sua morte. Entre as idades de 68 e 72, escreveu sua obra *Lifes of the Poets* ["Vidas dos Poetas", em tradução livre], 52 biografias contendo 378 mil palavras, em uma época em que pessoas de 70 anos eram realmente idosos. Ele nunca alcançou a equanimidade que parece ter marcado os anos maduros de Montaigne ou a calma e a reserva que admirava em outros. Viveu toda a sua vida com sentimentos periódicos de desespero, depressão, vergonha, masoquismo e culpa. Na velhice, pediu a um amigo que guardasse um cadeado para ele, que poderia ser usado caso enlouquecesse e exigisse contenção física.

No entanto, há uma grandeza inconfundível no caráter de Johnson em seus últimos anos. No final da vida, com seu companheiro e biógrafo Boswell, ele se tornou um dos conversadores mais famosos de todos os tempos. Era capaz de criar longos parágrafos de réplicas sobre quase qualquer assunto e em quase todas as ocasiões. Essas observações não surgiram espontaneamente. Foram o produto de uma vida inteira de trabalho mental.

Ele também desenvolveu um ponto de vista consistente. Começou com uma consciência da presença constante de egoísmo, egocentrismo e autoilusão. Mas foi alimentado por seu próprio espírito rebelde. Da infância e da universidade até a vida adulta, ele tinha um profundo instinto de se revoltar contra a autoridade. E voltou esse espírito rebelde contra sua própria natureza. Voltou-se contra o mal, interior e exterior. Usava-o como combustível para impulsioná-lo ao autocombate.

O autocombate era a sua estrada para a redenção. Definiu um tipo diferente de coragem, a coragem da honestidade (Montaigne também a tinha). Ele acreditava que os poderes expressivos da literatura, se usados com absoluta sinceridade moral, poderiam domar os demônios. A verdade era sua libertadora da servidão. Como diz Bate: "Johnson reiteradamente persegue quase toda ansiedade e temor que o coração humano é capaz de sentir. Quando ele os alcança e os analisa de perto, a pele do leão cai, e muitas vezes encontramos debaixo dela apenas um burro, talvez apenas uma simples moldura de madeira. É por isso que tantas vezes rimos quando lemos o que ele tem a dizer. Rimos em parte por puro alívio."[22]

Tudo era uma competição moral para Johnson, uma chance de melhorar, se degenerar ou se arrepender. Sua conversa, mesmo quando divertida, pretendia ser aprimoradora. Mais velho, ele relembrou um episódio de sua juventude. Seu pai pedira a ele que guarnecesse a banca de livros da família na praça do mercado de uma cidade chamada Uttoxeter. Johnson, sentindo-se superior ao pai, recusara. Agora idoso, sentindo a vergonha persistente, fez uma viagem especial para a praça do mercado de Uttoxeter e ficou no local onde ficava a barraca de seu pai. Como mais tarde lembrou:

> O orgulho foi a fonte dessa recusa, e a lembrança disso era dolorosa. Há alguns anos, desejei expiar essa falha. Fui a Uttoxeter em um clima muito ruim e fiquei por um tempo considerável de cabeça descoberta na chuva... Arrependi-me e espero que a penitência tenha sido expiatória.

Johnson nunca triunfou, mas integrou, construiu um todo mais estável do que pareceria possível a partir de sua natureza fragmentada. Como Adam Gopnick escreveu na revista *The New Yorker* em 2012: "Ele foi sua própria baleia e levou a si mesmo para casa."

Finalmente, quando Johnson tinha 75 anos, a morte se aproximava. Ele tinha um medo intenso da condenação. Escreveu em seu relógio: "A noite vem", para lembrar a si mesmo de não cometer pecados que levariam à condenação no julgamento final. No entanto, isso continuou fervorosamente em sua mente. Boswell registra uma conversa com um amigo:

> Johnson (olhando com tristeza): Eu tenho medo de ser um daqueles que serão condenados.
>
> Dr. Adams: O que você quer dizer com condenado?
>
> Johnson (apaixonadamente e em voz alta): Enviado ao inferno, senhor, e punido eternamente.

NA SUA SEMANA FINAL, seu médico disse que ele certamente morreria em breve. Ele pediu para ser retirado do ópio para que não se encontrasse com Deus "em um estado de idiotismo". Quando o médico fez algumas incisões nas pernas para drenar fluido, Johnson gritou: "Mais profundo, mais profundo; quero tempo de vida e você tem medo de me causar dor, isso não tem valor para mim." Mais tarde, Johnson pegou uma tesoura e mergulhou-a em suas próprias pernas, em uma tentativa de drená-las. Seu pronunciamento diante da morte foi consistente com sua maneira de viver: "Serei conquistado; não me renderei."

Johnson hoje representa um exemplo de sabedoria humana. De sua juventude dispersa, suas diversas faculdades se resumiam a uma única — um modo de ver e julgar o mundo que era tão emocional quanto intelectual. Especialmente no final de sua vida, é difícil categorizar sua escrita. Seu jornalismo chegou ao nível da literatura; suas biografias continham ética; sua teologia era repleta de conselhos práticos. Ele se tornou um pensador universal.

A base de tudo era sua tremenda capacidade de empatia. Sua história de vida começa com sofrimento físico. Quando adolescente e jovem, ele era um dos párias do mundo, desfigurado pelo destino. Parece nunca ter conseguido abandonar essa vulnerabilidade, mas conseguiu transformar suas desvantagens e limitações em vantagens por meio do trabalho árduo. Para um homem que continuamente se punia por sua preguiça, sua capacidade de trabalho era enorme.

Lutou, de verdade, com questões que eram de real importância, questões de seu próprio ser. "Lutar com as diversidades e vencê-las é a maior felicidade humana", escreveu em um de seus ensaios. "A segunda é se esforçar e merecer conquistar; mas aquele cuja vida passou sem luta, e que não pode se gabar nem de sucesso nem de mérito, pode se considerar apenas como um preenchimento inútil da existência."

Essa luta foi realizada em nome de uma honestidade inabalável. O escritor vitoriano John Ruskin escreveu: "Quanto mais penso nisso, mais essa conclusão é reforçada em mim — a melhor coisa que uma alma humana pode fazer neste mundo é *ver* algo e dizer o que *viu* de maneira simples. Há centenas de pessoas capazes de falar para cada uma capaz de pensar, mas há milhares capazes de pensar para cada uma capaz de ver."

O talento de Johnson para o epigrama e para a observação incisiva surgiu também de sua sensibilidade extraordinária para o mundo ao seu redor. Ele também foi nutrido por seu ceticismo sobre si mesmo — sua capacidade de duvidar de seus motivos, enxergar suas racionalizações, rir de suas vaidades e entender que ele era tão tolo quanto os outros.

Após sua morte, a nação enlutou-se. A reação de William Gerard Hamilton é a mais citada e que mais precisamente capta a realização do homem e o vazio que sua morte criou: "Ele criou um abismo, que não apenas nada é capaz de preencher, mas que nada tem a tendência de preencher. Johnson está morto. Vamos com o próximo melhor: não há ninguém; ninguém pode ser considerado à altura de Johnson."

CAPÍTULO 10

O GRANDE EU

EM JANEIRO DE 1969, DOIS GRANDES QUARTERBACKS SE ENFRENTA-
ram em times opostos no Super Bowl III. Johnny Unitas e Joe Namath
cresceram nas cidades siderúrgicas do oeste da Pensilvânia. Mas haviam crescido com uma década de diferença e vivido em diferentes
culturas morais.

Unitas cresceu na velha cultura da discrição e da autodepreciação.
Seu pai morreu quando ele tinha cinco anos e sua mãe assumiu o
negócio de entrega de carvão da família, supervisionando um único
motorista. Unitas frequentou uma escola católica rigorosa da velha
tradição. Os professores eram moralmente exigentes e podiam ser severos e cruéis. O tirânico padre Barry distribuía pessoalmente os bo-
letins, jogando-os em cada um dos garotos e comentando cruelmente:
"Você vai ser um bom motorista de caminhão algum dia. Você vai
cavar valas." As profecias apavoravam os meninos.[1]

Jogadores de futebol no oeste da Pensilvânia se orgulhavam de
sua capacidade de suportar a dor.[2] Unitas pesava 65kg quando jogava
como quarterback em seu time do ensino médio, e levava uma surra
em todos os jogos. Ele ia à igreja antes de cada jogo, respeitava a autoridade de seus treinadores e levou uma vida obcecada por futebol.[3]
Recusado pelo Notre Dame, Unitas jogou como quarterback em uma
escola de basquete, a Universidade de Louisville. Participou de sele-
tivas no Pittsburgh Steelers, mas foi cortado. Voltou a trabalhar em
uma equipe de construção civil e passou a jogar futebol americano
semiprofissional, quando recebeu uma ligação informando que talvez

tivesse uma chance no Baltimore Colts. Conseguiu entrar para o time e passou muitos de seus primeiros anos com os Colts perdendo de forma constante.

Unitas não foi uma sensação da noite para o dia na NFL, mas estava em constante evolução, aprimorando suas habilidades e melhorando seus companheiros de equipe. Quando sua carreira profissional parecia estável, ele comprou uma casa de dois andares em Towson, Maryland, e também conseguiu um emprego na Columbia Container Corporation, que lhe pagava 125 dólares por semana durante todo o ano.[4] Ele era uma figura deliberadamente sem glamour com seus tênis pretos de cano alto, pernas arqueadas, ombros curvados, corte de cabelo estilo militar e um rosto bruto. Se vir fotos dele viajando com a equipe, verá um cara que se parece com um vendedor de seguros dos anos 1950, com sua camisa branca de mangas curtas e gravata preta estreita. Ele e seus amigos costumavam viajar em ônibus e aviões, vestidos quase exatamente da mesma maneira, com cortes de cabelo iguais, e jogavam bridge.

Ele era discreto e modesto. "Eu sempre achei que ser um pouco tolo fazia parte de ser um profissional. Ganhando ou perdendo, nunca saí de um campo de futebol sem primeiro pensar em algo idiota para dizer [à imprensa]", diria mais tarde. Era leal à sua organização e aos seus companheiros de equipe. Na hora do *huddle*, brigava com seus receptores por estragar as jogadas e fazer percursos errados. "Não jogo mais para você se não aprender as jogadas", berrava. Então, após o jogo, mentia para o repórter: "Minha culpa, eu lancei mal" era sua resposta-padrão.

Unitas estava confiante em suas habilidades de futebol, mas não se deslumbrava com seu trabalho. Steve Sabol, da NFL Films, captou um pouco da postura de Unitas: "Meu trabalho sempre foi glorificar o jogo. Sou muito romântico mesmo. Sempre encarei o futebol em termos dramatúrgicos. Não era o placar; era a batalha, e que tipo de trilha sonora poderíamos usar. Mas quando conheci Unitas percebi que ele era a antítese de tudo isso. O futebol para ele não era diferente de um encanador trocando um cano. Ele era um trabalhador honesto, fazendo um trabalho honesto. Tudo era tratado com naturalidade. Ele era tão pouco romântico que no fim era um romântico."[5] Unitas, como Joe DiMaggio no beisebol, passou a incorporar uma maneira particular de ser um herói do esporte na era da modéstia.

Namath, que cresceu na mesma área, mas meia geração depois, viveu em um universo moral diferente. Joe Namath era a estrela extravagante, com sapatos brancos e cabelos esvoaçantes, garantindo a vitória impetuosamente. Broadway Joe era animado, espalhafatoso e uma companhia sempre divertida. Tornou-se o centro das atenções, um espetáculo tanto fora quanto dentro do campo, com casacos de pele de US$5 mil, longas costeletas e estilo de playboy. Ele não se importava com o que os outros pensavam dele, ou pelo menos dizia que não. "Algumas pessoas não gostam do meu jeito mulherengo", disse Namath a Jimmy Breslin em um famoso artigo de 1969, "Namath All Night", para a revista *New York*. "Mas eu não sou convencional. Gosto de variar. Se é bom ou ruim, não sei, mas é o que gosto."

Namath cresceu na sombra de Unitas no pobre oeste da Pensilvânia, mas em um modo diferente de ser. Seus pais se divorciaram quando ele tinha sete anos e ele se rebelou contra sua família de imigrantes se tornando descolado, frequentando salões de bilhar e adotando um modo de ser insolente com jaquetas de couro ao estilo James Dean.

Os talentos do futebol de Namath eram incrivelmente óbvios. Ele foi um dos jogadores mais recrutados no país naquele ano. Queria ir para a faculdade em Maryland, pensando que ficava no sul, mas sua pontuação não foi alta o suficiente. Então, foi para a Universidade do Alabama, onde se tornou um dos melhores quarterbacks universitários do país. Recebeu um bônus de contratação gigantesco para jogar com o New York Jets e logo de cara já ganhava muito mais do que qualquer um dos seus companheiros de equipe.

Cultivou uma marca pessoal maior que qualquer equipe. Não era apenas uma estrela do futebol, mas uma estrela no estilo de vida. Pagou uma multa para poder usar um bigode Fu Manchu em campo. Estrelou comerciais de meias-calças, desafiando as noções antiquadas de masculinidade. Em seu apartamento de solteiro os tapetes felpudos de seis polegadas eram famosos, e foi ele quem popularizou o uso da palavra "foxes" [raposas] para se referir a mulheres. Escreveu uma autobiografia intitulada *I Can't Wait Until Tomorrow 'Cause I Get Better Looking Every Day* ["Mal Posso Esperar o Amanhã Pois a Cada Dia Fico Mais Bonito", em tradução livre]. Certamente, Johnny Unitas não teria escolhido esse título.

Namath chegou ao estrelato em uma época em que o novo jornalismo estava revolucionando o jeito de se fazer reportagens. Namath era o assunto perfeito. Sem a menor centelha de hesitação, convidava repórteres para suas noitadas regadas a garrafas de uísque na véspera dos jogos. Gabava-se abertamente sobre o grande atleta que era e sobre sua beleza. Cultivou um estilo impetuoso e honesto. "Joe! Joe! Você é a coisa mais linda do mundo!", gritou para si mesmo no espelho do banheiro do Copacabana uma noite em 1966, acompanhado de um repórter do *Saturday Evening Post.*[6]

Ferozmente independente, ele não queria um comprometimento sério com mulher alguma. Criou uma versão primitiva do que agora chamaríamos de cultura do sexo sem compromisso. "Eu não gosto de namorar tanto quanto eu gosto de, você sabe, encontrar casualmente, cara", ele disse a um repórter por *Sports Illustrated* em 1966. Ele incorporou o *éthos* de autonomia que começava a varrer o país. "Eu acredito em deixar um cara viver do jeito que ele quiser, se isso não prejudicar ninguém. Sinto que tudo o que faço é bom para mim e não afeta ninguém, inclusive as garotas com quem saio. Olha, cara, eu vivo e deixo viver. Gosto de todo mundo."[7]

Namath foi o precursor de um novo modo de ser do atleta profissional — com marca pessoal, patrocínios generosos, em que a estrela expressava sua personalidade vibrante e ofuscava o time.

Mudança Cultural

AS CULTURAS MUDAM DE FORMAS TANTO SUPERFICIAIS QUANTO PROfundas. Quando o ensaísta Joseph Epstein era jovem observou que, nas lojas de conveniência, os cigarros ficavam nas prateleiras abertas e os preservativos atrás do balcão. Mas agora, quando vamos a lojas de conveniência, os preservativos estão nas prateleiras abertas e os cigarros estão atrás do balcão.

A visão convencional é que a mudança da humildade de Unitas para a impetuosa extravagância de Namath aconteceu no final dos anos 1960. A história convencional é mais ou menos assim. Primeiro, houve a Geração Grandiosa, cujos membros eram abnegados, modestos e voltados para a comunidade. Então vieram os anos 1960 e os baby boomers, que eram narcisistas, autoexpressivos, egoístas e moralmente relapsos.

Mas essa história não se encaixa nos fatos. O que realmente aconteceu foi o seguinte: começando nos tempos bíblicos, havia uma tradição de realismo moral, a escola da humanidade da "madeira torta". Essa tradição, ou visão de mundo, coloca uma ênfase tremenda no pecado e na fraqueza humana. Essa visão da humanidade foi capturada na figura de Moisés, o mais submisso dos homens que, apesar de tudo, liderou um povo, e por figuras bíblicas como Davi, personagens heroicos, mas profundamente falhos. Essa metafísica bíblica foi mais tarde expressa por pensadores cristãos como Agostinho, com sua ênfase no pecado, sua rejeição ao sucesso mundano, sua crença na necessidade da graça, de se entregar ao amor imerecido de Deus. Esse realismo moral, então, encontrou expressão em humanistas como Samuel Johnson, Michel de Montaigne e George Eliot, que enfatizaram quão pouco podemos saber, quão difícil é nos conhecermos e quão arduamente temos que trabalhar no longo caminho para a virtude. "Todos nascemos na estupidez moral, encarando o mundo como um úbere para alimentar nosso próprio eu", escreveu Eliot.[8] Esse pensamento também foi incorporado, de diferentes maneiras e em diferentes momentos, no pensamento de Dante, Hume, Burke, Reinhold Niebuhr e Isaiah Berlin. Todos esses pensadores têm uma visão limitada dos poderes individuais da razão. Suspeitam de pensamento abstrato e do orgulho. Enfatizam as limitações em nossas naturezas individuais.

Algumas dessas limitações são epistemológicas: a razão é fraca e o mundo é complexo. Nós não podemos realmente compreender a complexidade do mundo ou a verdade completa sobre nós mesmos. Algumas dessas limitações são morais: nossas almas têm falhas que nos levam ao egoísmo e ao orgulho, que nos tentam a priorizar amores inferiores em detrimento dos mais elevados. Algumas das limitações são psicológicas: estamos divididos dentro de nós mesmos, e muitos dos impulsos mais urgentes de nossa mente são inconscientes e apenas vagamente reconhecidos por nós mesmos. Outras são sociais: não somos criaturas autossuficientes. Para prosperar, temos que nos lançar em um estado de dependência — nos outros, nas instituições, no divino. O papel da limitação na escola da "madeira torta" é imenso.

Por volta do século XVIII, o realismo moral encontrou um rival no romantismo moral. Enquanto os realistas morais enfatizavam a fraqueza interna, os românticos morais, como Jean-Jacques Rousseau, enfatizavam nossa bondade interior. Os realistas desconfiavam do eu e confiavam nas instituições e costumes fora do eu; os românticos confiavam no eu e desconfiavam das convenções do mundo exterior. Os realistas acreditavam no aprimoramento, na civilização e na astúcia; os romancistas acreditavam na natureza, no indivíduo e na sinceridade.

Por um tempo, essas duas tradições viveram lado a lado na sociedade, em tensão criativa e em conversas. Exceto nos círculos artísticos, o realismo tinha vantagem. Quem cresceu no início do século XX nos Estados Unidos, cresceu com o vocabulário e as categorias do realismo moral, traduzidas em um idioma prático secular ou religioso. Perkins cresceu com o vocabulário da vocação, a necessidade de suprimir partes de si mesma, para que possa ser um instrumento em uma causa maior. Eisenhower cresceu com um vocabulário autodepreciativo. Day aprendeu quando jovem o vocabulário da simplicidade, da pobreza e da rendição. Marshall aprendeu o pensamento institucional, a necessidade de se doar a organizações que transcendem uma vida. Randolph e Rustin aprenderam a reticência e a lógica da autodisciplina, a necessidade de desconfiar de si mesmo ao mesmo tempo em que trava uma nobre cruzada. Essas pessoas não sabiam que estavam exemplificando partes da tradição realista. Esse *éthos* simplesmente estava no ar que respiravam e no modo como foram criadas.

Mas então o realismo moral entrou em colapso. Seu vocabulário e formas de pensar foram esquecidos ou empurrados para as margens da sociedade. O realismo e o romantismo perderam o equilíbrio. Um vocabulário moral foi perdido e, com ele, uma metodologia para a formação de almas. Essa mudança não aconteceu durante as décadas de 1960 e 1970, embora esse período tenha sido um grande florescimento romântico. Aconteceu mais cedo, no final dos anos 1940 e 1950. Foi a Geração Grandiosa que abandonou o realismo.

Por volta do outono de 1945, as pessoas ao redor do mundo haviam sofrido 16 anos de privação — primeiro durante a Depressão, depois durante a Guerra. Elas estavam prontas para se soltar, relaxar, aproveitar. Consumo e publicidade decolaram quando as pessoas correram para as lojas para comprar coisas que tornariam a vida mais fácil e divertida. As pessoas nos anos do pós-guerra queriam escapar dos grilhões do autocontrole e de todos os assuntos sombrios como pecado e depravação. Estavam prontas para colocar os horrores do Holocausto e da Guerra para trás.

Logo após a guerra as pessoas estavam prontas para ler qualquer livro que oferecesse uma visão mais otimista e positiva da vida e de suas possibilidades. Em 1946, o rabino Joshua L. Liebman publicou um livro intitulado *Paz de Espírito,* que exortava as pessoas a gravar

O GRANDE EU   253

uma nova moralidade em seus corações, baseada em deixar de lado a ideia de que você deveria reprimir qualquer parte de si mesmo. Em vez disso, deverá "amar a ti mesmo corretamente... não tenhas medo de teus impulsos ocultos... respeite-te... confia em ti mesmo". Liebman tinha uma fé ilimitada na bondade infinita de homens e mulheres. "Acredito que o homem tem um potencial infinito e que, dada a devida orientação, dificilmente haverá uma tarefa que ele não possa realizar ou um grau de domínio no trabalho e no amor que ele não possa alcançar."[9] Ele tocou fundo. Seu livro permaneceu no topo da lista de best-sellers do *New York Times* por surpreendentes 58 semanas.

Naquele mesmo ano, Benjamin Spock lançou seu famoso livro do bebê. Esse livro era complexo e muitas vezes injustamente difamado, mas, especialmente nas primeiras edições, expressava uma visão notavelmente otimista da natureza humana. Spock disse que se o seu filho rouba alguma coisa, você deve dar a ele como presente algo parecido com o item roubado. Isso mostrará que você se importa com o seu filho e que "ele deve atender ao desejo do seu coração se for razoável".[10]

Em 1949, Harry Overstreet publicou um livro extremamente popular intitulado *The Mature Mind* ["A Mente Madura", em tradução livre], que levou a questão um pouco além. Overstreet argumenta que aqueles que, como Santo Agostinho, enfatizavam a pecaminosidade humana, haviam "negado à nossa espécie a saudável bênção do respeito próprio".[11] Essa ênfase na fraqueza interna encorajou as pessoas a "desconfiarem de si mesmas e se depreciarem".

Então, em 1952, Norman Vincent Peale surgiu com o pai de todos os livros otimistas, *O Poder do Pensamento Positivo*, encorajando os leitores a extirparem os pensamentos negativos da mente e se motivarem à grandeza. A versão original desse livro permaneceu no topo da lista da revista *Times* durante surpreendentes 98 semanas.

Em seguida veio a psicologia humanista liderada por pessoas como Carl Rogers, o psicólogo mais influente do século XX. Os psicólogos humanistas afastaram-se da concepção mais sombria de Freud sobre o inconsciente e promoveram uma superestimação da natureza humana. O principal problema psicológico, argumentou ele, é que as pessoas não se amam o suficiente, e assim os terapeutas desencadearam uma grande onda de amor-próprio. "O comportamento do homem é primorosamente racional", escreveu Rogers, "movendo-se com complexidade sutil e ordenada para o objetivo que seu organismo está se esforçando para alcançar".[12] As palavras que melhor descrevem a natureza humana, continuou ele, são "positiva, inovadora, construtiva, realista e confiável". As pessoas não precisam combater a si mesmas, elas só precisam se abrir, liberar seu eu interior, de modo que o impulso internalizado para a autorrealização possa assumir o controle. Amor-próprio, autoexaltação e autoaceitação são os caminhos para a felicidade. Na medida em que uma pessoa "pode livremente entrar em contato com o processo de valorização em si mesma, ela se comportará de maneiras que são autoaprimoradoras".[13]

A psicologia humanista moldou quase todas as escolas, quase todos os currículos, quase todos os departamentos de RH, quase todos os livros de autoajuda. Logo havia pôsteres promovendo o "Sou digno de amor e capaz de amar" nas paredes das escolas de todos os lugares. O movimento da autoestima nasceu. Nossa conversa moderna vive nessa visão romântica.

A Era da Autoestima

A MUDANÇA DE UMA CULTURA MORAL PARA OUTRA NÃO É UMA HISTÓRIA de um brusco declínio, da nobre restrição à decadência autoindulgente. Cada clima moral é uma resposta coletiva aos problemas do momento. As pessoas na era vitoriana foram confrontadas com um declínio na fé religiosa e adotaram uma moralidade de caráter estrito como forma de compensação. Nos anos 1950 e 1960, as pessoas enfrentaram um conjunto diferente de problemas. Quando ocorre uma mudança de um sistema moral para outro, as pessoas são obrigadas a fazer concessões em resposta a mudanças nas circunstâncias. Uma vez que as verdades legítimas estão em tensão umas com as outras, um clima moral colocará mais ênfase aqui e menos ênfase ali, para melhor ou para pior. Algumas virtudes são cultivadas, certas crenças vão longe demais, e certas verdades e virtudes morais importantes são acidentalmente esquecidas.

A mudança nos anos 1950 e 1960 para uma cultura que enfatizava mais o orgulho e a autoestima teve muitos efeitos positivos; e ajudou a corrigir algumas injustiças sociais profundas. Até aquele momento, muitos grupos sociais, especialmente mulheres, minorias e pobres, recebiam mensagens de inferioridade e humilhação. Eles foram ensinados a pensar muito pouco de si mesmos. A cultura da autoestima encorajou os membros desses grupos oprimidos a acreditarem em si mesmos, a elevarem suas visões e aspirações.

Por exemplo, muitas mulheres foram ensinadas a levar vidas tão comprometidas com a subserviência e o serviço que isso as levou à abnegação. A vida de Katharine Meyer Graham ilustra por que tantas pessoas abraçaram a mudança da modéstia para a autoexpressão.

Katharine Meyer cresceu em uma rica família de editores em Washington D.C. Frequentou a Escola da Madeira, uma escola particular progressista, mas de alta sociedade, na qual moças eram criadas em meio a lemas como: "Aja no desastre. Termine com estilo." Em casa, ela era completamente dominada por um pai estranho e distante, e por uma mãe que exigia o primor no estilo de Mulheres Perfeitas: "Acho que todos nós sentimos que de alguma forma não havíamos cumprido o que ela esperava ou queria de nós, e as inseguranças e a falta de autoconfiança que ela gerou duraram muito tempo", escreveria anos depois em sua excelente autobiografia.[14]

Esperava-se que as garotas fossem quietas, reservadas e corretas, e Katharine cresceu dolorosamente insegura. "Será que disse a coisa certa? Usei as roupas certas? Eu era atraente? Essas perguntas levavam à inquietação e à consumição, chegando às vezes a serem opressivas."

Em 1940, Katharine casou-se com um homem charmoso e espirituoso chamado Philip Graham, que tinha uma maneira sutil, ou não tão sutil, de menosprezar suas visões e habilidades. "Eu via cada vez mais o meu papel secundário — e, quanto mais me sentia ofuscada, mais isso se tornava realidade."[15] Graham teve uma série de casos que Katharine acabou descobrindo e ficou arrasada.

Graham, que sofria de depressão, cometeu suicídio em 3 de agosto de 1963. Seis semanas depois, Katharine foi eleita presidente da Washington Post Company. No começo, ela se viu como uma ponte entre seu marido morto e seus filhos, que acabariam herdando a empresa. Mas encarou o desafio, deu um passo como gerente, deu outro passo e descobriu que podia fazer o trabalho.

Nas décadas seguintes, a cultura ao seu redor incentivou Katharine a se afirmar e a desenvolver o pleno uso de suas capacidades. O ano em que assumiu o *Post,* Betty Friedan publicou *A Mística Feminina,* que abraçou a psicologia humanista de Carl Rogers. Gloria Steinem mais tarde escreveu um livro best-seller, *A Revolução Interior: Um livro de autoestima.* A Dra. Joyce Brothers, uma destacada colunista de aconselhamento na época, explicou o *éthos* sem rodeios: "Coloque-se em primeiro lugar — pelo menos uma parte do tempo. A sociedade fez uma lavagem cerebral nas mulheres para acreditar que as necessidades de seus maridos e filhos devem sempre ter prioridade sobre as suas. A sociedade nunca reforçou nas mulheres, do mesmo modo como fez com os homens, a necessidade humana de se colocar em primeiro lugar. Eu não estou defendendo o egoísmo. Estou falando sobre o básico da vida. Você tem que decidir quantos filhos quer, que tipo de amigos deseja, que tipo de relacionamentos quer ter com sua família."[16]

A ênfase na autorrealização e autoestima deu a milhões de mulheres uma linguagem para expressar e cultivar a autoafirmação, a força e a identidade. Katharine acabou se tornando uma das executivas editoriais mais admiradas e poderosas do mundo. Ela levou o *Post* à condição de jornal nacional importante e altamente lucrativo. Enfrentou a Casa Branca de Nixon e a tempestade de abusos durante a crise de Watergate, mantendo firme apoio a Bob Woodward, Carl Bernstein e os demais jornalistas que contaram essa história. Ela nunca superou completamente suas inseguranças, mas aprendeu a projetar uma imagem extraordinária. Seu livro de memórias é uma obra-prima, discreta, mas também honesta e autoritária, sem uma pitada de autopiedade ou sentimentalismo barato.

Katharine Graham, como muitas mulheres e membros de grupos minoritários, precisava de uma autoimagem maior e mais precisa — necessária para mudar do Pequeno Eu para o Grande Eu.

Autenticidade

AS SUPOSIÇÕES SUBJACENTES SOBRE A NATUREZA E A FORMA DA VIDA humana foram alteradas por essa mudança para o Grande Eu. Se você nasceu nos últimos 60 anos, provavelmente nasceu em meio ao que o filósofo Charles Taylor chamou de "a cultura da autenticidade". Essa mentalidade baseia-se na ideia romântica de que cada um de nós tem um Ser Dourado na essência do nosso eu. Existe um Verdadeiro Ser inato, em quem você pode confiar, consultar e entrar em contato. Seus sentimentos pessoais são o melhor guia para o que é certo e errado.

Nesse *éthos*, deve-se confiar no eu, não duvidar dele. Seus desejos são como oráculos internos para o que é certo e verdadeiro. Você sabe que está fazendo a coisa certa quando se sente bem internamente. As regras válidas da vida são aquelas que você cria ou aceita por si mesmo e que parecem certas para você.

"Nossa salvação moral", escreve Taylor, descrevendo essa cultura, "vem da recuperação do contato moral autêntico com nós mesmos". É importante permanecer fiel a essa voz interior pura e não seguir as conformidades de um mundo corruptor. Como Taylor coloca: "Existe um certo modo de ser que é o meu caminho. Eu sou chamado a viver minha vida dessa maneira e não imitar ninguém... Se não sigo esse chamado, perco o sentido da minha vida. Deixo de compreender o que é ser humano para mim."[17]

De uma antiga tradição de autocontrole, nos movemos para a autolibertação e para a autoexpressão. A autoridade moral não é mais encontrada em algum bem objetivo externo; está no eu original único de cada pessoa. Maior ênfase é colocada em sentimentos pessoais como um guia para o que é certo e errado. Sei que estou certo porque sinto uma harmonia interna. Algo está errado, por outro lado, quando sinto que minha autonomia está sendo ameaçada, quando sinto que não estou sendo fiel a mim mesmo.

Nesse *éthos*, o pecado não é encontrado em seu eu individual; está nas estruturas externas da sociedade — no racismo, na desigualdade e na opressão. Para melhorar a si mesmo, você tem que ser ensinado a amar e ser fiel a si mesmo, e não duvidar e lutar contra si mesmo. Como um dos personagens em um dos filmes *High School Musical* canta: "As respostas estão todas dentro de mim / Tudo o que tenho que fazer é acreditar."

Atualização de Status

ESSA MUDANÇA INTELECTUAL E CULTURAL EM DIREÇÃO AO GRANDE EU foi reforçada por mudanças econômicas e tecnológicas. Todos nós hoje vivemos em uma cultura tecnológica. Não acredito muito que as mídias sociais tenham tido um efeito desastroso na cultura, como muitos tecnofóbicos temem. Não há evidências que apoiem a ideia de que a tecnologia induziu as pessoas a viverem em um falso mundo online enquanto renunciam ao mundo real. Mas a tecnologia da informação teve três efeitos sobre o sistema moral que inflaram o lado do Grande Eu de Adão I de nossas naturezas e diminuíram o mais humilde Adão II.

Primeiro, as comunicações se tornaram mais rápidas e mais ativas. É mais difícil atender às vozes suaves e serenas que vêm das profundezas do eu. Ao longo da história humana, as pessoas descobriram que estão mais conscientes de seu eu profundo quando estão em retiros, durante momentos de isolamento e quietude, durante momentos de comunhão silenciosa. Elas descobriram que precisam de tempo, longos períodos de quietude, antes que o Adão externo se acalme e o Adão interno possa ser ouvido. Esses momentos de quietude e silêncio são apenas mais raros hoje em dia. E nós recorremos ao smartphone.

Em segundo lugar, as mídias sociais permitem um ambiente de informações mais autorreferencial. As pessoas têm mais ferramentas e ocasiões para construir uma cultura, um ambiente mental adaptado especificamente para si mesmas. A tecnologia da informação moderna permite que as famílias se sentem juntas em uma sala, cada uma absorvida em um programa, filme ou jogo diferente, na privacidade de sua própria tela. Em vez de ser uma estrela periférica no mundo da mídia de massa do programa Ed Sullivan, cada indivíduo pode ser o sol no centro de seu próprio sistema solar de mídia, criando uma rede de programas, aplicativos e páginas voltada para suas próprias necessidades. Uma campanha publicitária do Yahoo prometeu: "Agora a internet tem uma celebridade — Você!" O slogan da Earthlink era "A Earthlink gira em torno de você".

Em terceiro lugar, a mídia social encoraja uma personalidade de exposição. Nossa tendência natural é buscar aprovação social e temer a exclusão. A tecnologia de redes sociais nos permite passar nosso tempo engajados em uma luta hipercompetitiva por atenção, por vitórias na moeda de "curtidas". As pessoas têm mais oportunidade para se autopromover, para abraçar as características de celebridade, para administrar sua própria imagem, para divulgar suas selfies no Snapchat de uma forma que esperam que impressione e agrade o mundo. Essa tecnologia cria uma cultura na qual as pessoas se transformam em pequenos gerentes de marca, usando Facebook, Twitter, mensagens de texto e Instagram para criar um eu externo falsamente otimista, ligeiramente exuberante demais, que pode ser famoso primeiro em uma pequena esfera e depois, com um pouco de sorte, em uma mais abrangente. O empresário desse eu mede o sucesso pelo fluxo de respostas que recebe. O especialista em mídia social passa seu tempo criando uma caricatura de si mesmo, uma versão muito mais feliz e mais fotogênica da vida real. As pessoas sutilmente começam a se comparar com os melhores momentos de outras pessoas e, é claro, sentem-se inferiores.

A Alma do Homem sob a Meritocracia

A PURIFICAÇÃO DA MERITOCRACIA TAMBÉM REFORÇOU A IDEIA DE QUE cada um de nós é maravilhoso por dentro. Também incentivou tendências de autoexaltação. Se você viveu nos últimos 60 ou 70 anos, você é o produto de uma meritocracia mais competitiva. Você, como eu, passou sua vida tentando ter sucesso, causar um impacto, ser razoavelmente bem-sucedido neste mundo. Isso significou muita competição e muita ênfase na realização individual — sair-se razoavelmente bem na escola, entrar na faculdade certa, conseguir um ótimo emprego, alcançar o sucesso e o status.

Essa pressão competitiva significou que todos nós temos que gastar mais tempo, energia e atenção no Adão I externo galgando o sucesso, e temos menos tempo, energia e atenção para dedicar ao mundo interno de Adão II.

Descobri em mim mesmo, e acho que já observei em outros, uma certa mentalidade meritocrática, que se baseia nas concepções de autoconfiança e vanglória da tradição romântica, mas que também é despoetizada e desespiritualizada. Se os realistas morais viam o eu como um deserto a ser domado, e se as pessoas na nova era dos anos 1970 viam o eu como um Éden a ser realizado, as pessoas que vivem em uma meritocracia de alta pressão são mais propensas a ver o eu como base de recursos a serem cultivados. O eu é menos provável de ser visto como morada da alma ou como o repositório de algum espírito transcendente. Em vez disso, o eu é um recipiente do capital humano. É uma série de talentos para ser cultivada de forma eficiente e prudente. O eu é definido por suas tarefas e realizações. O eu é uma questão de talento, não de caráter.

Essa mentalidade meritocrática foi ricamente capturada no livro do Dr. Seuss, *Ah, os Lugares aonde Você Irá!*, de 1990, cuja versão original é o quinto maior best-seller da história da lista do *New York Times* e ainda um popular presente de formatura.

O livro é sobre um menino que é lembrado de que ele detém todos esses talentos e dons maravilhosos, e liberdade total para escolher sua vida: "Você tem cérebro na cabeça. Você tem pés nos sapatos. Você pode seguir na direção que quiser." O menino é lembrado de que sua vida trata da realização de seus próprios desejos. "Você está sozinho. E você sabe o que você sabe. E VOCÊ é quem vai decidir pra onde ir." Os desafios que o menino enfrenta na vida são principalmente externos. E as metas de vida que ele persegue são todas as metas de vida de Adão I. "Fama! Você será famoso como um famoso pode ser, / com todo o mundo vendo você ganhar na TV." O objetivo final nesta vida é o sucesso, causar um impacto no mundo externo. "Você vai ter sucesso? / Sim! Você vai, de fato! / (98 e ¾ por cento garantido)."[18] E o personagem principal dessa história de sucesso é VOCÊ. Essa palavrinha aparece nesse livro, muito curto, 90 vezes.

No livro, o menino é completamente independente. Ele é livre para escolher exatamente o que desejar em seu íntimo. A todo momento, ele é lembrado de como é maravilhoso. Não está sujeito às restrições de nenhuma fraqueza interna. Comprova seu mérito por meio do trabalho e da ascensão.

A meritocracia libera uma enorme quantidade de energia e classifica as pessoas de maneiras boas e ruins. Mas também tem um efeito sutil no caráter, cultura e valores. Qualquer sistema hipercompetitivo baseado no mérito encoraja as pessoas a pensarem muito sobre si mesmas e sobre o cultivo de suas próprias habilidades. O trabalho se torna a característica definidora de uma vida, especialmente quando você começa a receber convites sociais porque, por acaso, tem um determinado emprego. De maneira sutil, suave, porém penetrante, esse sistema incute um certo cálculo utilitarista em todos nós. A meritocracia sutilmente estimula um *éthos* instrumental em que cada ocasião — uma festa, um jantar — e cada conhecido se torna uma oportunidade para aumentar seu status e levar adiante o projeto de vida profissional. As pessoas tendem a pensar em termos de categorias comerciais — falar sobre custos de oportunidade, escalabilidade, capital humano, análise de custo-benefício, mesmo quando se trata de como gastam seu tempo particular.

O significado da palavra "caráter" muda. Ela é usada menos para descrever características como abnegação, generosidade, autossacrifício e outras qualidades que às vezes tornam menos provável o sucesso mundano. Em vez disso, é usada para descrever características como autocontrole, coragem, resiliência e tenacidade, qualidades que tornam mais provável o sucesso mundano.

O sistema meritocrático quer que você enalteça o seu sucesso — orgulhe-se, tenha plena convicção em si mesmo, acredite que merece muito e obtenha o que acha que merece (desde que seja bom). A meritocracia quer que você afirme e faça propaganda de si mesmo. Quer que exiba e exagere suas conquistas. A máquina de conquista o recompensa se você for capaz de demonstrar superioridade — se com mil pequenos gestos, tipos de conversa e estilos de se vestir você puder demonstrar que é um pouco mais inteligente, mais descolado, mais sofisticado, famoso, conectado e moderno do que as pessoas ao seu redor. Encoraja o foco. Incentiva você a se tornar um animal sagaz.

O animal astuto aperfeiçoou sua humanidade interior para tornar sua ascensão mais aerodinâmica. Ele administra cuidadosamente seu tempo e seus comprometimentos emocionais. Coisas que já foram feitas em um estado de espírito poético, como ir à faculdade, encontrar um parceiro em potencial ou desenvolver um relacionamento amistoso com seu empregador, agora são feitas em um estado de espírito mais profissional. Essa pessoa, oportunidade ou experiência será útil para mim? Simplesmente não há tempo para se deixar levar pelo amor e pela paixão. Há um custo para se comprometer profundamente com uma missão ou um amor. Se você se comprometer com uma grande coisa, fechará as opções para outras grandes coisas. Será atormentado pelo Medo de Ficar de Fora.

A mudança da cultura do Pequeno Eu para a cultura do Grande Eu não era ilegítima, mas foi longe demais. A tradição realista que enfatizava a limitação e a luta moral foi inadvertidamente marginalizada e deixada à margem da estrada, primeiro pelo florescimento romântico da psicologia positiva, depois pelo *éthos* de autopromoção das mídias sociais, enfim pelas pressões competitivas da meritocracia. Ficamos com um sistema moral que desenvolve os músculos externos de Adão I, mas ignora os internos de Adão II, e isso cria um desequilíbrio. É uma cultura na qual as pessoas são definidas por suas habilidades e conquistas externas, nas quais um culto a estar sempre ocupado se desenvolve enquanto as pessoas freneticamente dizem umas às outras como são supercomprometidas. Como meu aluno Andrew Reeves disse certa vez, há um cultivo de uma expectativa irreal de que a vida acontecerá em uma progressão linear, uma inclinação natural para o sucesso. Isso incentiva as pessoas a "fazer o mínimo", a utilizar apenas o talento e o comprometimento suficiente para realizar o trabalho a tempo, sem o comprometimento total da alma com qualquer tarefa.

Essa tradição lhe diz *como* fazer as coisas que o impulsionarão ao topo, mas não o encoraja a se perguntar *por que* as faz. Oferece pouca orientação sobre como escolher entre diferentes carreiras e diferentes vocações, como determinar quais serão moralmente superiores e melhores. Incentiva as pessoas a se tornarem máquinas de busca de aprovação, a medir suas vidas por meio de elogios externos — se as pessoas gostam de você e lhe conferem status, você deve estar fazendo algo certo. A meritocracia contém suas próprias contradições culturais. Ela incentiva as pessoas a aproveitarem ao máximo suas capacidades, mas leva ao encolhimento das faculdades morais que são necessárias para a descoberta de como direcionar sua vida em uma direção significativa.

Amor Condicional

DEIXE-ME APENAS DESCREVER UMA DAS MANEIRAS PELA QUAL A MENTA-lidade utilitarista e instrumentalista da meritocracia pode, em alguns casos, distorcer um laço sagrado: a maternidade ou paternidade.

Existem duas grandes características definidoras da educação infantil hoje em dia. Primeiro, as crianças agora são elogiadas em um grau sem precedentes. Dorothy Parker brincou que as crianças norte--americanas não são criadas, são instigadas — elas recebem comida, abrigo e aplausos. Isso é muito mais verdadeiro hoje. As crianças estão sendo incessantemente informadas de como são especiais. Em 1966, apenas cerca de 19% dos estudantes do ensino médio se graduavam com uma média 10 ou 9,5. Em 2013, 53% dos estudantes se formaram com essa média, de acordo com as pesquisas da UCLA sobre os calouros das universidades. Os jovens são cercados por tantos elogios que desenvolvem aspirações altíssimas para si mesmos. De acordo com uma pesquisa da Ernst & Young, 65% dos estudantes universitários esperam se tornar milionários.[19]

A segunda característica definidora é que as crianças são aperfeiçoadas em um grau sem precedentes. Os pais, pelo menos nas classes mais instruídas e abastadas, passam muito mais tempo do que nas gerações passadas preparando seus filhos, investindo em suas habilidades e levando-os a treinos e ensaios. Como Richard Murnane, de Harvard, descobriu, os pais com diplomas universitários investem

US$5.700 a mais por ano por criança em atividades de aprimoramento fora da escola do que em 1978.[20]

Essas duas grandes tendências — maior elogio e maior aprimoramento — combinam-se de maneiras interessantes. As crianças são banhadas em amor, mas muitas vezes é um amor direcional. Os pais cobrem seus filhos de carinho, mas não é um simples afeto, é um afeto meritocrático — é misturado com o desejo de ajudar seus filhos a alcançarem o sucesso mundano.

Alguns pais inconscientemente moldam suas expressões de amor para orientar seus filhos em direção a comportamentos que eles acham que levarão à realização e à felicidade. Os pais resplandecem com ainda mais fervor quando o filho estuda arduamente, treina muito, conquista o primeiro lugar, entra em uma faculdade de prestígio ou se junta à sociedade de honra (nas escolas de hoje, a palavra "honra" significa obter notas altas). O amor dos pais acaba baseado no mérito. Não é simplesmente "eu te amo". É "eu te amo quando você está no meu canto do ringue. Eu te cubro de elogios e cuidados quando você luta como eu quero".

Os pais na década de 1950 eram muito mais propensos a dizer que esperavam que seus filhos fossem obedientes do que os pais hoje, que dizem aos pesquisadores que querem que seus filhos pensem por si mesmos. Mas esse desejo de obediência não desapareceu, está apenas escondido — do sistema direto de regras e sermões, recompensa e punição, ao mundo semioculto de aprovação ou desaprovação.

À espreita nas sombras do amor baseado no mérito está a possibilidade de ele ser revogado se a criança decepcionar. Os pais negariam isso, mas o lobo do amor condicional está à espreita aqui. Essa presença sombria de amor condicional produz medo, o medo de que não há amor totalmente seguro; não há lugar completamente seguro onde os jovens possam ser absolutamente honestos e eles mesmos.

Por um lado, as relações entre pais e filhos podem estar mais próximas do que nunca. Pais e filhos, até mesmo em idade universitária, comunicam-se constantemente. Os jovens aceitaram o amplo sistema de realização que os cerca demonstrando apenas um receio silencioso. Eles se submetem a isso porque anseiam pela aprovação que recebem dos adultos que amam.

Mas toda a situação é mais preocupante do que parece à primeira vista. Algumas crianças assumem que esse amor entrelaçado ao mérito é a ordem natural do Universo. Os pequenos sinais de aprovação e desaprovação estão embutidos de forma tão profunda na comunicação que está abaixo do nível de consciência. Uma enorme pressão interna é gerada pela crescente suposição de que é necessário se comportar de certa maneira para ser digno do amor de outra pessoa. No íntimo, os filhos têm medo de que o relacionamento mais profundo que conhecem se perca.

Alguns pais inconscientemente consideram seus filhos como algo parecido com um projeto de arte, a serem elaborados por meio da engenharia mental e emocional. Há algum narcisismo parental aqui, a insistência de que seus filhos frequentem faculdades e levem vidas que darão status e prazer aos pais. Crianças que não têm certeza do amor de seus pais desenvolvem uma fome voraz por isso. Esse amor condicional é como um ácido que dissolve os critérios internos dos filhos, sua capacidade de tomar suas próprias decisões sobre seus interesses, carreiras, casamentos e vida em geral.

Supõe-se que o relacionamento parental seja construído sobre o amor incondicional — uma dádiva que não pode ser comprada e não pode ser conquistada. Está além da lógica da meritocracia e é o mais próximo que os humanos chegam do estado de graça. Mas nesses casos a pressão para ter sucesso no mundo de Adão I infectou uma relação que deveria estar operando por uma lógica diferente, a lógica moral de Adão II. O resultado é um buraco no coração de muitas crianças nesta sociedade.

A Era da Selfie

ESSE AMBIENTE CULTURAL, TECNOLÓGICO E MERITOCRÁTICO NÃO NOS transformou em uma raça de bárbaros depravados. Mas nos tornou menos articulados moralmente. Muitos de nós temos instintos sobre o certo e o errado, sobre como a bondade e o caráter são construídos, mas tudo é confuso. Muitos de nós não têm uma ideia clara de como construir o caráter, nenhuma maneira rigorosa de pensar sobre essas coisas. Somos claros sobre coisas externas e profissionais, mas pouco claros sobre questões internas e morais. O que os vitorianos foram para o sexo, somos para a moralidade: tudo está coberto de eufemismo.

Essa mudança na cultura nos mudou. Em primeiro lugar, nos tornou um pouco mais materialistas. Os estudantes universitários dizem

O GRANDE EU   265

agora que dão mais valor ao dinheiro e ao sucesso profissional. Todos os anos, pesquisadores da UCLA entrevistam uma amostra nacional de calouros universitários para avaliar seus valores e o que eles querem da vida. Em 1966, 80% dos calouros disseram estar fortemente motivados a desenvolver uma filosofia de vida significativa. Hoje, menos da metade deles diz isso. Em 1966, 42% disseram que enriquecer era um importante objetivo de vida. Em 1990, 74% concordaram com essa afirmação. A segurança financeira, antes vista como um valor mediano, está agora vinculada ao objetivo principal dos estudantes. Em 1966, em outras palavras, os estudantes sentiam que era importante pelo menos se apresentar como pessoas filosóficas e orientadas pelo significado. Em 1990, eles já não sentiam a necessidade de se apresentar dessa maneira. Acharam perfeitamente aceitável dizer que estavam interessados principalmente em dinheiro.[21]

Nós vivemos em uma sociedade mais individualista. Se você acreditar humildemente que não é individualmente forte o suficiente para derrotar suas próprias fraquezas, sabe que precisará depender de uma assistência redentora externa. Mas se acredita orgulhosamente que as respostas mais verdadeiras podem ser encontradas no seu verdadeiro eu, a voz interior, então é menos provável que se envolva com os outros. Sem dúvida, tem havido um constante declínio na intimidade. Décadas atrás, as pessoas costumavam dizer aos pesquisadores que tinham quatro ou cinco amigos próximos, pessoas a quem podiam contar tudo. Agora, a resposta comum é dois ou três, e o número de pessoas sem confidentes dobrou. Trinta e cinco por cento dos adultos mais velhos relatam ser cronicamente solitários; há uma década esse número era de 20%.[22] Ao mesmo tempo, a confiança social diminuiu. Pesquisas perguntam: "De um modo geral, você diria que a maioria das pessoas pode ser confiável ou que todo cuidado é pouco ao lidar com as pessoas?" No início dos anos 1960, maiorias significativas disseram que geralmente se pode confiar nas pessoas. Mas, na década de 1990, o número de pessoas que não confiam foi 20% maior do que o das que confiam, e essas margens aumentaram nos anos seguintes.[23]

As pessoas tornaram-se menos empáticas — ou pelo menos demonstram menos empatia na forma como se descrevem. Um estudo da Universidade de Michigan descobriu que os estudantes universitários de hoje pontuam 40% menos que seus antecessores na década de 1970 em sua capacidade de entender o que a outra pessoa está sentindo. A maior queda ocorreu nos anos posteriores a 2000.[24]

A linguagem social também ficou desmoralizada. Os n-gramas do Google mostram o uso de palavras na mídia. O Google examina o conteúdo de livros e publicações que remontam a décadas. Você pode digitar uma palavra e ver, ao longo dos anos, quais palavras foram usadas com mais e com menos frequência. Nas últimas décadas tem havido um forte aumento no uso de palavras e frases individualistas como "eu" e "personalizado", "eu venho primeiro" e "eu posso fazer isso sozinho", e um declínio acentuado de palavras comunitárias como "comunidade", "compartilhar", "unido" e "bem comum".[25] O uso de palavras relacionadas à economia e negócios aumentou, enquanto a linguagem da moralidade e construção de caráter está em declínio.[26] O uso de palavras como "caráter", "consciência" e "virtude" declinou ao longo do século XX.[27] O uso da palavra "bravura" diminuiu em 66% ao longo do século XX. "Gratidão" caiu 49%. "Humildade", 52% e "bondade", 56%.

Essa diminuição do léxico de Adão II contribuiu ainda mais para a falta de articulação moral. Nesta era de autonomia moral, cada indivíduo é instruído a apresentar sua própria visão de mundo. Se seu nome é Aristóteles, talvez você possa fazer isso. Mas, se não for, provavelmente não. Para o seu livro de 2011, *Lost in Transition* ["Perdido na Transição", em tradução livre], Christian Smith, da Universidade Notre Dame, estudou a vida moral dos estudantes universitários norte-americanos. Ele pediu que descrevessem um dilema moral que enfrentaram recentemente. Dois terços dos jovens não conseguiram descrever um problema moral ou descreveram problemas que não envolviam questões morais. Por exemplo, um deles disse que seu dilema moral mais recente surgiu quando ele estacionou em um espaço de estacionamento e não tinha moedas suficientes para o parquímetro.

"A maioria deles não pensou anteriormente ou pensou muito pouco nos tipos de perguntas sobre moralidade que foram feitas", escreveram Smith e seus coautores. Não entendiam que um dilema moral surge quando dois valores morais legítimos se chocam. Sua posição-padrão era que as escolhas morais são apenas uma questão de como se sentiam, se despertava ou não uma emoção confortável. Um dos alunos deu esta resposta bem típica: "Bem, acho que o que torna algo certo é o modo como me sinto a respeito. Mas pessoas diferentes se sentem de maneiras diferentes, então eu não posso falar em nome de outra pessoa sobre o que é certo ou errado."[28]

Se você acredita que o oráculo supremo é o Eu Verdadeiro interior, então, é claro, você se torna emotivista — faz julgamentos morais com base nos sentimentos que surgem. Então, com isso, acaba se tornando um relativista. Um Eu Verdadeiro não tem base para julgar ou argumentar com outro Eu Verdadeiro. Naturalmente, isso faz com que se torne um individualista, já que o árbitro final é o seu eu autêntico interno e não qualquer padrão comunitário ou perspectiva de significado externo. Você perde o contato com o vocabulário moral necessário para pensar sobre essas questões. Assim, a vida interior se torna mais nivelada — em vez de inspirar picos e abismos desesperadores, a tomada de decisões éticas é apenas uma suave caminhada, nada para se preocupar.

O espaço mental outrora ocupado pela luta moral tornou-se gradualmente ocupado pela luta para a realização. A moralidade foi substituída pela utilidade. Adão II foi substituído por Adão I.

A Vida Errada

EM 1886, LEON TOLSTÓI PUBLICOU *A MORTE DE IVAN ILITCH*, SEU FAMOSO ROmance. O personagem central é um advogado e magistrado de sucesso que um dia está pendurando cortinas em sua nova casa chique quando cai desajeitadamente para o lado. A princípio, não acha nada demais, mas depois surge um gosto estranho em sua boca e ele adoece. Por fim, percebe que aos 45 anos está morrendo.

Ilitch vivera uma vida produtiva e ascendente. Tolstói nos diz que ele era "competente, alegre, bem-humorado e sociável, embora estrito no cumprimento do que ele considerava ser seu dever: e ele considerava seu dever o que era considerado pelos que tinham autoridade como tal".[29] Em outras palavras, ele foi um produto de sucesso do sistema moral e status social de seu tempo. Tinha um bom emprego e boa reputação. Seu casamento era frio, mas ele passava menos tempo com sua família e considerava isso normal.

Ilitch tenta voltar ao seu antigo modo de pensar, mas a presença apressada da morte lança novos pensamentos em sua cabeça. Ele pensa em sua infância com carinho especial, mas quanto mais pensa sobre sua vida adulta, menos satisfatória lhe parece. Seu casamento foi quase um acidente. Viveu preocupado com dinheiro ano após ano. Seus triunfos na carreira agora pareciam triviais.

"Talvez eu não tenha vivido como deveria?", de repente se pergunta.[30]

A história toda se desenrola em cima de noções de altos e baixos. Quanto mais alto alcança externamente, mais afunda internamente. Ele começa a considerar a vida que levara como "uma pedra despencando em velocidade crescente".[31]

Percebe que sentiu pequenos impulsos perceptíveis de lutar contra o que era considerado bom e apropriado pela sociedade. Mas na verdade não lhes atendera. Notava agora que "seus deveres profissionais e todo o arranjo de sua vida e de sua família, e todos os seus interesses sociais e oficiais podem ter sido todos falsos. Tentou defender essas coisas para si mesmo e de repente sentiu a fraqueza do que estava defendendo. Não havia nada para defender".[32]

Tolstói provavelmente exagera ao renegar a vida de Adão I de Ivan. Não tinha sido tudo falso e sem valor. Mas ele pinta de maneira incisiva o retrato de um homem sem um mundo interior até a ocasião de sua morte. Nessas horas finais, o homem finalmente tem um vislumbre do que deveria saber desde sempre: "Ele caiu no buraco e lá no fundo havia uma luz... Naquele exato momento Ivan Ilitch despencou e avistou a luz, e foi revelado a ele que, embora sua vida não tivesse sido o que deveria ter sido, isso ainda poderia ser corrigido. Ele perguntou a si mesmo: 'Qual é a coisa certa?' e ficou parado, escutando."

Muitos de nós estão na posição de Ivan Ilitch, reconhecendo que o sistema social do qual fazemos parte nos leva a viver uma espécie de vida externa insuficiente. Mas temos o que Ilitch não tinha: tempo para corrigi-la. A questão é saber como.

A resposta deve ser posicionar-se contra, pelo menos em parte, os ventos dominantes da cultura. A resposta deve ser juntar-se a uma contracultura. Para viver uma vida decente, para edificar a alma, é provavelmente necessário declarar que as forças que encorajam o Grande Eu, embora necessárias e libertadoras de muitas maneiras, foram longe demais. Estamos desequilibrados. É provavelmente necessário ter um pé no mundo da conquista, mas outro em uma contracultura que está em tensão com o *éthos* da conquista. É provavelmente necessário reafirmar o equilíbrio entre Adão I e Adão II e entender, ao menos, que Adão II é mais importante que Adão I.

O Código de Humildade

CADA SOCIEDADE CRIA SEU PRÓPRIO SISTEMA MORAL. UM SISTEMA MOral é um conjunto de normas, suposições, crenças e hábitos de comportamento, e um conjunto institucionalizado de demandas morais que emergem organicamente. Nosso sistema moral nos encoraja a ser um certo tipo de pessoa. Quando você se comporta de maneira consistente com o sistema moral de sua sociedade as pessoas sorriem para você, e isso serve de encorajamento a continuar agindo dessa maneira. O sistema moral de um dado momento nunca é unânime; sempre há rebeldes, críticos e forasteiros. Mas cada ambiente moral é uma resposta coletiva aos problemas do momento e molda as pessoas que vivem nele.

Nas últimas décadas, construímos um sistema moral em torno do Grande Eu, em torno da crença de que temos um Ser Dourado dentro de nós. Isso levou a um aumento do narcisismo e da autoexaltação. E nos encorajou a focar o lado externo de Adão I de nossas naturezas e ignorar o mundo interior de Adão II.

Para restaurar o equilíbrio, redescobrir Adão II e cultivar as virtudes de obituário, provavelmente, é necessário reviver e seguir o que deixamos acidentalmente para trás: a contratradição do realismo moral, ou o que venho chamando de escola da madeira torta. Certamente, é necessário construir um sistema moral baseado nas ideias dessa escola, para seguir suas respostas às questões mais importantes: Em direção a que devo orientar minha vida? Quem sou eu e qual é a minha natureza? Como moldar minha natureza para melhorar gradualmente a cada dia? Quais são as virtudes mais importantes para cultivar e que fraquezas devo temer mais? Como posso educar meus filhos com um verdadeiro senso de quem são e um conjunto prático de ideias sobre como percorrer a longa estrada para o caráter?

Até agora, as proposições que definem a tradição da madeira torta foram espalhadas pelos muitos capítulos que compõem este livro. Achei que seria útil reuni-las e recapitulá-las em uma lista, ainda que a apresentação na forma de lista numerada tenda a simplificá-las e fazê-las parecer mais banais do que de fato são. Juntas, essas proposições formam um Código de Humildade, uma imagem coerente de pelo quê e como devemos viver. Estas são as proposições gerais que formam este Código de Humildade:

1. Nós não vivemos para a felicidade, vivemos para a santidade. Dia após dia buscamos o prazer, mas, no fundo, os seres humanos são dotados de imaginação moral. Todos nós procuramos levar vidas não apenas de prazer, mas de propósito, justiça e virtude. Como disse John Stuart Mill, as pessoas têm a responsabilidade de se tornar mais morais com o tempo. A melhor vida é a orientada em torno da crescente excelência da alma e é nutrida pela alegria moral, o sentimento silencioso de gratidão e tranquilidade que vem como um subproduto da luta moral bem-sucedida. A vida significativa é a mesma coisa eternamente, a combinação de algum conjunto de ideais e a luta de alguns homens ou mulheres por esses ideais. A vida é essencialmente um drama moral, não um drama hedonista.

2. A proposição 1 define o objetivo da vida. A longa estrada para o caráter começa com uma compreensão precisa de nossa natureza, e o cerne desse entendimento é que somos criaturas defeituosas. Temos uma tendência inata ao egoísmo e ao excesso de confiança. Temos a tendência de nos vermos como o centro do Universo, como se tudo girasse em torno de nós. Resolvemos fazer uma coisa, mas acabamos fazendo o oposto. Sabemos o que é profundo e importante na vida, mas ainda perseguimos coisas vãs e superficiais. Além disso, superestimamos nossa própria força e racionalizamos nossos fracassos. Nós sabemos menos do que achamos que sabemos. Cedemos aos desejos de curto prazo mesmo quando sabemos que não devemos. Imaginamos que as necessidades espirituais e morais podem ser resolvidas com status e coisas materiais.

3. Apesar de sermos criaturas defeituosas, também somos esplendidamente dotados. Estamos divididos dentro de nós mesmos; ao mesmo tempo em que somos falhos, temos muitos dons. Nós pecamos, mas também temos a capacidade de reconhecer, sentir vergonha e derrotar o pecado. Somos ao mesmo tempo fracos e fortes, submissos e livres, cegos e perspicazes. Assim, temos a capacidade de lutar contra nós mesmos. Há algo de heroico em uma pessoa em luta consigo mesma, exaurida pela dor da consciência, atormentada e ainda assim permanecendo viva e fortalecen-

do-se, sacrificando um sucesso mundano em prol de uma vitória interior.

4. Na luta contra sua própria fraqueza, a humildade é a maior virtude. Humildade é ter uma avaliação precisa de sua própria natureza e de seu lugar no cosmos. A humildade é a consciência de que você está fadado a fracassar na luta contra sua própria fraqueza. A humildade é a consciência de que seus talentos individuais são inadequados para as tarefas que lhe foram atribuídas. A humildade lembra que você não é o centro do Universo e que serve a uma ordem maior.

5. O orgulho é o principal vício. Ele é um defeito no aparato sensorial. O orgulho nos cega para a realidade de nossa natureza dividida. Ele nos cega para nossas próprias fraquezas e nos leva a pensar que somos melhores do que somos. O orgulho nos deixa mais certos e intransigentes do que deveríamos ser. O orgulho dificulta que sejamos vulneráveis diante daqueles cujo amor precisamos. O orgulho possibilita a frieza e a crueldade. Por causa dele, tentamos provar que somos melhores do que aqueles que nos rodeiam. Ele nos ilude a pensar que somos os autores de nossas próprias vidas.

6. Uma vez satisfeitas as necessidades de sobrevivência, a luta contra o pecado e pela virtude é o drama central da vida. Nenhum conflito externo é tão consequente ou tão dramático quanto a campanha interna contra nossas próprias deficiências. Essa luta contra, digamos, o egoísmo, o preconceito ou a insegurança dá sentido e forma à vida. É mais importante que a jornada externa na escalada do sucesso. Essa luta contra o pecado é o grande desafio, para que a vida não seja fútil ou incoerente. É possível lutar essa batalha bem ou mal, carrancudo ou com o espírito alegre. Combater as fraquezas geralmente significa escolher quais partes de você desenvolver e quais não. O propósito da luta contra o pecado e a fraqueza não é "vencer", porque isso não é possível; é se tornar melhor em combatê-los. Não importa se você trabalha em um fundo hedge ou em uma instituição de caridade que serve os pobres. Há heróis e imbecis nos dois mundos. O mais importante é se você está disposto a se engajar nessa luta.

7. O caráter é construído no curso do seu confronto interno. Caráter é um conjunto de disposições, desejos e hábitos que são gravados lentamente durante a luta contra suas próprias fraquezas. Você se torna mais disciplinado, atencioso e amoroso ao longo de mil pequenos atos de autocontrole, partilha, serviço, amizade e refinada satisfação. Se você faz escolhas disciplinadas e carinhosas, está gravando lentamente certas tendências em sua mente. Você está aumentando a probabilidade de desejar as coisas certas e executar as ações adequadas. Se faz escolhas egoístas, cruéis ou desorganizadas, então você está lentamente transformando sua essência em algo deteriorado, inconstante ou fragmentado. Você pode deteriorar essa essência com simples pensamentos sórdidos, mesmo que não esteja prejudicando ninguém. Essa mesma essência pode ser aprimorada por um ato de restrição que ninguém vê. Se você não desenvolver um caráter coerente dessa maneira, a vida se desintegrará mais cedo ou mais tarde. Você se tornará escravo de suas paixões. Mas, se conseguir se comportar com autodisciplina habitual, se tornará constante e confiável.

8. As coisas que nos desviam do caminho são de curto prazo — luxúria, medo, vaidade, gula. As coisas que chamamos de caráter perduram em longo prazo — coragem, honestidade, humildade. As pessoas com caráter são capazes de uma longa obediência na mesma direção, de se apegarem às pessoas, às causas e aos chamados consistentemente pelos altos e baixos da vida. Pessoas com caráter também têm um âmbito de atuação. Elas não são infinitamente flexíveis, livres e solitárias. Estão ancoradas por apegos permanentes a coisas importantes. No reino do intelecto, elas têm um conjunto de convicções permanentes sobre as verdades fundamentais. No reino da emoção, elas estão enredadas em uma teia de amores incondicionais. No âmbito da ação, elas têm um compromisso permanente com tarefas que não podem ser concluídas em uma única vida.

9. Nenhuma pessoa pode conseguir autodomínio por conta própria. A vontade individual, a razão, a compaixão e o caráter não são suficientemente fortes para derrotar consistentemente o egoísmo, o orgulho, a ganância e a autoilusão.

Todos precisam de uma assistência redentora externa — de Deus, da família, dos amigos, dos ancestrais, de regras, tradições, instituições e exemplos. Se quiser prosperar na batalha contra você mesmo, é preciso se colocar em um estado de afeição. Você terá que contar com uma força externa para lidar com as internas. Tem que se inspirar em uma tradição cultural que disciplina o coração, que incentiva certos valores, que nos ensina o que sentir em certas circunstâncias. Nós travamos nossas lutas em conjunto com outros que travam as próprias batalhas, e as fronteiras entre nós são indistintas.

10. Todos nós somos finalmente salvos pela graça. A luta contra as fraquezas geralmente assume a forma de um U. Você está vivendo a sua vida e, em seguida, sai dos trilhos — seja por um amor irresistível, um fracasso, doença, perda de emprego ou reviravolta do destino. A forma é avanço-recuo-avanço. No recuo, você admite sua necessidade e abdica de sua coroa. Abre um espaço que os outros podem preencher. E a graça o inunda. Ela pode vir na forma de amor de amigos e familiares, na assistência de um estranho inesperado ou de Deus. Mas a mensagem é a mesma. Você é aceito. Você não está à deriva em desespero, porque há mãos para segurá-lo. Não precisa mais lutar por seu espaço, porque você é acolhido e aceito. Você só precisa aceitar o fato de que é aceito. A gratidão inunda a alma e, com ela, o desejo de servir e retribuir.

11. Derrotar as fraquezas frequentemente significa aquietar o eu. Apenas aquietando o eu, silenciando o próprio ego, você consegue ver o mundo claramente. Somente aquietando o eu, consegue se abrir às fontes externas das forças de que precisará. Somente acalmando o ego sensível, pode reagir com equilíbrio aos altos e baixos da batalha. A luta contra as fraquezas exige, portanto, os hábitos de abnegação — reticência, modéstia, obediência a alguma coisa maior — e uma capacidade de reverência e admiração.

12. A sabedoria começa com a modéstia epistemológica. O mundo é incomensuravelmente complexo e o estoque particular de razão é pequeno. Geralmente não somos capazes de entender a complexa teia de causas que conduzem os

eventos. Não somos capazes nem de captar as profundezas inconscientes de nossas próprias mentes. Devemos ser céticos em relação ao raciocínio abstrato ou tentar aplicar regras universais em diferentes contextos. Mas, ao longo dos séculos, nossos ancestrais construíram um banco geral de sabedoria prática, tradições, hábitos, posturas, sentimentos morais e práticas. A pessoa humilde tem assim uma consciência histórica aguda. Ela é a grata herdeira da sabedoria tácita de sua espécie, da gramática da conduta e do estoque de sentimentos não aprendidos que estão prontos para uso em caso de emergência, que oferecem dicas práticas sobre como se comportar em diferentes situações, e que encorajam hábitos que são coerentes com as virtudes. A pessoa humilde entende que a experiência é uma professora melhor que a razão pura. Ela entende que sabedoria não é conhecimento. A sabedoria surge de uma coleção de virtudes intelectuais. É saber como se comportar quando falta conhecimento perfeito.

13. Nenhuma boa vida é possível a menos que seja organizada em torno de uma vocação. Se você tentar usar seu trabalho para servir a si mesmo, verá que suas ambições e expectativas continuarão a aumentar e você nunca ficará satisfeito. Se você tentar servir à comunidade, sempre se perguntará se as pessoas o apreciam o suficiente. Mas, se servir ao trabalho que é intrinsecamente atraente e focar apenas a excelência, acabará servindo a si mesmo e à comunidade de forma oblíqua. Uma vocação não é encontrada olhando para dentro e encontrando sua paixão. É descoberta quando se olha para fora e se pergunta o que a vida está pedindo de nós. Qual problema é enfrentado por uma atividade que você gosta intrinsecamente?

14. O melhor líder tenta liderar a natureza humana em vez de ir contra ela. Ele percebe que, como as pessoas que lidera, é provável que seja às vezes egoísta, tacanho e autoenganador. Portanto, ele prefere arranjos medíocres e constantes àqueles sublimes e heroicos. Enquanto os alicerces de uma instituição forem sólidos, ele prefere uma mudança constante, gradual e incremental à mudança radical e repentina. Ele entende que a vida pública é uma disputa entre verdades

parciais e legítimos interesses contraditórios. O objetivo da liderança é encontrar um equilíbrio justo entre valores e objetivos concorrentes. Ele procura ser um aparador, se inclinar para um lado ou para o outro à medida que as circunstâncias mudam, a fim de manter o barco em constante movimento. Ele entende que na política e nos negócios os vales são mais baixos do que os ápices são altos. O risco negativo causado por más decisões é maior do que os benefícios positivos que surgem das boas. Portanto, o líder sábio é um administrador de sua organização e tenta transmiti-la em condições ligeiramente melhores do que as que encontrou.

15. A pessoa que luta com sucesso contra as fraquezas e o pecado pode ou não se tornar rica e famosa, mas se tornará madura. A maturidade não é baseada no talento ou em qualquer um dos dons mentais ou físicos que o ajudam a fazer um teste de QI, correr rápido ou se movimentar graciosamente. Não é comparativa. Ela não é conquistada por você ser melhor que outras pessoas em alguma coisa, mas por ser melhor do que costumava ser. É obtida por ser confiável em momentos de provação, correto em tempos de tentação. A maturidade não resplandece. Não é formada das características que transformam as pessoas em celebridades. Uma pessoa madura possui uma unidade estabelecida de propósito. Ela passou da fragmentação para a centralidade, alcançou um estado no qual a inquietação acabou, a confusão sobre o significado e o propósito da vida se acalmou. A pessoa madura pode tomar decisões sem depender das reações negativas e positivas de admiradores ou detratores, porque ela tem critérios sólidos para determinar o que é certo. Essa pessoa já disse milhares de "não" pelo bem de alguns poucos impressionantes "sim".

Modos de Vida

OS PERSONAGENS NESTE LIVRO SEGUIRAM MUITOS CURSOS DIFERENTES e tinham traços muito diferentes. Alguns, como Agostinho e Johnson, eram bastante introspectivos. Outros, como Eisenhower e Randolph, não. Alguns, como Perkins, estavam dispostos a sujar as mãos na política para fazer as coisas acontecerem. Outros, como Day, queriam não apenas fazer o bem, mas ser bons, viver uma vida que fosse o mais pura possível. Alguns desses personagens, como Johnson e Day, eram muito rigorosos consigo mesmos. Eles sentiram a necessidade de combater arduamente suas próprias fraquezas. Outros, como Montaigne, aceitaram a si mesmos e tiveram uma atitude mais leve e relaxada em relação à vida, confiando na natureza para cuidar dos problemas essenciais. Alguns, como Ida Eisenhower, Philip Randolph e Perkins, eram pessoas reservadas, um pouco distantes e emocionalmente reticentes. Outros, como Agostinho e Rustin, se expuseram emocionalmente. Alguns, como Day, foram salvos pela religião, enquanto outros, como Eliot, foram prejudicados pela religião ou, como Marshall, não eram religiosos. Alguns, como Agostinho, renderam-se à ação e deixaram a graça os inundar. Outros, como Johnson, assumiram o controle da vida e construíram sua alma com esforço.

Mesmo dentro da tradição do realismo moral, existem muitas diferenças de temperamento, técnica, tática e gosto. Duas pessoas adeptas da visão da "madeira torta" podem abordar questões específicas de maneiras diferentes. Você deve permanecer em seu sofrimento ou seguir em frente o mais rápido possível? Deve manter um diário para maximizar a autoconsciência, ou isso apenas leva a um constrangimento paralisante e à autoindulgência? Você deve ser reticente ou expressivo? Deve controlar sua própria vida ou entregá-la à graça de Deus?

Mesmo dentro do mesmo sistema moral, há muito espaço para cada pessoa traçar um caminho único. Mas cada uma das vidas neste livro começou com uma profunda vulnerabilidade e empreendeu um esforço vitalício para transcendê-la. Johnson estava fragmentado e devastado. Rustin era vazio e promíscuo. Marshall era um garoto medroso. Eliot era desesperada por afeto. E, no entanto, cada pessoa foi redimida por essa fraqueza. Cada um deles lutou contra essa fraqueza e a usou para desenvolver uma força maravilhosa. Eles percorreram o vale da humildade a fim de ascender às alturas da tranquilidade e do respeito próprio.

Trôpegos

A BOA NOTÍCIA DESTE LIVRO É QUE NÃO HÁ PROBLEMA EM SER FALHO, pois todos somos. O pecado e a limitação estão entrelaçados em nossas vidas. Somos todos trôpegos, e a beleza e o sentido da vida estão nos tropeços — em reconhecer os tropeços e tentar se tornar mais gracioso com o passar dos anos.

O trôpego tateia pela vida, um pouco desequilibrado aqui e ali, às vezes balançando, às vezes caindo de joelhos. Mas o trôpego enfrenta sua natureza imperfeita, seus erros e fraquezas, com honestidade descomunal, com o oposto de escrúpulos. Às vezes, ele se envergonha das perversidades em sua natureza — do egoísmo, da autoilusão, do desejo ocasional de colocar amores inferiores acima dos superiores.

Mas a humildade oferece autoconhecimento. Quando reconhecemos que fizemos besteira e sentimos a gravidade de nossas limitações, nos achamos desafiados e afrontados por um inimigo sério a ser superado e transcendido.

O trôpego se torna íntegro por essa luta. Cada fraqueza se torna uma chance de empreender uma campanha que organiza e dá sentido à vida, e faz de você uma pessoa melhor. Nós nos apoiamos mutuamente enquanto lutamos contra o pecado. Dependemos uns dos outros para o perdão do pecado. O trôpego está de braço estendido, pronto para receber e oferecer cuidado. Ele é vulnerável o suficiente para precisar de carinho e é generoso o suficiente para oferecer carinho em plena capacidade. Se não tivéssemos pecado, poderíamos ser solitários Atlas, mas o trôpego requer uma comunidade. Seus amigos estão lá prontos para oferecer conversas e conselhos. Seus ancestrais legaram-lhe diversos modelos que agora ele pode imitar e se comparar.

Da pequenez de sua própria vida, o trôpego se compromete com ideias e crenças mais nobres do que qualquer indivíduo jamais poderia. Nem sempre vive conforme suas convicções ou segue suas resoluções. Mas se arrepende e é redimido e tenta novamente, um processo que dá dignidade ao seu fracasso. As vitórias seguem o mesmo arco: da derrota ao reconhecimento e à redenção. Desce ao vale da visão e depois sobe às montanhas do apego. O caminho humilde para uma vida bela.

Cada luta deixa um resíduo. Uma pessoa que passou por essas lutas parece mais substancial e profunda. E por uma alquimia mágica, essas vitórias transformam a fraqueza em alegria. O trôpego não tem como objetivo a alegria. A alegria é um subproduto experimentado por pessoas que almejam alguma outra coisa. Mas ela vem.

Há alegria em uma vida cheia de interdependência com os outros, em uma vida repleta de gratidão, reverência e admiração. Há alegria na obediência livremente escolhida às pessoas, ideias e comprometimentos maiores do que a si mesmo. Há alegria nesse sentimento de aceitação, o conhecimento de que, embora você não mereça o amor deles, os outros o amam; eles o admitiram em suas vidas. Há uma alegria estética que sentimos na ação moralmente boa, o que faz com que todas as outras alegrias pareçam insignificantes e fáceis de abandonar.

As pessoas melhoram em viver, pelo menos se estiverem dispostas a se humilhar e aprender. Com o passar do tempo, elas tropeçam menos e acabam conseguindo momentos de catarse quando a ambição externa entra em equilíbrio com a aspiração interior, quando há uma unidade de esforço entre Adão I e Adão II, quando há a suprema tranquilidade e esse sentimento de fluxo — quando a natureza moral e as habilidades externas estão unidas em um esforço definidor.

A alegria não é produzida porque os outros o exaltam. A alegria emana ilimitada e espontaneamente. A alegria vem como um presente quando você menos espera. Nesses momentos fugazes, você sabe por que foi colocado aqui e a que verdade serve. Pode não sentir a vertigem, pode não ouvir o crescendo delirante da orquestra ou ver flashes carmesim e ouro, mas você sentirá uma satisfação, um silêncio, uma paz — uma quietude. Esses momentos são as bênçãos e os sinais de uma vida bela.

NOTAS

CAPÍTULO 1: A MUDANÇA

1. Wilfred M. McClay, *The Masterless: Self and society in modern America* (University of North Carolina Press, 1993), 226.
2. Alonzo L. Hamby, "A Wartime Consigliere", revisão de David L. Roll, *The Hopkins Touch: Harry Hopkins and the forging of the alliance to defeat Hitler* (Oxford University Press, 2012), *Wall Street Journal,* 29 de dezembro de 2012.
3. David Frum, *How We Got Here: The 70's, the decade that brought you modern life (for better or worse)* (Basic Books, 2000), 103.
4. Jean M. Twenge e W. Keith Campbell, *The Narcissism Epidemic: Living in the age of entitlement* (Simon & Schuster, 2009), 13.
5. "How Young People View Their Lives, Futures and Politics: A portrait of 'generation next'". The Pew Research Center For The People & The Press (9 de janeiro de 2007).
6. Elizabeth Gilbert, *Eat, Pray, Love: One woman's search for everything* (Penguin, 2006), 64. Publicado no Brasil com o título *Comer, Rezar, Amar.*
7. James Davison Hunter, *The Death of Character: Moral education in an age without good or evil* (Basic Books, 2000), 103.
8. Twenge e Campbell, *Narcissism,* 248.
9. C. J. Mahaney, *Humility: True greatness* (Multnomah, 2005), 70. Publicado no Brasil com o título *Humildade: Verdadeira grandeza.*
10. Daniel Kahneman, *Thinking, Fast and Slow* (Farrar, Straus and Giroux, 2011), 201. Publicado no Brasil com o título *Rápido e Devagar: Duas formas de pensar.*
11. Harry Emerson Fosdick, *On Being a Real Person* (Harper and Brothers, 1943), 25.
12. Thomas Merton, *The Seven Storey Mountain* (Harcourt, 1998), 92. Publicado no Brasil com o título *A Montanha dos Sete Patamares.*
13. Henry Fairlie, *The Seven Deadly Sins Today* (New Republic Books, 1978), 30.

CAPÍTULO 2: A EVOCAÇÃO DO EU

1. David Von Drehle, *Triangle: The fire that changed America* (Atlantic Monthly Press, 2003), 195.
2. Frances Perkins, "The Triangle Factory Fire", aula, arquivos online da Universidade de Cornell. http://trianglefire.ilr.cornell.edu/primary/lectures/francesperkinslecture.html.

3. Von Drehle, *Triangle*, 158.

4. George Martin, *Madam Secretary: Frances Perkins; a biography of America's first woman cabinet member* (Houghton Mifflin, 1976), 85.

5. Von Drehle, *Triangle: The fire that changed America* (Atlantic Monthly Press, 2003), 138.

6. Ibidem, 130.

7. Ibidem, 152.

8. Ibidem, 146.

9. Perkins, "Triangle Fire", aula.

10. Naomi Pasachoff, *Frances Perkins: Champion of the new deal* (Oxford University Press, 1999), 30.

11. Viktor Frankl, *Man's Search for Meaning* (Beacon, 1992), 85. Publicado no Brasil com o título *Em Busca de Sentido*.

12. Ibidem, 99.

13. Ibidem, 104.

14. Ibidem, 98.

15. Mark R. Schwehn e Dorothy C. Bass, eds., *Leading Lives That Matter: What we should do and who we should be* (Eerdmans, 2006), 35.

16. Kirstin Downey, *The Woman Behind the New Deal: The life of Frances Perkins, FDR's secretary of labor and his moral conscience* (Nan Talese, 2008), 8.

17. Ibidem, 5.

18. Martin, *Madam Secretary*, 50.

19. David Hackett Fischer, *Albion's Seed: Four british folkways in America* (Oxford, 1989), 895.

20. Lillian G. Paschal, "Hazing in Girls' Colleges", *Household Ledger*, 1905.

21. Martin, *Madam Secretary*, 46.

22. Russell Lord, "Madam Secretary", *New Yorker*, 2 de setembro de 1933.

23. Mary E. Woolley, "Values of College Training for Women", *Harper's Bazaar*, setembro de 1904.

24. Martin, *Madam Secretary*, 51.

25. Jane Addams, *Twenty Years at Hull House: With autobiographical notes* (University of Illinois, 1990), 71.

26. Ibidem, 94.

27. Frances Perkins, "My Recollections of Florence Kelley", *Social Service Review*, vol. 28, nº 1 (março de 1954), 12.

28. Martin, *Madam Secretary*, 146.

29. Kirstin Downey, *The Woman Behind the New Deal: The life of Frances Perkins, FDR's secretary of labor and his moral conscience* (Nan Talese, 2008), 42.

30. Ibidem, 42.

31. Martin, *Madam Secretary*, 98.

32. Downey, *Woman Behind the New Deal*, 56.

33. Martin, *Madam Secretary*, 125.

34. Downey, *Woman Behind the New Deal*, 66.

35. George Martin, *Madam Secretary: Frances Perkins; a biography of America's first woman cabinet member* (Houghton Mifflin, 1976), 232.

36. Ibidem, 136.

37. Downey, *Woman Behind the New Deal*, 317.

38. Frances Perkins, *The Roosevelt I Knew* (Penguin, 2011), 29.

39. Ibidem, 45.

40. George Martin, *Madam Secretary: Frances Perkins; a biography of America's first woman cabinet member* (Houghton Mifflin, 1976), 206.

41. Ibidem, 206.

42. Ibidem, 236.

43. Ibidem, 237.

44. Perkins, *Roosevelt I Knew*, 156.

45. Kirstin Downey, *The Woman Behind the New Deal: The life of Frances Perkins, FDR's secretary of labor and his moral conscience* (Nan Talese, 2008), 284.

46. Ibidem, 279.

47. Martin, *Madam Secretary*, 281.

48. Downey, *Woman Behind the New Deal*, 384.

49. Christopher Breiseth, "The Frances Perkins I Knew", ensaio, Franklin D. Roosevelt American Heritage Center Museum (Worcester, MA).

50. Martin, *Madam Secretary*. 485.

51. Reinhold Niebuhr, *The Irony of American History* (University of Chicago Press, 2008), 63.

CAPÍTULO 3: AUTOCONTROLE

1. *The Eisenhower Legacy: Discussions of presidential leadership* (Bartleby Press, 1992), 21.

2. Jean Edward Smith, *Eisenhower in War and Peace* (Nova York: Random House, 2012), 7.

3. Smith, *Eisenhower in War and Peace*, 8.

4. Mark Perry, *Partners in Command: George Marshall and Dwight Eisenhower in war and peace* (Penguin, 2007), 68.

5. Dwight D. Eisenhower, *At Ease: Stories I tell to friends* (Doubleday, 1967), 76.

6. Ibidem, 31.

7. Smith, *Eisenhower in War and Peace*, 59.

8. Eisenhower, *At Ease*, 52.

9. Anthony T. Kronman, *The Lost Lawyer: Failing ideals of the legal profession* (Harvard University Press, 1995), 16.

10. Smith, *Eisenhower in War and Peace*, 59.

11. Evan Thomas, *Ike's Bluff: President Eisenhower's secret battle to save the world* (Little, Brown, 2012), 27.

12. Ibidem, *Ike's Bluff*, 27.

13. Paul F. Boller, Jr., *Presidential Anecdotes* (Oxford University Press, 1996), 292; Robert J. Donovan, *Eisenhower: The inside story* (Nova York: Harper and Brothers, 1956), 7.

14. Thomas, *Ike's Bluff*, 33.

15. Discurso do Estado da União, Washington, D. C., 10 de janeiro de 1957.

16. Thomas, *Ike's Bluff*, 30.

17. Fred Greenstein, *The Presidential Difference: Leadership style from Roosevelt to Clinton* (Free Press, 2000), 49.

18. Stephen E. Ambrose, *Eisenhower: Soldier and president* (Simon and Schuster, 1990), 65.

19. Smith, *Eisenhower in War and Peace*, 19.

20. Smith, *Eisenhower in War and Peace*, 48.

21. Eisenhower, *At Ease*, 155.

22. Eisenhower, *At Ease*, 135

23. William Lee Miller, *Two Americans: Truman, Eisenhower, and a dangerous world* (Vintage, 2012), 78.

24. Thomas, *Ike's Bluff*, 26; John S. D. Eisenhower, *Strictly Personal* (Doubleday, 1974), 292.

25. Jean Edward Smith, *Eisenhower in War and Peace* (Nova York: Random House, 2012), 61.

26. Ibidem, 65.

282 NOTAS

27. Dwight D. Eisenhower, *Ike's Letters to a Friend, 1941-1958* (University Press of Kansas, 1984), 4.

28. Eisenhower, *At Ease*, 193.

29. Boller, *Presidential Anecdotes*, 290.

30. Dwight D. Eisenhower, *At Ease: Stories I tell to friends* (Doubleday, 1967), 213.

31. Ibidem, 214.

32. Ibidem, 228.

33. Jean Edward Smith, *Eisenhower in War and Peace* (Nova York: Random House, 2012), 147.

34. Ibidem, 443.

35. Ambrose, *Eisenhower: Soldier and president*, 440.

36. Evan Thomas, *Ike's Bluff: President Eisenhower's secret battle to save the world* (Little, Brown, 2012), 153.

37. Ibidem, 29.

38. Citado em Steven J. Rubenzer e Thomas R. Faschingbauer, *Personality, Character, and Leadership in the White House: Psychologists assess the presidents* (Potomac Books, 2004), 147.

39. Evan Thomas, *Ike's Bluff: President Eisenhower's secret battle to save the world* (Little, Brown, 2012), introdução, 17.

40. Ibidem, 161.

41. Ibidem, 161.

42. Smith, *Eisenhower in War and Peace*, 766.

43. Eisenhower, *Ike's Letters to a Friend*, 189, 22 de julho de 1957.

CAPÍTULO 4: ESFORÇO

1. Dorothy Day, *The Long Loneliness: The autobiography of the legendary catholic social activist* (Harper, 1952), 20. Publicado no Brasil com o título *A Longa Solidão*.

2. Ibidem, 21.

3. Paul Elie, *The Life You Save May Be Your Own: An american pilgrimage* (Farrar, Straus and Giroux, 2003), 4.

4. Ibidem, 4.

5. Dorothy Day, *The Long Loneliness: The autobiography of the legendary catholic social activist* (Harper, 1952), 24. Publicado no Brasil com o título *A Longa Solidão*.

6. Ibidem, 35.

7. Elie, *Life You Save*, 16.

8. Day, *Long Loneliness*, 87.

9. Jim Forest, *All Is Grace: A biography of Dorothy Day* (Orbis Books, 2011), 47. Publicado no Brasil com o título *Tudo É Graça: A revolução de Dorothy Day*.

10. Elie, *Life You Save*, 31.

11. Jim Forest, *All Is Grace: A biography of Dorothy Day* (Orbis Books, 2011), 48. Publicado no Brasil com o título *Tudo É Graça: A revolução de Dorothy Day*.

12. Ibidem, 50.

13. Deborah Kent, *Dorothy Day: Friend to the forgotten* (Eerdmans Books, 2004), 35.

14. Dorothy Day, *The Long Loneliness: The autobiography of the legendary catholic social activist* (Harper, 1952), 79. Publicado no Brasil com o título *A Longa Solidão*.

15. Ibidem, 79.

16. Elie, *Life You Save*, 38.

17. Day, *Long Loneliness*, 60.

18. Robert Coles, *Dorothy Day: A radical devotion* (Da Capo Press, 1989), 6.

19. Elie, *Life You Save*, 45.

NOTAS 283

20. Nancy Roberts, *Dorothy Day and the Catholic Worker* (State University of New York Press, 1985), 26.

21. Forest, *All Is Grace,* 62.

22. Day, *Long Loneliness,* 141.

23. Robert Coles, *Dorothy Day: A radical devotion* (Da Capo Press, 1989), 52.

24. Ibidem, 53.

25. Robert Elsberg, ed., *All the Way to Heaven: The selected letters of Dorothy Day* (Marquette University Press, 2010), 23.

26. Roberts, *Dorothy Day,* 26.

27. Day, *Long Loneliness,* 133.

28. William Miller, *Dorothy Day: A biography* (Harper & Row, 1982), 196.

29. Day, *Long Loneliness,* 165.

30. Forest, *All Is Grace,* 61.

31. Dorothy Day, *The Duty of Delight: The diaries of Dorothy Day* (Marquette University, 2011), 519.

32. Dorothy Day, *The Long Loneliness: The autobiography of the legendary catholic social activist* (Harper, 1952), 182. Publicado no Brasil com o título *A Longa Solidão.*

33. Ibidem, 214.

34. Dorothy Day, *The Duty of Delight: The diaries of Dorothy Day* (Marquette University, 2011), 68.

35. Schwehn and Bass, eds., *Leading Lives That Matter,* 34.

36. Day, *Duty of Delight,* 42.

37. Robert Coles, *Dorothy Day: A radical devotion* (Da Capo Press, 1989), 115.

38. Ibidem, 120.

39. Day, *Long Loneliness,* 236.

40. Jim Forest, *All Is Grace: A biography of Dorothy Day* (Orbis Books, 2011), 168. Publicado no Brasil com o título *Tudo É Graça: A revolução de Dorothy Day.*

41. Ibidem, 178.

42. Ibidem, 118.

43. Dorothy Day, *The Long Loneliness: The autobiography of the legendary catholic social activist* (Harper, 1952), 243. Publicado no Brasil com o título *A Longa Solidão.*

44. Ibidem, 285.

45. Day, *Duty of Delight,* 9.

46. Rosalie Riegle Troester, *Voices from the Catholic Worker* (Temple University Press, 1993), 69.

47. Ibidem, 93.

48. Dorothy Day, *The Duty of Delight: The diaries of Dorothy Day* (Marquette University, 2011),Day, 287.

49. Ibidem, 295.

50. Coles, *Radical Devotion,* 16.

CAPÍTULO 5: AUTODOMÍNIO

1. Forrest C. Pogue, *George C. Marshall,* 4 vols. (Viking Press, 1964), vol. 1, *Education of a General, 1880-1939,* 35.

2. Ed Cray, *General of the Army: George C. Marshall, soldier and statesman* (W. W. Norton, 1990), 20.

3. Ibidem, 25.

4. William Frye, *Marshall: Citizen soldier* (Bobbs-Merrill, 1947), 32-65.

5. Forrest C. Pogue, *George C. Marshall,* 4 vols. (Viking Press, 1964), vol. 1, *Education of a General, 1880-1939,* 63.

6. Ibidem, 63.

284   NOTAS

7. Richard Livingstone, *On Education: The future in education and education for a world adrift* (Cambridge, 1954), 153.

8. James Davison Hunter, *The Death of Character: Moral education in an age without good or evil* (Basic Books, 2000), 19.

9. Leonard Mosley, *Marshall: Hero for our times* (Hearst Books, 1982), 13.

10. Ibidem, 14.

11. Ibidem, 15.

12. Frye, *Citizen Soldier*, 49.

13. David Hein, "In War for Peace: General George C. Marshall's core convictions & ethical leadership", *Touchstone*, março, 2013.

14. Leonard Mosley, *Marshall: Hero for our times* (Hearst Books, 1982), Introdução, xiv.

15. Mosley, *Hero for Our Times*, 19.

16. Cray, *General of the Army*, 64.

17. Citação em Major James R. Hill, "A Comparative Analysis of the Military Leadership Styles of Ernest J. King and Chester W. Nimitz", dissertação de mestrado publicada, General Staff College, Fort Leavenworth, KS, 2008.

18. Mosley, *Hero for Our Times*, 64.

19. Forrest C. Pogue, *George C. Marshall*, 4 vols. (Viking Press, 1964), vol. 1, *Education of a General, 1880-1939*, 79.

20. Ibidem, 246; Mosley, *Hero for Our Times*, 93.

21. André Comte-Sponville, *A Small Treatise on the Great Virtues: The uses of philosophy in everyday life* (Macmillan, 2002), 10. Publicado no Brasil com o título *Pequeno Tratado das Grandes Virtudes*.

22. Frye, *Citizen Soldier*, 85.

23. Cray, *General of the Army*, 276.

24. Mark Perry, *Partners in Command: George Marshall and Dwight Eisenhower in war and peace* (Penguin, 2007), 15.

25. Ed Cray, *General of the Army: George C. Marshall, soldier and statesman* (W. W. Norton, 1990), 278.

26. Ibidem, 297.

27. Leonard Mosley, *Marshall: Hero for our times* (Hearst Books, 1982), 211.

28. Ibidem, 292.

29. Dwight D. Eisenhower, *Crusade in Europe* (Doubleday, 1948), 197.

30. Perry, *Partners in Command*, 238.

31. Pogue, *George C. Marshall* (Viking, 1973), vol. 3, *Organizer of Victory, 1943- 1945*, 321.

32. Perry, *Partners in Command*, 240.

33. John S. D. Eisenhower, *General Ike: A personal reminiscence* (Simon and Schuster, 2003), 99, reproduzido em Dwight D. Eisenhower, *Crusade in Europe*, 208.

34. Ibidem, 103.

35. Leonard Mosley, *Marshall: Hero for our times* (Hearst Books, 1982), 341.

36. Ibidem, prólogo, xxi.

37. Frye, *Citizen Soldier*, 372.

38. Robert Faulkner, *The Case for Greatness: Honorable ambition and its critics* (Yale University Press, 2007), 39.

39. Ibidem, 40.

40. Aristotle, *Nichomachean Ethics* (Focus Publishing, 2002), 70. Publicado no Brasil com o título *Ética a Nicômaco*; Robert Faulkner, *Case for Greatness*, 43.

41. Leonard Mosley, *Marshall: Hero for our times* (Hearst Books, 1982), 434.

42. Ibidem, 522.

43. Ibidem, 523.

44. Ibidem, 523.

CAPÍTULO 6: DIGNIDADE

1. Cynthia Taylor, *A. Philip Randolph: The religious journey of an african american labor leader* (New York University Press, 2006), 13.

2. Jervis Anderson, *A. Philip Randolph: A biographical portrait* (University of California Press, 1973), 43.

3. Ibidem, 9.

4. Ibidem, 10.

5. Ibidem, 272.

6. Ibidem, *Biographical Portrait,* 339.

7. Aaron Wildavsky, *Moses as Political Leader* (Shalem Press, 2005), 45.

8. Irving Kristol, *The Neoconservative Persuasion: Selected essays, 1942-2009,* editado por Gertrude Himmelfarb (Basic Books, 2011), 71.

9. Murray Kempton, "A. Philip Randolph: The choice, Mr. President", *New Republic,* 6 de julho de 1963.

10. Anderson, *Biographical Portrait,* 176.

11. Larry Tye, *Rising from the Rails: Pullman Porters and the making of the black middle class* (Owl Books, 2005), 154.

12. Doris Kearns Goodwin, *No Ordinary Time: Franklin and Eleanor Roosevelt: The home front in World War II* (Simon & Schuster, 2013), 251.

13. Paula F. Pfeffer, *A. Philip Randolph: Pioneer of the civil rights movement* (Louisiana State University Press, 1996), 66.

14. Pfeffer, *Pioneer,* 58.

15. John D'Emilio, *Lost Prophet: The life and times of Bayard Rustin* (Simon and Schuster, 2003), 11.

16. Ibidem, 16.

17. Ibidem, 19.

18. Rachel Moston, "Bayard Rustin on His Own Terms", *Haverford Journal,* 2005, 82.

19. Michael G. Long, ed., *I Must Resist: Bayard Rustin's life in letters* (City Lights, 2012), 228.

20. Moston, "Bayard Rustin on His Own Terms", 91.

21. D'Emilio, *Lost Prophet,* 77.

22. Long, *I Must Resist,* 50.

23. D'Emilio, *Lost Prophet,* 172.

24. Michael G. Long, ed., *I Must Resist: Bayard Rustin's life in letters* (City Lights, 2012), 49.

25. Ibidem, 51.

26. Ibidem, 65.

27. John D'Emilio, *Lost Prophet: The life and times of Bayard Rustin* (Simon and Schuster, 2003), 112.

28. Ibidem, *Lost Prophet,* 159.

29. David L. Chappell, *A Stone of Hope: Prophetic religion and the death of Jim Crow* (University of North Carolina Press, 2004), 48.

30. Ibidem, 54.

31. Ibidem, 179.

32. Ibidem, 55.

33. Ibidem, 56.

34. D'Emilio, *Lost Prophet,* 150.

35. Chappell, *Stone of Hope,* 50.

36. Reinhold Niebuhr, *The Irony of American History* (University of Chicago Press, 2008), 5.

37. Ibidem, *Irony of American History,* 23.

38. John D'Emilio, *Lost Prophet: The life and times of Bayard Rustin* (Simon and Schuster, 2003), 349.

286   NOTAS

39. Ibidem, 352.
40. Anderson, *Biographical Portrait*, 332.

CAPÍTULO 7: AMOR

1. George Eliot, *Daniel Deronda* (Wordsworth, 2003), 15.
2. Kathryn Hughes, *George Eliot: The last victorian* (Cooper Square Press, 2001), 16.
3. Ibidem, *Last Victorian*, 18.
4. Frederick R. Karl, *George Eliot: Voice of a century; a biography* (W. W. Norton, 1995), 36.
5. Ibidem, 36.
6. Rebecca Mead, *My Life in Middlemarch* (Crown, 2013), 28.
7. Hughes, *Last Victorian*, 47.
8. Rebecca Mead, *My Life in Middlemarch* (Crown, 2013), 66.
9. Ibidem, 125.
10. Karl, *Voice of a Century*, 146.
11. Gordon S. Haight, *George Eliot: A biography* (Oxford University Press, 1968), 133.
12. Brenda Maddox, *George Eliot in Love* (Palgrave Macmillan, 2010), 59.
13. Haight, *George Eliot*, 144.
14. Karl, *Voice of a Century*, 167.
15. Michael Ignatieff, *Isaiah Berlin: A life* (Henry Holt, 1999), 161.
16. Christian Wiman, *My Bright Abyss: Meditation of a modern believer* (Farrar, Straus and Giroux, 2013), 23.
17. William Shakespeare, *Romeu e Julieta*, Ato II, Cena I.
18. Frederick R. Karl, *George Eliot: Voice of a century; a biography* (W. W. Norton, 1995), 178.
19. Ibidem, 157.
20. Hughes, *Last Victorian*, 186.
21. Mead, *My Life in Middlemarch*, 266.
22. Virginia Woolf, "George Eliot", *The Times Literary Supplement*, 20 de novembro de 1919.
23. Barbara Hardy, *George Eliot: A critic's biography* (Continuum, 2006), 122.

CAPÍTULO 8: AMOR ORDENADO

1. Peter Brown, *Augustine of Hippo: A biography* (University of California Press, 2000), 17. Publicado no Brasil com o título *Santo Agostinho: Uma biografia*.
2. Ibidem, 18.
3. Matthew Arnold, *Culture and Anarchy* (Cambridge University Press, 1993), 130.
4. Ibidem, 128.
5. Ibidem, 128.
6. Ibidem, 132.
7. Brown, *Augustine of Hippo*, 13.
8. Garry Wills, *Saint Augustine* (Penguin, 1999), 7.
9. Brown, *Augustine of Hippo*, 36.
10. Wills, *Saint Augustine*, 26.
11. Brown, *Augustine of Hippo*, 37.
12. Reinhold Niebuhr, *The Nature and Destiny of Man: A christian interpretation: Human nature*, vol. I (Scribner's, 1996), 155.
13. Brown, *Augustine of Hippo*, 173; Augustine, *Confessions*, livro 10, seção 37.
14. Niebuhr, *Nature and Destiny of Man*, 157.

15. Lewis B. Smedes, *Shame and Grace: Healing the shame we don't deserve* (Random House, 1994), 116.

16. Agostinho, *Psalm 122: God is true wealth;* Mary Clark, *Augustine of Hippo: Selected writings* (Paulist Press, 1984), 250.

17. Timothy Keller, *Freedom of Self Forgetfulness* (10Publishing, 2013), 40.

18. Jennifer A. Herdt, *Putting On Virtue: The legacy of the splendid vices* (University of Chicago Press, 2008), 176.

19. Ibidem, 57.

20. Agostinho, *The Works of Saint Augustine: A translation for the 21st century* (New City Press, 1992), 131.

21. Paul Tillich, *The Essential Tillich* (Scribner, 1999), 131.

22. Brown, *Augustine of Hippo,* 157.

23. Ibidem, 157.

CAPÍTULO 9: EXAMINANDO A SI MESMO

1. Jeffrey Meyers, *Samuel Johnson: The struggle* (Basic Books, 2008), 6.

2. W. Jackson Bate, *Samuel Johnson: A biography* (Counterpoint, 2009), 8.

3. Ibidem, 31.

4. John Wain, *Samuel Johnson* (Macmillan, 1980), 49.

5. James Boswell, *Boswell's Life of Johnson* (Harper, 1889), 74. Publicado no Brasil com o título *Vida de Samuel Johnson.*

6. Meyers, *Samuel Johnson: The struggle,* 50.

7. Bate, *Samuel Johnson,* 211.

8. Meyers, *Samuel Johnson: The struggle,* 205.

9. Bate, *Samuel Johnson,* 204.

10. Paul Fussell, *Samuel Johnson and the Life of Writing* (Norton, 1986), 236.

11. Bate, *Samuel Johnson,* 218.

12. Jeffrey Meyers, *Samuel Johnson: The struggle* (Basic Books, 2008), 114.

13. Ibidem, 2.

14. Paul Fussell, *Samuel Johnson and the Life of Writing* (Norton, 1986), 163.

15. Ibidem, 51.

16. Ralph Waldo Emerson, *The Spiritual Emerson: Essential writings* (Beacon, 2004), 216.

17. Fussell, *Johnson and the Life of Writing,* 147.

18. Percy Hazen Houston, *Doctor Johnson: A study in eighteenth century humanism* (Cambridge University Press, 1923), 195.

19. Sarah Bakewell, *How to Live: Or a life of Montaigne in one question and twenty attempts at an answer* (Other Press, 2010), 21. Publicado no Brasil com o título *Como Viver.*

20. Ibidem, 14.

21. Fussell, *Johnson and the Life of Writing,* 185.

22. Bate, *Samuel Johnson,* 4.

CAPÍTULO 10: O GRANDE EU

1. Tom Callahan, *Johnny U: The life and times of John Unitas* (Random House, 2007), 16.

2. Michael Novak, *The Joy of Sports: Endzones, bases, baskets, balls, and the consecration of the american spirit* (Madison Books, 1976), 241.

3. Callahan, *Johnny U,* 20.

4. Jimmy Breslin, "The Passer Nobody Wanted", *Saturday Evening Post,* 1º de novembro de 1958.

5. Callahan, *Johnny U,* 243.

6. John Skow, "Joe, Joe, You're the Most Beautiful Thing in the World", *Saturday Evening Post,* 3 de dezembro de 1966.

7. Dan Jenkins, "The Sweet Life of Swinging Joe", *Sports Illustrated,* 17 de outubro de 1966.

8. George Eliot, *Middlemarch* (Penguin, 2003), 211. Publicado no Brasil com o título *Middlemarch: Um estudo da vida provinciana.*

9. Joshua L. Liebman, *Peace of Mind: Insights on human nature that can change your life* (Simon and Schuster, 1946), 56. Publicado no Brasil com o título *Paz de Espírito.*

10. Benjamin Spock, *The Pocket Book of Baby and Child Care* (Duell, Sloan and Pearce, 1946), 309. Publicado no Brasil com o título *Meu Filho, Meu Tesouro.*

11. Harry A. Overstreet, *The Mature Mind* (Norton, 1949), 261.

12. Carl Ransom Rogers, *On Becoming a Person: A therapist's view of psychotherapy* (Harcourt, 1995), 194.

13. Carl Ransom Rogers, *The Carl Rogers Reader* (Houghton Mifflin, 1989), 185.

14. Katharine Graham, *Personal History* (Random House, 1997), 51.

15. Graham, *Personal History,* 231.

16. Eva Illouz, *Saving the Modern Soul: Therapy, emotions, and the culture of selfhelp* (University of California Press, 2008), 117.

17. Charles Taylor, *Multiculturalism: Examining the politics of recognition* (Princeton University Press, 1994), 30.

18. Dr. Seuss, *Oh, the Places You'll Go!* (Random House, 1990).

19. Ernst & Young Survey, "Sixty-five Per Cent of College Students Think They Will Become Millionaires" (Canadá, 2001).

20. Greg Duncan and Richard Murnane, *Whither Opportunity? Rising Inequality, Schools, and Children's Life Chances* (Russell Sage Foundation, 2011), 11.

21. "The American Freshman" Thirty Year Trends, 1966–1996. Por Alexander W. Astin, Sarah A. Parrott, William S. Korn, Linda J. Sax. Higher Education Research Institute Graduate School of Education & Information Studies. University of California, Los Angeles. Fevereiro de 1997.

22. Gretchen Anderson, "Loneliness Among Older Adults: A national survey of adults 45+" (AARP Research and Strategic Analysis, 2010).

23. Francis Fukuyama, *The Great Disruption: Human nature and the reconstitution of social order* (Profile, 1999), 50. Publicado no Brasil com o título *A Grande Ruptura.*

24. Sara Konrath, "Changes in Dispositional Empathy in American College Students Over Time: A meta-analysis" (University of Michigan, 2011).

25. Jean M. Twenge, W. Keith Campbell e Brittany Gentile, "Increases in Individualistic Words and Phrases in American Books, 1960–2008" (2012), PLoS ONE 7(7): e40181, doi:10.1371/journal.pone.0040181.

26. David Brooks, "What Our Words Tell Us", *New York Times,* 20 de maio de 2013.

27. Pelin Kesebir and Selin Kesebir, "The Cultural Salience of Moral Character and Virtue Declined in Twentieth Century America", *Journal of Positive Psychology,* 2012.

28. Christian Smith, Kari Christoffersen, Hilary Davidson, *Lost in Transition: The dark side of emerging adulthood* (Oxford University Press, 2011), 22.

29. Leon Tolstói, *The Death of Ivan Ilyich* (White Crow Books, 2010), 20. Publicado no Brasil com o título *A Morte de Ivan Ilitch.*

30. Ibidem, 66.

31. Ibidem, 68.

32. Ibidem, 71.

CRÉDITOS DE AUTORIZAÇÃO

AGRADECIMENTOS ESPECIAIS PARA AS SEGUINTES PERMISSÕES PARA
REPRODUÇÃO DE CONTEÚDO:

CITY LIGHTS BOOKS: Trechos de *I Must Resist: Bayard Rustin's life in letters,* editado por Michael G. Long, copyright © 2012 de Michael G. Long. Reprodução com autorização de City Lights Books.

HARPERCOLLINS PUBLISHERS: Trechos de *The Long Loneliness* de Dorothy Day, copyright © 1952 de Harper & Row Publishers, Inc., e renovado em 1980 por Tamar Teresa Hennessy. Reprodução com autorização de HarperCollins Publishers.

HOUGHTON MIFFLIN HARCOURT PUBLISHING COMPANY: Trechos de *A. Philip Randolph: A biographical portrait* de Jervis B. Anderson, copyright © 1972 e renovado em 2000 por Jervis B. Anderson; trechos de *Madam Secretary, Frances Perkins* de George Martin, copyright © 1976 de George Martin. Reprodução com autorização de Houghton Mifflin Harcourt Publishing Company. Todos os direitos reservados.

DAVE JOLLY: E-mail de Dave Jolly para David Brooks. Reprodução com autorização de Dave Jolly.

NAN A. TALESE, THE KNOPF DOUBLEDAY PUBLISHING GROUP, UMA DIVISÃO DA PENGUIN RANDOM HOUSE LLC: Trechos de *The Woman Behind the New Deal: The life of Frances Perkins, FDR's secretary of labor and his moral conscience* de Kirstin Downey, copyright © 2009 de Kirstin Downey. Reprodução com autorização de Nan A. Talese, uma impressão de

Knopf Doubleday Publishing Group, um divisão da Penguin Random House LLC. Todos os direitos reservados.

RANDOM HOUSE CHILDREN'S BOOKS, UMA DIVISÃO DA PENGUIN RANDOM HOUSE LLC: Trechos de *Oh, the Places You'll Go!* de Dr. Seuss, TM e copyright © de Dr. Seuss Enterprises L.P., 1990. Reprodução com autorização de Random House Children's Books, uma divisão da Penguin Random House LLC. Todos os direitos reservados.

RANDOM HOUSE, SELO E DIVISÃO DA PENGUIN RANDOM HOUSE LLC E CURTIS BROWN LTD.: "Leap Before You Look" de *W. H. Auden: Collected Poems,* copyright © 1945 e renovado em 1973 por W. H. Auden. Direitos de reprodução no Reino Unido e Commonwealth e direitos digitais no mundo todo administrado por Curtis Brown Ltd. Reprodução com autorização da Random House, selo e divisão da Penguin Random House LLC e Curtis Brown Ltd. Todos os direitos reservados.

RANDOM HOUSE, SELO E DIVISÃO DA PENGUIN RANDOM HOUSE LLC: Trecho de *Eisenhower in War and Peace* de Jean Edward Smith, copyright © 2012 de Jean Edward Smith. Reprodução com autorização da Random House, selo e divisão da Penguin Random House LLC. Todos os direitos reservados.

CASS SUNSTEIN: Trechos de um discurso feito por Leon Wieseltier no casamento de Cass Sunstein e Samantha Power. Usado com autorização.

Índice

abandono, 76
abnegação, 199
abordagem fundamental da vida, 103
Abraham Lincoln, 96
Adam Clayton Powell, 148
Adam Gopnick, 244
Adão I, 13
Adão II, 13
adaptação, 64
adoração, 85
agnosticismo, 161–190
Agostinho, 191–218
   Mônica, 192–218
   orações e meditações, 214
agostinianismo, 52
agradecimento, 85
Albert Schweitzer, 25, 93
alegria, 26
Alexander Soljenítsin, 26
Alfred North Whitehead, 109
ambição, 56
ameaça fascista, 123
amor, 11, 174–179
   de doação, 179
   direcional, 263
   restritivo, 180
André Comte-Sponville, 121
anglicanismo, 159
Anna Akhmatova, 172–174
ansiedade institucional, 117
Anthony T. Kronman, 58
A. Philip Randolph, 133–156
apresentação pública, 108
ardor moral, 159
Aristóteles, 130

arrependimento, 82
ausência de amor materno, 166
autocelebração, 4–5
autoconhecimento, 277
autocontrole, 58, 96, 109–113
autodisciplina, 52, 109
autodomínio, 13–16, 134
autoestima, 7, 254–256

barreira brilhante, 84
Bayard Rustin, 135–156
benevolência, 33
Benjamin Spock, 253
boas maneiras, 136

capitalismo, 104
caráter, 12–16, 52, 110
   construção, 56
   desenvolvimento, 187
carência emocional, 195
carisma, 140
Carl Rogers, 253, 255
casamentos, 180
castidade, 98
catecismo anglicano, 230
catolicismo, 86
cautela, 73
celibato, 207
Charles Hennell, 160
Charles Taylor, 256
Christian Smith, 266
Christian Wiman, 177
Cícero, 113, 195
civilidade, 149

ÍNDICE

código, 127
Código de Humildade, 269–275
comedimento, 65
competição moral, 243
comunicação, 173
   compatibilidade intelectual, 173
comunidade, 76
conduta honrada, 134–156
confiança, 56
   social, 265
consciência, 149
   histórica, 117
   pessoal, 51
   religiosa, 90
consenso, 136, 149
conservadorismo social, 28
contracultura, 103
contratradição do realismo moral, 269
controlar emoções, 53
controle individual, 96
conversa transformadora, 173
coração milenar, 178
coragem, 73
crise de vocação, 158
Crispus Attucks, 133
cristianismo
   sublime, 210
culpa coletiva, 20
cultura
   clássica, 196
   da autenticidade, 256–257
   moral, 109
   popular, 7
cura, 96

David Eisenhower, 50
David Garrick, 223
decadência institucional, 117
declínio na intimidade, 265
deferência, 29
depravação, 55
descrença, 159
desejo egoísta, 198
desespero, 95
desigualdade, 54
desobediência civil, 143
desumanidade, 52
Deus, 61, 161
D. H. Lawrence, 159
diálogo, 149

diário, 112
dicionário de inglês, 241
dilema moral, 55, 266–267
direitos civis, 136–156
direitos das mulheres, 81
disciplina, 52–53
Dorothy Day, 75–106
Douglas MacArthur, 66, 112
dúvida, 95
Dwight Eisenhower, 51–74
Dwight MacDonald, 81

Edith Hamilton, 131
educação, 51, 53, 217, 262
efeito de manada, 55
egocentrismo, 11
egoísmo, 9
Elizabeth Gilbert, 8
emotivista, 267
empatia, 187
ensinamento cristão, 162–190
equilíbrio, 31
escolha moral, 55
escotismo, 8
escrita, 100, 230
esforço, 109
espírito público, 136
estado de espírito helenístico, 193
éthos
   autenticidade, 68
   autonomia, 250
   culto próprio, 209
   instrumental, 260
eu
   inferior, 56
   superior, 56
Evan Thomas, 61
exercício, 112
expressão emocional, 112
exultação, 85

Facebook, 121
fanáticos moralistas, 54
Fanny Burney, 222
felicidade, 129, 228
Florence Kelley, 34
força de trabalho, 137
força de vontade, 204
formalidade, 112
Forster Batterham, 84

fracasso moral, 114
fragilidade, 52, 74
Frances Perkins, 17–48
Franklin Delano Roosevelt, 41–47, 123
função social, 118

gentileza, 51
George Catlett Marshall, 107–132
George C. Marshall, 68
George Eliot, 157–190
George Lewes, 168
George S. Patton, 67, 112
George Washington, 136
G. K. Chesterton, 201
Gloria Steinem, 255
graça, 211–213
gradualismo, 164
grande alma, 131
gratidão, 9, 105
greve, 138

hebraísmo, 193
hedonismo, 164
helenismo, 193
Herbert Spencer, 167
heroísmo espiritual, 76
hierarquia moral do coração, 11
histeria anticomunista, 82
homem organizacional, 64, 117
homo religiosis, 90
homossexualidade, 145
honestidade intelectual, 163
honra, 109
humanismo, 226–229
humildade, 3–16, 41, 277
humilhação, 109

Ida Stover Eisenhower, 49–74
ideal estoico, 112
ignorância, 9
Igreja Episcopal Metodista Africana (Ame),
    133
imaginação, 158, 225
imigrantes católicos, 86
Immanuel Kant, 11
imprudência, 82
impulsos, 58, 155
indiferença, 40
indignação, 25
injustiça, 139

Instagram, 121
instituição militante negra, 133
instituições, 117–119
integridade, 24, 125, 140
irreverente, 109
Isaiah Berlin, 172–175
isolamento espiritual, 83

James Boswell, 222
Jean-Jacques Rousseau, 251
Jesus, 161
Joe Namath, 247–278, 249
jogada de sacrifício, 115
John "Blackjack" Pershing, 115
John F. Kennedy, 73
Johnny Unitas, 247–278
John Ruskin, 245
Joseph Soloveitchik, 89

Karl Marx, 137
Katharine Meyer Graham, 255–256
Kathleen Jordan, 101
Kathryn Hughes, 158
kenosis, 216

Leon Tolstói, 267
liberalismo político, 28
liberdade, 46, 59
líder, 65, 131
limitações, 96
linguagem social, 266
Lisa Fullam, 215
logística, 67
luxúria, 56, 198

madeira torta, 11
magnanimidade, 130
Mahatma Gandhi, 141
Malcolm X, 155
maniqueísmo, 195
    orgulho, 203
Margaret Fuller, 170
Martin Luther King Jr., 148–156
marxismo, 137
Mary Anne Evans, 157–190
maternidade, 36, 262–264
meliorismo, 164
mentalidade institucional, 117
meritocracia, 203, 259–262

metáfora da autoconfrontação, 10
Michel de Montaigne, 234–239
mídias sociais, 258–259
mobilização em massa, 149
modelos de conduta, 109
moderação, 70, 112
modéstia, 8, 29
montanha do caráter, 14
moralidade, 121
movimento do evangelho social, 31
mulheres na vida, 35

narcisismo parental, 264
New Deal, 43
niilismo, 95

objetor disciplinar, 145
ódio, 53
ofensiva, 151
Oliver Goldsmith, 227
opressão, 54
organizações trabalhistas, 137
orgulho, 9, 33, 94, 206

pacifismo, 142
pais severos, 55
paternidade, 262–264
Paul Elie, 76, 94
Paul Fussell, 228
Paul Tillich, 95, 212
pecado, 54–57, 202, 257
perfeccionismo espiritual, 159
perfeição, 110
persistência, 109
personalidade de exposição, 258
personalismo, 91
perspectiva externa, 95
Peter Brown, 192–218
Philip Graham, 255
Plano Marshall, 128
Platão, 195
poder controlado, 113
polidez, 121, 136
política, 21, 83
políticas segregacionistas, 143
posição social, 198
predisposições, 113
preparação, 64
privacidade, 121–122
problemas sociais, 91

progresso histórico, 187
promiscuidade, 145, 147
propósito, 22
propósito transcendente, 76
prosperar, 64
proteção social, 52
provação, 102
prudência, 73
psicologia humanista, 253

racismo, 54, 134–156
radicalismo político, 136
raiva, 20, 53
realismo depressivo, 96
realismo moral, 11–16, 251
realismo profético, 151
redenção, 61
refinamento moral, 134–156
reforma moral, 188
reforma social, 161
regras vitorianas de conduta, 112
relativismo, 267
religião, 61, 90
renúncia, 110
renúncia egocêntrica, 159
reputação, 125
resistência, 110, 143
    não violenta, 141
respeito, 15, 29
responsabilidade, 134
responsabilidade individual, 55
retórica política, 73
reverência, 109–110
Revolução Russa, 137
romantismo moral, 251

sabedoria, 9
salvação, 210
Samuel Johnson, 219–246
santidade, 97, 188, 202
senso de retidão, 59
sentimento de fragmentação, 197
sentimento de superioridade, 33
separação, 91
serenidade, 51
serviço sacrificial, 97
severidade autoritária, 192
significado, 210
simplicidade
    estratégica, 69

sistema moral, 54, 269–275
smartphone, 258
sociedade, 117
sofrimento, 23, 94–97
solidariedade, 31, 76
soluções, 122
superioridade, 205
súplica, 85

tarefa moral, 23
teatralidade, 112
tédio, 241
temperamento poético, 177
teoria da motivação, 213
Testemunhas de Jeová, 52
Tim Keller, 206, 210
tolerância, 51, 188
tomada de decisões éticas, 267
Tomás de Aquino, 109
tormento interno, 62
tradição
    da madeira torta, 269
    moral, 15, 130
tradicionalismo, 122, 136
tranquilidade, 217
Triangle Shirtwaist
    incêndio, 17

unidade, 91

vale da humildade, 14
veneração, 85
vergonha, 82
vertigem da liberdade, 224
Viktor Frankl, 23–25
virtudes de currículo, xvii
virtudes de obituário, xvii
visão de mundo, 155
visões religiosas, 51
vocabulário moral, 33
vocação, 25–27

Walter Jackson Bate, 220
William Law, 221
Woodstock, 104

Yishai Schwartz, 101, 105

Zerrissenheit, 224